Umsorgt
wohnen

JOCHEN MERTENS THOMAS WENDT

Umsorgt wohnen

Altenheime, Seniorenwohnungen und Betreuung zu Hause

Umsorgt wohnen

Dank

Wir möchten uns bei den Seniorenwohnanlagen und den weiteren Anbietern, die in diesem Buch vorgestellt werden und mit uns in der Agentur »Umsorgt wohnen« zusammenarbeiten, herzlich bedanken. Nicht nur, weil durch ihr Fachwissen und ihre Unterstützung die Weiterentwicklung dieses Ratgebers ermöglicht wird, sondern auch, weil wir durch ihre hohe Professionalität und ihr Einfühlungsvermögen für die Senioren gemeinsam immer gute Lösungen gefunden haben.

Liebe Leserinnen und Leser,

Geborgenheit und menschliche Wärme zählen zu den Grundbedürfnissen – egal wie alt wir sind. Für unser Leben wünschen wir uns so viel persönliche Freiheit wie möglich und so viel Hilfe wie nötig. Gerade im Alter muss die individuelle Balance zwischen Eigenständigkeit und Unterstützung allerdings immer wieder neu gefunden werden. Der Anteil der Älteren in unserer Gesellschaft nimmt stetig zu. Für viele Menschen beginnt nach einem erfüllten Berufsleben oder Veränderungen im familiären Umfeld eine neue Phase, die andere Bedürfnisse in der Lebensgestaltung und beim Wohnumfeld mit sich bringt. Oft ist es angesichts der Vielzahl von Möglichkeiten gar nicht so einfach, eine Auswahl zu treffen, die den eigenen Ansprüchen entspricht. Das gilt umso mehr, wenn die Entscheidung zum Wohnungswechsel oder die Auswahl eines Pflegedienstes unter Zeitdruck, zum Beispiel aufgrund plötzlich eintretender Pflegebedürftigkeit, getroffen werden muss.
Jeder Neuanfang ist auch ein Abschied von der oft Jahrzehnte lang gewohnten Umgebung. Er ist verbunden mit Ängsten, Freiheiten einzubüßen und Zweifeln, die richtige Entscheidung zu treffen. Eine umfassende und übersichtliche Zusammenstellung der vorhandenen Angebote hilft mit Sicherheit, diese Ängste und Zweifel auf ein Minimum zu reduzieren. Der vorliegende Wegweiser ist ein solches Hilfsmittel. Sein Titel ist Programm: »Umsorgt wohnen« heißt, nach individuellen Bedürfnissen leben zu können, nicht allein zu sein und verlässliche Unterstützung im Alltag zu erhalten. Dieses Buch ist eine zuverlässige Informations- und Orientierungsmöglichkeit für alle, die sich früh-

zeitig überlegen, wie sie im Alter wohnen oder von wem sie gepflegt werden möchten. Genauso hilfreich ist es für jene, die akut in die Situation kommen, für sich oder Angehörige eine schnelle Entscheidung treffen zu müssen. Hier finden Sie einen umfassenden Überblick über die unterschiedlichen Angebote für Senioren in Hamburg: Anschriften, Ansprechpartner, Preise und Leistungen. Der Wegweiser enthält darüber hinaus Informationen, die Ihnen helfen sollen, sich in Bezug auf die Pflegeversicherung, den Umgang mit Pflegebedürftigkeit und viele andere Fragen besser zurechtzufinden. Die Informationen über Pflegedienste, Kurzzeit- und Tagespflegeeinrichtungen im großen Katalog der Angebote sind dabei eine hilfreiche, sinnvolle Ergänzung.
»Umsorgt wohnen« ist ein einmaliges Buch für Hamburg, zunächst entstanden in Eigeninitiative und aus der eigenen Betroffenheit der beiden Autoren. Welche Informationslücke zu schließen war, zeigt die Tatsache, dass nunmehr bereits die 7. Auflage vorliegt.
Ich wünsche Ihnen eine informative, hilfreiche und anregende Lektüre und würde mich freuen, wenn wir gemeinsam die Angebote für Senioren in unserer Stadt weiter verbessern können.

Ihr Dietrich Wersich

Senator der Behörde für Soziales, Familie, Gesundheit und Verbraucherschutz

Liebe Leserinnen und Leser!

»Alt sein ist ein herrlich Ding, wenn man nicht verlernt hat, was anfangen heißt«, sagte Martin Buber, der große Philosoph des 20. Jahrhunderts.

Darum geht es: Wir sollten unsere Einstellung zum Alter überprüfen und positiv korrigieren.

Noch nie gab es so viele alte Menschen wie heute, noch nie so viele, die sich bei guter Gesundheit viel jünger fühlen, als sie sind, und auch so aussehen. Dennoch ist die Angst vor dem Alter weit verbreitet. Jeder möchte alt werden, aber nicht alt sein. Die gesamte westliche Welt hat eine unnatürliche Einstellung zum Älterwerden, wir alle haben verlernt, in Würde alt zu werden. Wir sind uns unserer Möglichkeiten kaum mehr bewusst. »Alter« ist in unserer jugendbetonten Welt negativ belegt. Spontan fallen uns dazu Worte wie Krankheit, Abbau, Verfall, Starrsinn, Einsamkeit, Hilfsbedürftigkeit und Sterben ein. Dem sollten wir entgegenwirken und endlich ein neues Verständnis für das Alter propagieren: Alter bedeutet doch auch Freiheit und Freizeit, Muße und Sorglosigkeit und vor allem Zeit. Keiner von uns weiß, wie lange er leben wird und ob er gesund bleibt, trotzdem können wir unsere Einstellung zum Alter überprüfen, positiv korrigieren und uns aktiv mit wichtigen Fragen auseinander setzen.

Was erwarte ich vom Alter, welche Wünsche habe ich, welche Neigungen, was noch kennenzulernen? Zentrale Fragen werden sein: Wie möchte ich im Alter wohnen und was wird, wenn ich mich nicht mehr allein versorgen kann?

»Umsorgt wohnen«, das Buch, das vor Ihnen liegt, beantwortet dazu viele Fragen. Es entstand, weil Thomas Wendt und Jochen Mertens, die Autoren, sich um einen Altenheimplatz für eine Verwandte kümmern mussten. Dabei gemachte Erfahrungen bestärkten sie in dem Entschluss, ein Nachschlagewerk für alte Menschen und deren Angehörige zusammenzustellen. Sie erweiterten ihre Ermittlungen und fassten sie systematisch zu diesem, wie ich meine, außerordentlich hilfreichen und übersichtlichen Nachschlagewerk zusammen. Und ich stimme den Autoren zu, wenn sie sagen: Niemand wird dadurch, dass er sich rechtzeitig mit dem Thema »Wohnen im Alter« beschäftigt, schneller alt oder pflegebedürftig.

Ihre

Renate Schneider
Hamburger Abendblatt, Redaktion »Von Mensch zu Mensch«
»Kinder helfen Kindern e.V.«

Einleitung

Die Entstehung dieses Buches geht zurück auf das Jahr 1996, als wir von unserer Tante gebeten wurden, Informationen rund ums Altenheim zusammenzutragen. Damals ahnten wir nicht, dass daraus ein erfolgreiches und viel gelesenes Buch werden würde. Tante Gretel wollte nur wissen, was ein Altenheim kostet, wo sie im Pflegefall einziehen kann und wie die Pflegeversicherung funktioniert – als Vorbereitung für den Notfall. Aus dem Zusammentragen von Fakten und der Recherche über allgemein Wissenswertes zum Thema entstand dann die Idee zu diesem Buch, das nun bereits in der siebten Auflage vorliegt. Übrigens: Tante Gretel ist mittlerweile 95 Jahre alt und lebt auch nach einem leichten Schlaganfall noch immer zu Hause.

Rechtzeitig informieren: Dieser Ratgeber hilft.

Alter ist keine Krankheit, dennoch kann man im Alter krank oder pflegebedürftig werden. Wie lässt sich sicherstellen, in diesem Fall gut versorgt zu sein? Ein wichtiger Schritt ist, die notwendigen Informationen rechtzeitig zu sammeln: Wie funktioniert die Pflegeversicherung und in welchen Fällen springt das Sozialamt ein? Was bieten Altenheime – und zu welchem Preis? Kommt eine Residenz oder das Betreute Wohnen für mich in Frage? Was kann ich selbst tun, um so lange wie möglich zu Hause zu leben?
Mit diesem Buch können Sie auf Wohnungssuche gehen und Kontakt mit den Wohnanlagen aufnehmen, die für Sie in Frage kommen. Viele unserer Leser haben in den vergangenen Jahren mit Hilfe von »Umsorgt wohnen« einen Neuanfang gewagt und sind umgezogen. Sie haben diesen Schritt nicht bereut, auch wenn die Umstellung manchmal schwierig war.

Auch zu den zahlreichen Angeboten für daheim lebende Senioren – von der Kurzzeit- über die Tagespflege bis zu den ambulanten Diensten – enthält der vorliegende Ratgeber alle wichtigen Fakten. Auf diese Weise lässt sich im konkreten Pflegefall eine maßgeschneiderte Lösung in der vertrauten Umgebung entwickeln. Aus den zahlreichen Anrufen und Briefen geht hervor, dass sich unsere Leserinnen und Leser unvoreingenommen mit dem Thema »Wohnen im Alter« auseinandersetzen konnten.
An dieser Stelle möchten wir uns für die durchweg positive Resonanz auf unser Buch bedanken. Der Dialog mit unseren Leserinnen und Lesern liegt uns am Herzen – nicht zuletzt, weil er zur Weiterentwicklung des Ratgebers beiträgt. Die vielen Anregungen und kritischen Fragen haben wir in dieser Neuauflage berücksichtigt.

Noten in der Altenpflege

Wie lässt sich die menschliche Zuwendung des Pflegepersonals gegenüber Bewohnern objektiv bewerten? Diese Frage ist auch für uns schwer zu beantworten. Der Dauerbetrieb eines Altenheims ist nicht so einfach zu überprüfen wie eine Waschmaschine oder ein Flachbildschirm. Dennoch hat der Gesetzgeber in Berlin verordnet, dass alle Pflegedienste und Altenheime einmal im Jahr vom Medizinischen Dienst der Krankenkassen kontrolliert werden. Die auf Basis dieser Prüfungen entstandenen Bewertungen werden in Form von Noten veröffentlicht. Die Benotung der unterschiedlichen Pflegeanbieter ist ein Großversuch. Nach dem ersten Prüfdurchgang von über 20.000 Unternehmen wird es sicherlich noch Änderungen geben. In diesem Ratgeber werden Sie – soweit bereits vorhanden – die Pflegenoten finden. Wir meinen, dass diese Bewertungen bei der Heimauswahl oder bei der Suche nach einem guten Pflegedienst benutzt werden können. Sie sind aber nur ein Kriterium unter vielen und können zum Beispiel den persönlichen Kontakt mit den in einer Einrichtung arbeitenden Menschen nicht ersetzen.

»Umsorgt wohnen«– immer aktuell

Bitte beachten Sie bei allen Angaben von Leistungen, Preisen, Pflegenoten und Telefonnummern, dass der Redaktionsschluss für dieses Buch im Januar 2011 war. Selbstverständlich kann es danach zu Änderungen kommen, die wir aber tagesaktuell im Internet veröffentlichen (www.umsorgt-wohnen.de). Auch an unserem Service-Telefon geben wir gern Auskunft: 040/600 898 40.
Das Anliegen dieses Ratgebers ist es, mit den wichtigen Themen rund um die Pflege eines alten Menschen vertraut zu machen. Diese Übersicht ist sowohl für eine rechtzeitige Vorbereitung als auch für den akuten Notfall eine große Hilfe. Bei einem Besuch der verschiedenen Häuser können Sie so ihr Augenmerk ganz darauf richten, ob Ihnen die Wohnanlage zusagt und ob Sie sich vorstellen können, dort zu leben.

In diesem Sinne: Viel Spaß beim Lesen!
Hamburg, im Januar 2011

Eine wichtige Entscheidung

Die Frage »Wo und wie werde ich leben?«
muss sich jeder stellen

Mit zunehmendem Alter ergeben sich immer wieder Anlässe, sich mit der eigenen Wohnsituation zu beschäftigen. Die Haushaltsführung beginnt beschwerlich zu werden. Das Bücken und Knien beim Wischen der Fußböden, das Stehen auf der Trittleiter beim Fensterputzen sowie das Treppensteigen mit schweren Einkaufstaschen machen immer mehr Mühe. Mitunter geben auch gesundheitliche Einschränkungen oder Erfahrungen im Familien- und Freundeskreis den Anstoß, sich mit dem Thema auseinanderzusetzen.
Trotzdem gibt es genügend Gründe, das Thema vor sich herzuschieben. Mit der Planung des Umzugs in eine Seniorenwohnanlage ist auch immer der Gedanke verbunden, etwas aufzugeben. So hat etwa eine alte Dame mehr als ein halbes Jahrhundert in ihrem eigenen Haus gelebt. Im Garten hat ihr verstorbener Mann vor vielen Jahren Bäume gepflanzt, die heute auf der Terrasse Schatten spenden. Hier sind ihre Kinder groß geworden. Es sind die Erinnerungen, die sie davon abhalten, das Haus aufzugeben, obwohl sie immer deutlicher spürt, dass es notwendig ist.
Hinzu kommt die Furcht vor dem Neubeginn. Sorgen bereiten die unbekannte Umgebung und die Notwendigkeit, sich an viele fremde Menschen gewöhnen zu müssen.

Den persönlichen Standpunkt bestimmen

Die Suche nach einer geeigneten Wohnmöglichkeit im Alter beginnt oft mit dem Wunsch: »Ich möchte gern wissen, was

es so gibt.« Informationen über Preise und Leistungen helfen wohl, sich einen Überblick zu verschaffen, doch gleichzeitig ist der persönliche Standpunkt zu bestimmen. Dabei ist vor allem die Frage zu beantworten, wann ein Umzug in Frage kommt. So schnell wie möglich, um in einer neuen Gemeinschaft Anschluss zu finden oder um bequemer zu wohnen? Ebenso sinnvoll kann die Entscheidung sein, so lange wie möglich in der eigenen Wohnung zu bleiben und erst bei einsetzender Pflegebedürftigkeit umzuziehen.
Unabhängig von dieser Entscheidung ist es in jedem Fall ein beruhigendes Gefühl, sich geeignete Einrichtungen selbst ausgesucht und auf diesem Weg Vorsorge getroffen zu haben. Niemand wird dadurch, dass er sich mit dem Thema beschäftigt, schneller alt oder pflegebedürftig.

Vorsorgevollmacht und Betreuungsverfügung

Jedem kann es passieren, aufgrund einer Erkrankung oder eines Unfalls auf die Fürsorge anderer angewiesen zu sein. Dies ist besonders dann der Fall, wenn der Betroffene seine persönlichen Angelegenheiten selbst nicht mehr vollständig regeln kann. Im Vorwege lässt sich klären, ob Angehörige oder Freunde in einer solchen Situation Verantwortung übernehmen wollen. Ein ehrliches Gespräch darüber sowie die dringend notwendigen Vorsorgevollmachten und Betreuungsverfügungen helfen der Vertrauensperson, im Notfall im Sinne des Betroffenen handeln zu können.
Im Voraus können Wünsche und Richtlinien festgelegt werden, um spätere Lebensentscheidungen auf jeden Fall mitzubestimmen. Das ist in Form einer Vorsorgevollmacht oder einer Betreuungsverfügung möglich. Der Bevollmächtigte, das Vormundschaftsgericht und der zukünftige Betreuer sind daran gebunden. Mit dem 1992 in Kraft getretenen

Betreuungsgesetz kann sich jeder seinen möglichen gesetzlichen Vertreter selbst aussuchen.
Zu diesem wichtigen Thema ist der ergänzende Ratgeber »Umsorgt leben« zu empfehlen, der einen Schwerpunkt zum Thema Betreuungsrecht enthält (siehe Seite 91).

Vorsorge für den letzten Weg

Wer kümmert sich um meine Beerdigung?

Rita Peters hat eine schwere Zeit hinter sich. Vor einem halben Jahr ist ihr Ehemann Klaus verstorben. Zuvor hatte das Paar über zwei Jahre lang gegen seine Tumorerkrankung gekämpft, am Ende den Krebs aber doch nicht besiegen können. Eine langjährige Ehe ist damit nach 44 Jahren zu Ende gegangen. Rita Peters weiß, dass sie trotz der tiefen Trauer den Anschluss an das Leben wiederfinden muss. Dazu ist sie auch bereit. Doch bevor sie einen Neustart wagt, muss die 63-jährige Witwe unbedingt zwei wichtige Dinge regeln: für die eigene Beerdigung selbst Vorsorge treffen und das Haus verkaufen, um ins Betreute Wohnen zu ziehen.
Als Rita Peters die Beerdigung für ihren verstorbenen Ehemann organisieren musste, war die Beraterin des Bestattungsunternehmens eine große Unterstützung, weil sie einfühlsam zuhörte. Der damit verbundene Beistand hat geholfen, das Leben nach dem Tod des geliebten Partners neu zu sortieren. »Ich fühlte mich so geborgen.« Am Ende dieses Prozesses waren alle Details – von der Trauerfeier bis zur Urne – passend für Rita und Klaus ausgewählt. Am Tag der Beisetzung stand Rita Peters dann mit wenigen Freunden am Grab. »Die Beerdigung meines Mannes war so schön, dass ich plötzlich die Kraft hatte, das Gleiche für mich zu bestellen.« Das klingt sachlich, und Rita Peters hat

es auch so empfunden. »Das war wie im Kaufhaus. Meinem eigenen Tod fühlte ich mich dadurch aber kein Stück näher.« Im Gegenteil: Eine riesengroße Last war Rita Peters in dem Moment von den Schultern genommen, als sie den Bestattungsvorsorgevertrag unterschrieb. »Genau richtig gemacht«, erklärt Trauerbegleiter Holger Wende vom Beerdigungsinstitut GBI, »wer sich diesem Tabu-Thema stellt, lebt danach unbeschwert weiter.«
Der Bestattungsvorsorgevertrag ist nicht nur ein Thema bei Alleinstehenden, sondern auch bei älteren Ehepaaren. Gerda und Rudi Streit haben im Vorwege ebenfalls festgelegt, wie die eigene Beerdigung gestaltet werden soll. »Nach meinem Tod soll sich mein Mann nicht mit diesen Dingen auseinandersetzen müssen. Umgekehrt genauso«, erklärt Gerda Streit. Die Entscheidung für diese Form der Vorsorge hat also ganz praktische Gründe. Holger Wende hat

Gerda und Rudi Streit stehen mitten im Leben und sind beruhigt, dass sie alles rund um ihre Beerdigung geregelt haben.

jeden Tag mit trauernden Angehörigen zu tun und weiß, dass diese sich in einer emotionalen Ausnahmesituation befinden. Da ist es eine große Erleichterung, wenn bereits zu Lebzeiten die Detailfragen der eigenen Beerdigung geklärt wurden. »Deshalb stellen sich viele Ehepaare aktiv diesem Thema, schließen gleich zwei Vorsorgeverträge ab.« Inzwischen hat Rita Peters das Haus verkauft und ist ins Betreute Wohnen gezogen. Zwei Zimmer im 3. Stock mit Fahrstuhl, 55 Quadratmeter für 565 Euro warm, Betreuungszuschlag inklusive. Die monatelange Wartezeit konnte sie nutzen, um das Haus zu verkaufen, ihre Sachen zu packen, auszusortieren und Ballast abzuwerfen. Rita Peters hat in den vergangenen Monaten alles für den persönlichen Neustart in der Seniorenwohnung gegeben. Sie hat diese Kraft aufbringen können, obwohl sie sich in tiefer Trauer befindet: »Wenn alles fix und fertig ist, bin ich angekommen. Dazu brauche ich

»Allein schon der Gedanke an das ganze Laub im Herbst hat mich in Panik versetzt«, erinnert sich Rita Peters, wenn sie an ihr altes Haus denkt. Jetzt hat sie nur leichte, angenehme Arbeit mit ihrem Balkon und blickt entspannt in die Zukunft.

noch etwas Zeit.« Sie ist sicher, dass Ehemann Klaus das Vorhaben unterstützt: »Er schaut mir von da oben zu, und mit seinen Fotos ist auch er mit in die Seniorenwohnung gezogen.« Eine Woche später Anruf bei Frau Peters: »Wie geht es Ihnen?« Rita Peters: »Es hat mir gutgetan, meine Geschichte noch einmal loszuwerden. Gestern habe ich am Wandertag der Wohnanlage teilgenommen. Die Nachbarn sind sehr nett, und viele von ihnen haben ein ähnliches Schicksal.«

Geschickt mit dem Ersparten umgehen

Es gibt einen weiteren, finanziellen Grund, sich bereits zu Lebzeiten um die eigene Beerdigung zu kümmern und diese auch im Rahmen eines Vorsorgevertrages zu bezahlen – gerade für Menschen mit kleinem Geldbeutel. Wer pflegebedürftig wird und die Kosten für einen Pflegedienst oder ein Altenheim nicht aus dem laufenden Renteneinkommen bezahlen kann, muss zunächst das Ersparte dafür einsetzen. Erst dann springt das Sozialamt ein.
Ein Zahlenbeispiel: 20.000 Euro sind auf dem Sparbuch. 1.000 Euro sind davon pro Monat für die Pflege auszugeben. Das Sozialamt springt erst ein, wenn nicht mehr als 2.600 Euro (Freibetrag) auf dem Konto sind. Sollten im Rahmen der Bestattungsvorsorge bereits 4.000 Euro bezahlt worden sein, sind nur noch 16.000 Euro auf dem Konto. Im Pflegefall würde das Sozialamt vier Monate früher einspringen. Das sogenannte Schonvermögen hätte der Betroffene zur freien Verfügung, müsste davon nicht seine Beerdigung bezahlen.

Ein wichtiges Gerichtsurteil

Das Bundessozialgericht bekennt sich in seinem Urteil vom 18. März 2008 (B 8/9b SO 9/06 R) ausdrücklich zu dieser

gängigen Praxis. Das Gericht würdigt den Wunsch des Menschen, für die Zeit nach seinem Tod durch eine angemessene Bestattung und Grabpflege vorzusorgen. Dies entspreche dem Gedanken der Selbstbestimmung und Menschenwürde. Vermögen, das für eine angemessene Bestattung und Grabpflege bereitgehalten wird, müsse daher als Schonvermögen im Sinne der sozialrechtlichen Härtefallregelungen angesehen werden.
Übrigens: Achten Sie darauf, dass das Beerdigungsunternehmen eine Preisgarantie übernimmt, damit es nach dem Tod des Angehörigen keine bösen finanziellen Überraschungen für die Hinterbliebenen gibt. Außerdem bieten einige Firmen Bankbürgschaften an, damit im Fall einer Insolvenz das Geld nicht verloren ist. Bei GBI gibt es beides, nähere Informationen im Internet www.gbi-hamburg.de oder telefonisch: 040/24 84 00.

Der Sprung ins kalte Wasser

Frühzeitige und bewusste Entscheidung für eine Einrichtung

Die eigene Wohnung ist mittlerweile zu groß, die Miete steigt zudem viel schneller als die Rente. Eine kleinere, seniorengerechte Wohnung würde den Alltag erheblich erleichtern, vielleicht bliebe sogar Geld übrig, um beschwerliche Wege auch einmal mit der Taxe zurückzulegen oder eine Haushaltshilfe zu beschäftigen.
Umzug bedeutet immer auch Verlust. Die vertraute Umgebung mit nachbarschaftlichen Kontakten muss aufgegeben werden. Das kann schmerzhaft sein. Wie schön ist es doch, im kleinen Lebensmittelgeschäft gegenüber einzukaufen und in dieser Klatsch- und Nachrichtenzentrale das Neueste aus dem Stadtteil zu erfahren.

Doch aus Gründen der Vorsorge reift der Entschluss, einen Neuanfang zu riskieren. Eine ausgiebige Erkundung mit Spaziergängen rund um die Seniorenwohnanlage hilft, sich mit der neuen Umgebung anzufreunden: mit dem Wochenmarkt und den Geschäften gleich nebenan, der Bushaltestelle vor der Tür und nicht zuletzt der zentralen Lage, »damit auch mal Besuch herfindet«. Zur Vorfreude gehört schließlich auch die konkrete Planung: vom Studieren der Wohnungsgrundrisse bis zum Kauf neuer Möbel. Nach der obligatorischen Wartezeit kommt dann irgendwann der Anruf: »Wir haben für Sie eine Wohnung frei, Sie können jetzt einziehen ...«.
Nach dem Umzug wird zunächst zwar alles ungewohnt sein, doch der Wechsel bietet auch Chancen, sein Leben noch einmal zu bereichern. Neue Kontakte ergeben sich im nachbarschaftlichen Miteinander, bei den organisierten Ausflügen in die nähere Umgebung, bei Urlaubsfahrten und jahreszeitlichen Festen.

Im Altenheim neue Hobbys finden

Verschweigen nützt nichts

Abklären der Lebenssituation

Viele kennen die Situation: Bei fast jedem Besuch fällt auf, dass es der alt gewordenen Mutter wieder ein wenig schlechter geht. Bis die Tür geöffnet wird, dauert es immer länger. Der Kaffeetisch ist nicht wie früher gedeckt und der Kuchen nicht mehr selbst gebacken. Der Blumenstrauß auf der Kommode fehlt, Zeitungen und Post liegen ungelesen herum. Die Wohnung wirkt nicht mehr so frisch wie früher. Auch der traditionelle Spaziergang um den See muss heute schon wieder ausfallen. Die gespielte Leichtigkeit ist nicht lange durchzuhalten, das Alltagsgesicht kommt zum Vorschein und kann Sorgen und eine gewisse Müdigkeit nicht mehr verbergen.

Das Alter kostet von Tag zu Tag mehr Kraft. Doch einzuschätzen, ob die Mutter bereits Hilfe benötigt, ist ohne ein offenes Gespräch mit ihr unmöglich. Für dieses sensible Thema sind der richtige Moment und die passenden Worte zu finden. Am Anfang steht die Unsicherheit, ob das Zur-Sprache-Bringen des im Raum stehenden Problems bereits als Bevormundung empfunden und daher abgewehrt wird. Dabei bietet jedes Gespräch immer Chancen – für alle Beteiligten. Die meisten alten Menschen sind dankbar dafür, dass ihre Beschwerlichkeiten und Sorgen endlich einmal angesprochen werden. Sie selbst haben bisher nur Andeutungen gemacht, auf die die Familie nicht weiter eingegangen ist. Ein Satz wie »Fürs Altenheim bist du doch noch viel zu jung« hat jedes Mal das aufkommende Gespräch beendet. Zunächst kann einmal geklärt werden, *wobei* Hilfe benötigt wird. Es ist durchaus möglich, dass die Betroffenen zunächst jede Unterstützung ablehnen, weil sie um ihre Selbstständigkeit fürchten. Gleichzeitig wären sie aber dankbar, jederzeit um Hilfe bitten zu können.

Grenzen aufzeigen

Jeder hat das Recht, frei zu entscheiden, ob und zu welchem Zeitpunkt er Unterstützung in Anspruch nehmen möchte. Im Gespräch müssen Wünsche geäußert und Grenzen aufgezeigt werden. Das gilt ebenso für die Angehörigen. Sie sind es schließlich, die über einen langen Zeitraum gefordert sein werden, die Bereitschaft zeigen müssen, Einschränkungen des eigenen Lebens hinzunehmen. Möglichen Überforderungen ist zu begegnen, indem man Professionalität von außen, sei es durch eine Haushaltshilfe oder einen ambulanten Pflegedienst, nicht von vornherein ausschließt.

Gemeinsam Lösungen entwickeln

Für ein Leben in Selbstständigkeit

Die mit dem Alter verbundenen gesundheitlichen Einschränkungen verlaufen oftmals schleichend. Es steht daher ausreichend Zeit zur Verfügung, um gemeinsam herauszufinden, mit welcher – jeweils genau angemessenen – Unterstützung auf solche Verschlechterungen reagiert werden kann. Lange bevor Hilfe beim Anziehen und Waschen notwendig ist, fallen bereits alltägliche Dinge des Lebens schwer. Diese lassen sich mit einfachen Mitteln erleichtern.

Neue Möbel und bauliche Veränderungen

Vielen älteren Menschen fällt das Aufstehen und Hinsetzen schwer, die niedrigen Sitzhöhen oder modernen Polstermöbel bereiten Probleme. In solch einem Fall bringt beispielsweise ein neuer Seniorensessel mit elektrischer Aufstehhilfe erhebliche Entlastung. Ebenso ein in der Liegehöhe verstellbares Seniorenbett. Für das Badezimmer sind vor allem Haltegriffe und das Senioren-WC zu nennen. Die Sitzhöhe beträgt 52 Zentimeter: Die entscheidenden zehn Zentimeter mehr, um leichter hoch- und dadurch länger allein zurechtzukommen. Ganz wichtig: Den Seniorenmöbeln sieht man nicht an, dass sie mit dem Wissen um altersbedingte Leiden gestaltet wurden. In eine Dusche lässt sich leichter einsteigen als in die Badewanne. Nach einem entsprechenden Umbau des Bades ist Körperpflege also länger ohne fremde Hilfe möglich. Eine persönliche Beratung in Hamburg bietet:

Barrierefrei leben e. V.
Richardstraße 45, 22081 Hamburg
Tel.: 040/29 99 56-0 oder www.barrierefrei-leben.de

Pflege- und Reinigungskräfte umsorgen den Bewohner in seinem persönlichen Bereich. Der Betrieb im Altenheim funktioniert aber nur dann, wenn auch Heimleiter, Sekretärin, Hausmeister, Koch, Gärtner, Therapeuten, Buchhalter, Qualitätsmanager, Empfangsdamen, Arzt, Friseur und Fußpfleger ihre Arbeit leisten.

Zu prüfen ist auch ein Umzug in eine Erdgeschosswohnung. Vermieter, die eine große Anzahl Wohneinheiten verwalten, bieten bereits eine »Wohnungstauschbörse« an. Auch der Tausch innerhalb des Hauses ist möglich, sollte allerdings rechtzeitig angemeldet werden.

Erste Hilfen im Haushalt

Eine große Hilfe ist es, wenn einem wenigstens schwere Tätigkeiten im Haushalt abgenommen werden. Dazu gehören der monatliche Einkauf von Vorräten und Getränken, das Wischen der Fußböden, das Reinigen der Fenster sowie das Hochtragen der Kohlen für den Ofen.
Große Erleichterungen im täglichen Leben bieten auch Kleinigkeiten wie etwa ein Greifstab, mit dem man auf dem Boden liegende Teile hochheben kann, ohne sich bücken zu müssen. Alte Menschen, die rechtzeitig Unterstützung annehmen können, bewahren sich auf lange Sicht ihre Selbstständigkeit, weil sie sich nicht übermäßig belasten. Der Gang zum Markt, der Kontakt mit anderen Menschen beim Einkaufen und somit die Eigenständigkeit bleiben so noch lange erhalten.

Plötzlich kommt alles auf einmal

Der akute Pflegefall

Am Anfang kann noch niemand sagen, ob der Schlaganfall des Großvaters nach wenigen Wochen überwunden sein oder aber weitreichende Konsequenzen für ihn und seine Familie haben wird. Medizinisch ist alles getan worden, die Genesungsphase hat begonnen, der Patient ist jedoch noch sehr schwach. Die alltäglichen Dinge rund um den Krankenhausaufenthalt müssen von den Angehörigen organisiert werden. Regelmäßig müssen, vom Waschzeug bis zum Fernseher, Dinge ins Krankenhaus gebracht werden. Gespräche mit den behandelnden Ärzten sind zu führen. Ein Mitarbeiter vom Sozialdienst der Klinik nimmt Kontakt mit der Familie auf. Das Warten und Hoffen beginnt.

Das Altenheim kann die Familie nicht ersetzen.

Die Situation ist so erdrückend, dass Angehörige kaum an etwas anderes denken können. Der Schock sitzt noch tief, und die Ungewissheit ist zermürbend. Niemand weiß, in welchem Ausmaß die Familie gefordert sein wird, ob der Großvater wieder in seiner Wohnung leben kann oder in einem Alten- und Pflegeheim untergebracht werden muss. In den ersten Tagen ist noch alles offen. Und während der Zeit im Krankenhaus und der Rehabilitation können die Angehörigen lediglich Informationen zusammentragen, um sich auf den bevorstehenden Entlassungstag vorzubereiten. Erst dann können die notwendigen Entscheidungen getroffen werden.
Leider zeigt sich am Ende der Krankenhaus- und Rehabilitationsbehandlung, dass der Schlaganfall nicht ohne Folgen geblieben ist. Zwar hat der Großvater das Laufen wieder

erlernt und kann jetzt am Rollator gehen, auch mit der Sprache ist es dank dem Logopäden wesentlich besser geworden, doch das alles reicht nicht aus, um künftig wieder allein in der eigenen Wohnung zu leben. Die Angehörigen müssen ihm also vermitteln, dass er in ein Heim einziehen muss, trotz aller ärztlichen Bemühungen und seiner großen Anstrengungen in den vergangenen Wochen.
Hoffnungslosigkeit macht sich breit. An den notwendigen Entscheidungen beteiligt sich der Großvater nicht. Es kommt nur der Satz: »Ach, das überlasse ich euch, ihr werdet schon das Richtige finden.« Ist es Überforderung, dass er selbst keine Wahl über eine geeignete Einrichtung treffen mag? Ist es die Verzweiflung, in ein Alten- und Pflegeheim einziehen zu müssen? Oder steht hinter dem Schweigen der unausgesprochene Wunsch, bei den Kindern aufgenommen zu werden? Die Familie steht in der Verantwortung und muss eine Lösung finden.

Die Eltern brauchen Hilfe

Lange Zeit sind die Eltern, trotz erster gesundheitlicher Einschränkungen, in ihrer Wohnung zurechtgekommen. Die Unterstützung von den Kindern und einer Hauswirtschafterin reichte aus, um den Haushalt aufrechtzuerhalten. Von einem Tag auf den anderen verschlechterte sich jedoch der gesundheitliche Zustand des Vaters, so dass er nun auf Pflege angewiesen ist. Seine Frau ist aufgrund ihrer eigenen gesundheitlichen Probleme nicht in der Lage, ihren Mann zu betreuen – auch nicht mit der Unterstützung eines ambulanten Pflegedienstes. Jetzt gilt es zu entscheiden, wo die Eltern künftig leben werden, ob bei den Kindern oder im Alten- und Pflegeheim.

Der Familienrat tagt

Am Anfang steht meist der Wunsch, die Eltern bei sich aufzunehmen und für sie da zu sein. Eine Möglichkeit, etwas von dem zurückzugeben, was man von den Eltern bekommen hat: Zusammenhalt, Vertrautheit und Geborgenheit in der Großfamilie. Auch die Eltern hoffen oft, bei den Kindern unterzukommen.
Die Überlegung, dass die Eltern auch in ein Alten- und Pflegeheim umziehen könnten, spielt zunächst noch keine Rolle. Die Kinder möchten ihre alten Eltern nicht in eine unbekannte Umgebung mit fremden Menschen »abschieben«. Hinzu kommen die Ängste vor einer stationären Einrichtung – bei der ganzen Familie. Das Altenheim steht für alle negativen Aspekte des Alters. Es wird in der Regel mit der Preisgabe der Selbstständigkeit verbunden.
Selbstverständlich gibt es im Alten- und Pflegeheim Unterhaltung und Zerstreuung für die Bewohner, aber starke Pflegebedürftigkeit, die daraus resultierende Verzweiflung der kranken Menschen und der Tod gehören ebenfalls zum Alltag. Da erscheint es zunächst schwer, dieser Idee Positives abzugewinnen.

Können die Eltern bei den Kindern einziehen?

Der Wunsch, die Eltern aufzunehmen, sollte – wo immer möglich – realisiert werden. Zu prüfen ist dabei, welche Belastungen und Einschränkungen auf die Familie zukommen und was jeder Einzelne bereit ist mitzutragen.
Schnell wird klar, dass die Lasten nicht auf alle Schultern gleichermaßen verteilt werden können. In vielen Fällen muss die Tochter oder Schwiegertochter ihre Berufstätigkeit aufgeben, sie trägt in der Regel die Hauptverantwortung.

Jung und Alt haben sich durchaus etwas zu sagen.

Die räumlichen Unzulänglichkeiten sind meist offenkundig. Die Familie muss zusammenrücken, um ein Zimmer frei zu machen. Es darf nicht der kleinste Raum sein, da für den Vater ein Krankenzimmer mit Pflegebett notwendig geworden ist. Hinzu kommen die Treppen innerhalb des Reihenhauses. Es wird jedes Mal ein Kraftakt werden, der gehbehinderten Mutter beim Treppensteigen behilflich zu sein. Die Belastungen und Umstellungen sind erheblich. Nicht unterschätzt werden darf die Verantwortung: 24 Stunden am Tag, an sieben Tagen in der Woche. Es ist nicht leicht, mit der ständigen Überforderung fertig zu werden. Das schlechte Gewissen stellt sich schnell ein, weil in allen Lebensbereichen ständig Kompromisse erforderlich sind: in der Ehe, der Kindererziehung, der Haushaltsführung und bei den sozialen Kontakten. Eine Familie kann sich nicht

Für Ausflüge legen die Mitarbeiter besonderes Engagement an den Tag. Zunächst ist zu erkunden, ob das Ausflugsziel behindertengerecht ist, der Bus ist zu organisieren, für Kaffee und Kuchen muss gesorgt werden. Am Ausflugstag selbst beginnt der Arbeitstag morgens um sieben und endet abends nicht vor zweiundzwanzig Uhr.

zerreißen. So kann es zu Ungerechtigkeiten und Streitigkeiten kommen. Für eine liebevolle Betreuung fehlt am Ende dann schlicht die Kraft.

Auch müssen pflegende Angehörige damit fertig werden, dass sie für ihre aufopfernde Tätigkeit nicht immer gelobt werden. Sie müssen mitunter auch eine gewisse Unzufriedenheit der Pflegebedürftigen ertragen, die mit ihrer neuen Lebenssituation nur schwer zurechtkommen. Die Krankheit schlägt sich auf deren Gemütszustand nieder. Zur Tätigkeit des Pflegenden gehört es, auch diesen Unmut zu erdulden.

Dass die alten Eltern bei den Kindern einziehen, entspricht dem Wunsch vieler Familien. Sie sind dazu gern bereit. Je besser die Belastungen vorher abgeschätzt werden, je besser sich pflegende Angehörige darauf vorbereiten, desto länger ist die Gemeinschaft in der Lage, die dauerhaften Anstrengungen im Umgang mit den pflegebedürftigen Angehörigen zu verkraften.

Das Altenheim kann die Familie nicht ersetzen

Auch in einer intakten Familie kann die Situation eintreten, dass die Professionalität eines Alten- und Pflegeheimes in Anspruch genommen werden muss. Sei es, dass sich der Gesundheitszustand des Pflegebedürftigen verschlechtert oder dass die pflegenden Angehörigen dauerhaft überfordert sind.
Die Familiensituation wird bereits dadurch erheblich entspannt, dass Pflege und Hauswirtschaft vom Alten- und Pflegeheim übernommen werden. Altenpfleger, Krankenschwestern, Hauswirtschafts-, Pflegedienst- und Heimleiter sind aufgrund ihrer Ausbildung in der Lage, auch schwierige Situationen zu meistern. Das Alten- und Pflegeheim wird die Liebe und Zärtlichkeit der Familie jedoch nicht ersetzen können. Die Angehörigen bleiben genau an dieser Stelle gefordert.

Die Umstellung in der neuen Umgebung fällt schwer

Die Entscheidung für den Umzug ist über viele Monate gereift. Das Aussortieren und Einpacken, der Abschied von der vertrauten Umgebung, die Unruhe in diesen Tagen sowie der Umzug selbst haben viel Kraft gekostet. Doch die Umstellung beginnt erst jetzt. Jeder Handgriff ist neu, muss noch in Fleisch und Blut übergehen. Ob die Entscheidung richtig war?

Küchenchef Walter Segatz vom Bodemannheim Finkenwerder erarbeitet gemeinsam mit dem Heimbeirat den Speiseplan.
In jedem Alten- und Pflegeheim gibt es einen gewählten Heimbeirat oder Heimfürsprecher, der die Interessen der Bewohner vertritt. So gehören das Vortragen von Verbesserungsvorschlägen und Beschwerden gegenüber der Heimleitung zu ihren Aufgaben.

Eine, die es geschafft hat, ist Alma Baule. Als die heute 90-Jährige vor sechs Jahren ins Altenheim zog, war die Umstellung groß. Ihr Mann lebte damals noch, sie hatte ihn gepflegt, wurde selbst krank und musste ins Krankenhaus. So beschloss das Ehepaar, gemeinsam in eine Seniorenwohnanlage zu ziehen, »damit ich mehr bei ihm sein konnte«. Kurz nach dem Umzug verstarb ihr Mann. Sollte sie in ihre alte Wohnung zurück? Nach einem Urlaub in Bad Meinberg und langen Überlegungen beschloss die Witwe:

»Hier ist dein Zuhause!« Heute hält sie sich bei der Gymnastik und beim Gedächtnistraining fit, hat Kontakt zu den Mitbewohnern und Freunde gefunden.
»Man muss Interesse zeigen und auf die Menschen zugehen«, empfiehlt die gewählte Heimbeirätin, die ihre Aufgabe auch darin sieht, die neuen Bewohner im Haus zu besuchen. Manche trauen sich am Anfang kaum etwas zu sagen, scheuen den Kontakt mit den Mitbewohnern, kommen noch nicht mit der ihnen unbekannten Umgebung zurecht. Zu groß ist oft die Hemmschwelle, zum Beispiel zum Gedächtnistraining zu gehen, meist aus Angst, nicht mithalten zu können. Am liebsten möchte man wieder in die alte Wohnung zurück. »Dort hat man aber genau wieder diese Einsamkeit«, weiß Alma Baule aus eigener Erfahrung – und dass das Einleben Zeit braucht. »Man darf sich nicht hängen lassen!«

Der Umzug ins Altenheim

Auch die Mutter von Autor Jochen Mertens leidet unter Demenz

Seit fast einem Jahr beschäftige ich mich mit der Demenzerkrankung meiner 88-jährigen Mutter. Über ein Vierteljahr hat sie trotz dieser schweren Erkrankung des Gehirns allein zu Hause gewohnt, doch dann musste sie ins Altenheim umziehen. Dort hat sie sich erstaunlich schnell eingelebt.
Es begann an einem kalten Sonntag im Februar. Meine Mutter war ziemlich verzweifelt und hatte Kopfschmerzen: »Ich habe Blitze im Kopf und kann nicht mehr denken.« Wir haben sie beruhigt und sie wollte im Bett liegen bleiben, solange ihr Gehirn Aussetzer habe. In den darauf folgenden zwei Wochen war die beginnende Demenz dann nicht mehr zu übersehen. Personalausweis, Kontokarte, Krankenversi-

Ein Handlungsmuster aus vergangenen Tagen: Im Einkaufszentrum geht Marianne Mertens immer in die Buchhandlung und blättert in den Büchern. Was sie davon mitbekommt, wissen wir allerdings nicht.

cherungskarte sowie die Zahnprothese waren verschwunden. Meine Mutter hatte den Bezug zur Realität verloren und stellte zur Erklärung die Frage: »Wozu brauche ich in meinem Alter noch einen Ausweis?« Gute Frage, auf die ich zunächst auch keine Antwort wusste.

Der langjährige Gärtner meiner Mutter hat dann morgens und nachmittags die Betreuung übernommen, hat gekocht und geputzt. Abends war ein Pflegedienst beim Waschen und Ausziehen behilflich. Über drei Monate hat das funktioniert. Gut, wir mussten erfinderisch sein. Manchmal war die Lautstärke von Radio oder Fernseher viel zu hoch, doch meine Mutter schlief seelenruhig dabei. Zeitschaltuhren mussten eingebaut werden, um nächtliche Ruhestörungen zu vermeiden. Auch die Sicherungen vom Herd haben wir herausgedreht. Tee ohne Wasser in der Bratpfanne zu erhitzen, war damit nicht mehr möglich. Streichhölzer und Kerzen hatten wir zwar aus der Wohnung entfernt, doch meine Mutter ging immer mal wieder ins Einkaufszentrum, kaufte sich Zigaretten und Streichhölzer. Nach 40 Jahren

Marianne Mertens als junge Säuglings- und Gemeindeschwester.

Abstinenz hatte sie wieder mit dem Rauchen angefangen. Damit verbunden war eine nicht unerhebliche Feuergefahr, wie man an den zahlreichen Brandlöchern in den Tischdecken sehen konnte. Manchmal waren Lebensmittel im Kleiderschrank versteckt. An aktiven Tagen hat meine Mutter die nasse Wäsche aus der Waschmaschine genommen und in die Büsche gehängt. »Das trocknet schneller«, erklärte sie uns.

Marianne hielt uns ganz schön auf Trab, bis sie in einer Nacht im Juni mit dem Plan die Wohnung verließ, mit dem Taxi an die Ostsee zu fahren. Weit ist sie nicht gekommen. Keine hundert Meter von ihrer Wohnung entfernt stürzte sie. Jugendliche, die sie fanden, kümmerten sich um meine Mutter und riefen die Polizei. Zum Glück war nichts gebrochen, es gab nur eine schmerzhafte Prellung an der Hüfte.

Marianne und Erhard Mertens an ihrem Hochzeitstag am 8. April 1958.

Der Traum, bis zum Lebensende in der vertrauten Umgebung zu leben, war damit ausgeträumt. Trotz

des nächtlichen Sturzes außerhalb der Wohnung wollte meine Mutter nicht ins Heim ziehen. Ich musste sie erst davon überzeugen, dass sie nicht mehr allein leben konnte. Zwei Anläufe habe ich dazu gebraucht. Es gab Streit und Tränen, doch dann hat sich Marianne von mir ins Heim begleiten lassen. Bis heute wundere ich mich darüber, wie stark der Wille eines Demenzkranken sein kann. Gekennzeichnet durch Sturheit und Uneinsichtigkeit, kann es doch wenige Stunden später so etwas wie Einsicht und Vernunft geben. Findet man den richtigen Zugang zum Betroffenen, dann ist es plötzlich ganz einfach.
In den ersten drei Tagen im Heim konnte meine Mutter aufgrund der Prellung mit dem rechten Bein noch nicht auftreten. Sie war auf den Rollstuhl angewiesen, ließ sich aber bereitwillig von den Pflegekräften ins Bett, auf einen Stuhl oder auf die Toilette umsetzen. Der Lebenswille meiner Mutter war ungebrochen. Am dritten Tag im Heim stand sie einfach auf und machte humpelnd die ersten Schritte nach ihrem Sturz. Irgendwie ist sie mit der neuen Situation gut zurechtgekommen. Wahrscheinlich fühlte sie sich in ihrer Wohngruppe sofort geborgen und angenommen. In solch einer Gruppe ist auch viel mehr los als zu Hause. Vom Wassertreten über das Singen bis zum Kuchen backen – Marianne ist immer dabei. Außerdem haben sie die Erfolgserlebnisse in der neuen Umgebung ermutigt: Meine Mutter ist zum Beispiel aufgefordert worden, ihr Brot selbst zu schmieren und sich Käse oder Wurst auszusuchen. Das hatte sie sich zu Hause allein nicht mehr zugetraut. Diese neu gefundene Selbstständigkeit gefällt ihr bis heute.
In den ersten Wochen glaubte meine Mutter, dass sie in einer Wohngemeinschaft mit jungen und alten Menschen lebt. Inzwischen spricht sie davon, in einem Heim zu leben. Trotzdem äußert sie immer wieder den Wunsch »in ihr

Die Ergotherapeutinnen Marlen Maas (links) und Dorothe Dassmann haben viel Spaß beim Wasserballett mit ihrer Bewohnerin Marianne Mertens.

blaues Haus an der Elbe zu ziehen«. An den Namen der Straße, in der sie wohnte, kann sie sich nicht mehr erinnern. Ihr Wunsch nach dem Umzug »nach Hause« ist für mich immer ein kleiner Stich ins Herz. Ich glaube, dass meine Mutter einerseits zwar begriffen hat, dass das Altenheim ihr Zuhause ist, sich andererseits aber wünscht, noch einmal ganz selbstständig zu sein, so wie früher. Und diese Hoffnung möchte ich ihr auch nicht nehmen.
Der Umzug ins Altenheim ist jetzt ein halbes Jahr her. Ich dachte immer, dieser Schritt leite für Senioren den unausweichlich letzten Lebensabschnitt ein. So ist es aber nicht. Meine Mutter hat in dieser Zeit unerwartet schöne Dinge

erlebt. Sie hat viele Sonnenstunden auf ihrem neuen Balkon verbracht, hat den fünftägigen Bewohnerurlaub auf der Ostseeinsel Usedom mitgemacht und genießt es, einmal in der Woche zum Schwimmen zu gehen. Ich freue mich, wenn sie mir erzählt, wie gern sie beim Singen und Backen mitmacht. Außerdem kümmern sich die Pflegekräfte rührend um die seelischen Probleme der hier lebenden Menschen. Als meine Mutter neulich nachts schlecht geträumt hatte, war sofort eine Mitarbeiterin zur Stelle, um sie zu trösten. Trotzdem sehe ich natürlich den unaufhaltsamen Fortschritt der Demenz. Meine Mutter ist viel ruhiger geworden, spricht leiser und weniger, der Blick ist oft leer. Es wird langsam dunkel in ihrem Kopf. Wir kommen mit diesem langen Abschied irgendwie zurecht und haben trotzdem eine gute Zeit. Denn: Meine Mutter lebt im Hier und Jetzt, macht sich kaum Gedanken über ihre Krankheiten und genießt die Zeit. Über die Demenz hat sie selbst einmal gesagt: »Ich habe Gestrüpp im Kopf.« Trotzdem ist ihr liebevolles Wesen noch immer dasselbe wie vor dem Ausbruch dieser schweren Erkrankung. Sie ist und bleibt meine Mutter.

»Ich bleibe solange wie möglich zu Hause.«

Eine Familie erfüllt einer alten Dame ihren größten Wunsch.

Vor fünf Jahren hatte Margarete Osewald einen leichten Schlaganfall. Tapfer hat die damals 90-Jährige die Behandlung im Krankenhaus überstanden und bei der Rehabilitation mit vollem Einsatz mitgearbeitet. Am Ende dieser fünfwöchigen Behandlung meinte die Familie, dass bei so einer Erkrankung der Umzug ins Altenheim unausweichlich sei. Doch weit gefehlt: In den letzten Tagen der Reha spürte Neffe Thomas Wendt, wie die Lebensgeister bei seiner Tante

Margarete Osewald (links) lebt mit 95 Jahren noch in ihrer eigenen Wohnung, während die Freundin Marianne Mertens (88) ins Altenheim gezogen ist. Neffe Thomas Wendt unternimmt mit den Damen einen Ausflug an die Elbe.

zurückkehrten. »Wir haben die Vorbereitungen für einen Umzug ins Heim gestoppt und kurzfristig Pflege sowie Betreuung daheim organisiert.« Die langjährige Putzfrau, ein Menüdienst, eine Logopädin, der Hausarzt, der Pflegedienst, Nachbarn und Freunde standen von einem auf den anderen Tag bereit, um behilflich zu sein. Am Anfang war es für die pensionierte Lehrerin schwierig, sich in der vertrauten Umgebung wieder zurechtzufinden. Zahlreiche Handgriffe und Gänge mussten neu erlernt werden. Doch nach etwa einem Jahr hatte sich der Gesundheitszustand so weit verbessert, dass Margarete Osewald in ihrer geliebten 3-Zimmer-Wohnung wieder zurechtkommt.

Zahlreichen Angehörigen fällt es schwer, in so einer Situation angemessen zu handeln. Natürlich ist es ein Schock, wenn die eigene Mutter plötzlich tüdelig geworden ist oder der Onkel nach einem Schlaganfall scheinbar gar nichts mehr kann. Doch man sollte nicht übersehen, dass jeder Patient Selbstheilungskräfte besitzt. Zunächst sind die ärztlichen, pflegerischen und therapeutischen Erfolge abzuwarten. Außerdem kann es auch noch Monate nach so einem Klinikaufenthalt gesundheitliche Verbesserungen geben. Eine Familie muss nicht am ersten Behandlungstag eine Lösung für das Wohnen danach parat haben.
Margarete Osewald ist froh, in ihrer geliebten Wohnung schalten und walten zu können. Zwischendurch stellte sich die Frage, ob ein Umzug ins Heim nicht doch sinnvoll sei, weil die alte Dame hin und wieder über das Alleinsein klagt. Doch mit einem Umzug ist dieses Problem nicht gelöst. Denn Margarete Osewald möchte kaum noch Menschen um sich herum haben. Die vertrauten Personen gern, aber keine neuen Nachbarn im Heim. »Da bin ich ja nur mit alten Menschen zusammen. Nein, das kommt für mich nicht in Frage«, sagt die 95-Jährige immer, wenn sie ihre Freundin Marianne im Altenheim besucht.

»Ich habe jetzt einen Balkon«

Familie Wriegt hatte große Sorgen um die Mutter

Wenn ein Angehöriger im Alter zunehmend unter Demenz leidet, ist das für die Familie schwer zu ertragen. Doch man kann eine Lösung finden. Wolfgang Wriegt und seine Frau Hannelore haben entsprechende Erfahrungen gemacht: »Meine Mutter lebte allein in ihrer Wohnung. Sie hatte

zunächst Wortfindungsstörungen, vergaß immer häufiger die Mahlzeiten und wurde zunehmend »tüdelig«. Als sie dann ein Stromkabel durchschnitt, weil sie den Lichtschalter nicht mehr fand, mussten wir schnellstens etwas unternehmen.« Anita Wriegt kam für vier Wochen ins Krankenhaus. In dieser Zeit hat sich die Familie viele Altenheime angesehen und fand schließlich ein Appartement für die Mutter.
Viele Angehörige, die ein altersverwirrtes Familienmitglied in einem Pflegeheim unterbringen, quält das schlechte Gewissen. Dabei ist oft gerade dort die optimale Betreuung durch professionelles Personal gewährleistet. »Wir begleiten die Menschen in ihrer eigenen Welt, wir korrigieren sie nicht, und deshalb fühlen sie sich schnell von uns angenommen«, erklärt Pflegedienstleiter Diaz Liedicke. Diese entspannte Atmosphäre spüren schließlich auch die

Anita Wriegt hält beim Knabbern der Kekse ein Schwätzchen mit Diaz Liedicke.

Angehörigen, wenn sie zu Besuch kommen. Es fällt ihnen leichter loszulassen.
Anita Wriegt fühlt sich im Heim gut aufgehoben: »Ich habe jetzt sogar einen Balkon, den habe ich mir schon immer gewünscht.« Seit die Mutter hier gut versorgt wird, kommt die Familie mit der Krankheit besser zurecht. Und Pflegedienstleiter Diaz Liedicke freut sich, dass seine Bewohnerin in der Gemeinschaft wieder ausreichend isst und trinkt.

Qualität in der Altenpflege

Wer in einem Altenheim lebt, ist auf die Hilfe der dort arbeitenden Menschen angewiesen – eine ganz besondere Verantwortung für die Mitarbeiter. Die Bewohner erwarten zunächst nur, dass sie sich »ein wenig zu Hause fühlen« können. Doch zur Professionalität in der Altenpflege gehört viel mehr. Wer kümmert sich am Einzugstag um den neuen Bewohner und besorgt die Blumen? Wie lassen sich überflüssige Wege vermeiden, und wie kann man den Krankenstand der Mitarbeiter senken, damit mehr Personal für die Pflege zur Verfügung steht? Wie werden Beschwerden bearbeitet? Wie können Mitarbeiter gefördert werden, damit sie ihren Beruf auch weiterhin mit Professionalität und Liebe ausüben?

Was ist ein Pflegestandard?

Qualität im Altenheim ist täglich aufs Neue zu gewährleisten – unabhängig davon, wer gerade Dienst hat. In vielen Altenheimen haben die Mitarbeiter genau definiert, wie die Arbeitsabläufe durchzuführen sind – sie haben ihre »Pflegestandards« festgelegt. Ein Beispiel: Bevor ein Mitarbeiter

Die Heimleiter der Einrichtungen, die in diesem Buch vorgestellt werden, haben uns versichert, dass sie für Anregungen und Beschwerden von Bewohnern und Angehörigen dankbar sind. Nur Fehler, die man kennt, können auch korrigiert werden.

das Zimmer eines Bewohners betritt, um einen Verband zu wechseln, hat er einen Blick in die Pflegeakte (Dokumentation) zu werfen, sich die Hände zu waschen und anzuklopfen. Im Zimmer hat er das Material vollständig vorzubereiten und für eine angenehme Temperatur und ausreichend Licht zu sorgen. Er sollte mit dem Bewohner sprechen und ihm erklären, was als Nächstes passiert. Am Ende hat sich der Mitarbeiter zu verabschieden, damit der Bewohner weiß, dass der Pfleger seine Arbeit abgeschlossen hat und deshalb nicht noch einmal zurückkommt. Hände waschen, Pflegematerial desinfizieren, Eintrag in die

Dokumentation: Vom An- und Auskleiden bis zur Krankenbeobachtung – jeder Mitarbeiter im Team hat sich an die gemeinsam entwickelten Pflegestandards zu halten.

Zertifikat für gute Pflege

Seit einigen Jahren haben verschiedene Altenheime ein Gütesiegel. Die Betriebe haben sich kontrollieren lassen und können so den Nachweis führen, dass sie gute Arbeit leisten. In regelmäßigen Abständen, alle 18 Monate bis zwei Jahre, wird erneut geprüft. Die beteiligten Unternehmen sagen: »Wir haben wichtige Anregungen für unsere Arbeit erhalten.«

Können die Senioren etwas zur Qualität beitragen?

Auch Bewohner und Angehörige sind in Sachen Qualität gefordert. Kritik ist der Ausgangspunkt für Verbesserungen. Auch oder gerade alte Menschen sollten sagen, was sie verändert haben möchten. Das fällt manchmal schwer. Doch niemandem ist geholfen, wenn ein Bewohner sich unwohl fühlt, sich bei seinen Angehörigen beklagt, sie jedoch gleichzeitig bittet, nichts zu unternehmen! Die Mitarbeiter brauchen eine Rückmeldung. Mit gutem Willen lässt sich im Gespräch alles regeln.
Viele Familien erhalten Unterstützung in einer schweren Lebensphase eines kranken Angehörigen. Die Altenpflegekräfte ermöglichen dies durch ihre Professionalität und menschliche Zuwendung. Ein Lob oder ein Dankeschön motiviert und zeigt, dass das Engagement in der Altenpflege in der Bevölkerung anerkannt wird.

Noten für gute Altenpflege

Bei den Verbrauchern sind Noten für Produkte und Dienstleistungen sehr beliebt, doch kaum eine Organisation hat sich bisher an die Bewertung von Altenheimen und ambulanten Pflegediensten herangewagt. Aber lässt sich Qualität im Altenheim genauso testen wie ein Toaster? Der Gesetzgeber in Berlin bejaht dies und hat dazu im Jahr 2008 das sogenannte Pflege-Weiterentwicklungsgesetz beschlossen. Danach werden bundesweit alle Altenheime und Pflegedienste einmal jährlich vom Medizinischen Dienst der Krankenkassen (MDK) geprüft und die Bewertungen veröffentlicht – ein Feldversuch nach dem Schulnotenprinzip mit insgesamt rund 22.000 Unternehmen.

Als Grundlage für die Noten im Altenheim dienen die Ergebnisse der Qualitätsprüfungen des MDK. Von den dort ermittelten 82 Bewertungen fließen 64 Ergebnisse in die Benotung ein. Aus den vier Prüfungsbereichen wird die Gesamtnote zwischen »sehr gut« und »mangelhaft« errechnet.

- 35 Einzelkriterien beziehen sich auf Pflege und Medizin.
- 10 Punkte werden in Bezug auf den Umgang mit demenzkranken Bewohnern herangezogen.
- 10 Prüfungsteile gibt es zur sozialen Betreuung und Alltagsgestaltung.
- 9 Fragen beziehen sich auf das Wohnen und die Verpflegung.

Bei der ambulanten Pflege werden die Leistungen für Körperpflege, Ernährung sowie eine nachvollziehbare Krankenbeobachtung beurteilt. Es wird kontrolliert, ob die vom Arzt verschriebenen Behandlungen ordentlich durchgeführt werden. Außerdem steht die Organisation des Betriebes auf dem Prüfstand und die Kundenzufriedenheit wird erfragt.

Wenn ein Altenheim im Stadtteil integriert ist und die Schüler des benachbarten Gymnasiums gemeinsam mit den Bewohnern Kekse backen, spielt dieses Engagement bei der MDK-Benotung keine Rolle.

Die Sozialgerichte haben jetzt das Wort

Einige Unternehmen klagen gegen die Veröffentlichung ihrer Noten vor den zuständigen Sozialgerichten. Dabei fallen die Gerichtsurteile unterschiedlich aus. Dies kann als Beleg dafür gelten, dass das Verfahren zur Benotung noch nicht ausgereift und eine Überarbeitung notwendig ist.
Das Landessozialgericht Berlin-Brandenburg hat in seiner Entscheidung vom 29. März 2010 (Az.: L 27 P 14/10 B ER) den Pflegekassen die Veröffentlichung des Transparenzberichts eines ambulanten Pflegedienstes untersagt. Zur Begründung wies das Gericht auf gravierende inhaltliche

und formale Fehler bei der Bewertung der Prüfergebnisse hin. Insbesondere kritisierte das Gericht die Notengebung als intransparent und fehlerhaft. Im Gegensatz dazu haben die Landessozialgerichte in Nordrhein-Westfalen, Sachsen, Sachsen-Anhalt, Hessen und Bayern genau anders entschieden. Danach sind das System der Pflegenoten und ihre Veröffentlichung im Internet rechtmäßig.

Die Noten haben nur eine bedingte Aussagekraft

Die MDK-Pflegenoten sollten für den Verbraucher bei der Auswahl einer guten Pflegeeinrichtung nur ein Kriterium unter vielen sein. Deshalb veröffentlichen wir die Noten unter Vorbehalt. Man sollte sich unbedingt auch im Bekanntenkreis nach guten Häusern erkundigen und die infrage kommenden Heime persönlich besuchen. Zu beachten ist außerdem, dass noch nicht alle Unternehmen bis zum Redaktionsschluss dieses Buches geprüft worden sind, daher fehlen einige Noten. Da das Benotungssystem in seiner jetzigen Form noch Mängel aufweist, wird es möglicherweise in den kommenden Jahren verbessert, so dass es erst dann eine sichere Aussagekraft haben wird.
Die vollständigen Prüfberichte der von uns vorgestellten Einrichtungen sind auf der Homepage zu diesem Ratgeber unter www.umsorgt-wohnen.de nachzulesen. Falls Sie über die aktuellen Prüfberichte informiert werden möchten, können Sie uns gern anrufen: 040 / 600 898 40.

Und so sieht unsere Darstellung der Pflegenoten aus: Erläuterung dazu finden Sie auf der hinteren Buchklappe.

Pflegenoten:

Pflege	Demenz	Betreuung	Wohnen	**Gesamt**	Bewohner
1,3	1,0	1,0	1,0	**1,1**	1,0

Pflegeversicherung

Seit es die Pflegeversicherung gibt, wird darüber diskutiert und gestritten. Der Laie kann den Fachgesprächen meist kaum folgen, weil er das Prinzip der Versicherung nicht verstanden hat. Deshalb erscheint sie ihm als zu kompliziert, als bürokratisch, abweisend und ungerecht.
Was hat es beispielsweise mit den 46 Minuten Pflege in der Pflegestufe I auf sich? Wenn der Versicherte die Grundzüge des Systems verstanden hat, ist es für ihn kein Buch mit sieben Siegeln mehr. Die Devise heißt deshalb: sich sachkundig machen, zum richtigen Zeitpunkt den Antrag stellen und kein Geld verschenken.

Der Pflegebedarf wird nach Zeitaufwand bemessen

Der Gesetzgeber hat ein Verfahren entwickelt, um den individuellen Pflegebedarf zu bestimmen. Grundlage dafür sind die erforderlichen Pflegezeiten. Nicht Alter, Krankheiten oder Behinderungsgrad sind die Kriterien, um Leistungen aus der Pflegeversicherung zu erhalten, sondern allein die Zeit, die ein Laie für Pflege und hauswirtschaftliche Unterstützung benötigt.

Familie A. braucht Hilfe

Mit der Gesundheit von Peter A. geht es schon seit einiger Zeit stetig bergab. Seine Ehefrau Helga hilft mittlerweile beim Aufstehen und Anziehen und unterstützt ihren Mann auch im Badezimmer. Er ist so wackelig auf den Beinen, dass es ihm lieber ist, wenn beim Waschen jemand neben ihm steht. Seine Frau kann ihm kurz unter die Arme grei-

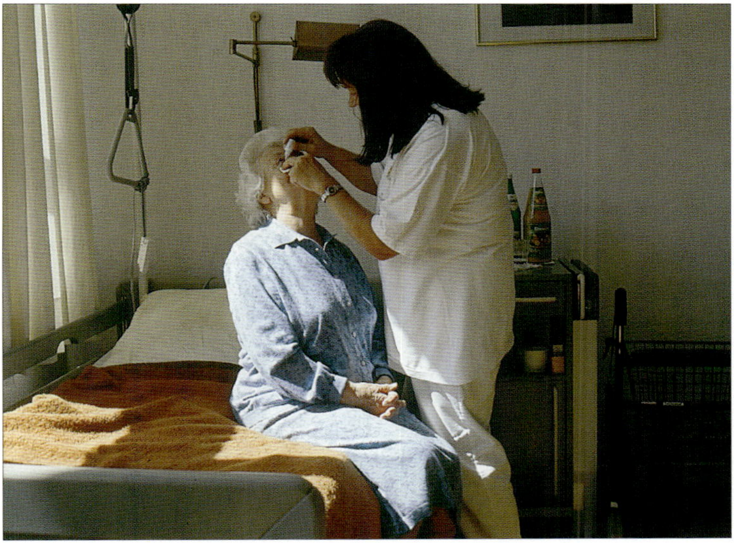

Hilfe anzunehmen muss erst erlernt werden. Dazu gehört Vertrauen – zum Beispiel wenn die Schwester Augentropfen verabreicht.

fen, wenn er das Gleichgewicht zu verlieren beginnt, so dass er nicht stürzt. Auch in die Badewanne kann Peter A. nicht mehr allein einsteigen.

Am Vormittag hat Helga A. den Haushalt zu erledigen, Frühstück zuzubereiten, sauber zu machen, einzukaufen, zu kochen. Am Nachmittag schläft ihr Mann meistens. Doch Frau A. kann nicht abschalten. Selbst wenn sie ihren Mann gut versorgt weiß, mag sie kaum das Haus verlassen. Sie kann nicht einmal in aller Ruhe zum Friseur gehen oder eine Freundin besuchen – es könnte ja zu Hause etwas passieren.

Am Ende des Arbeitstages, wenn sie ihren Mann ins Bett gebracht hat, telefoniert sie meistens noch einmal mit der Tochter. Über die Krankheit und die damit verbundenen Veränderungen des Ehepartners muss Frau A. abends noch mit jemandem sprechen. Besonders schwer zu ertragen ist es für Frau A., dass ihr Mann aufgrund der Krankheit so unzufrieden und grantelig geworden ist.

In guten und in schlechten Zeiten, so haben es sich die Eheleute A. vor 39 Jahren vorm Traualtar versprochen: »Selbstverständlich, ich stehe meinem Mann zur Seite, aber ich mache mich kaputt, meine Kraft reicht nicht aus. Ich brauche Hilfe.«

Unterstützung kann Familie A. von einem ambulanten Pflegedienst bekommen. Dazu ist zunächst ein Antrag bei der Pflegekasse der Krankenkasse von Peter A. zu stellen. Helga A. ruft dort an, zwei Tage später liegt der Antrag auf Leistungen aus der Pflegekasse vor. Frau A. schickt ihn sofort zurück. Nach fünf Wochen hat der Medizinische Dienst der Krankenkassen das Gutachten erstellt und die Pflegekasse darüber entschieden, ob eine Pflegebedürftigkeit vorliegt. Für Familie A. sind das unruhige Wochen, eine ungewisse und zusätzlich belastende Wartezeit.

Ein Pflegetagebuch als Gedächtnisstütze

Helga A. bereitet sich auf die Begutachtung durch den Medizinischen Dienst mit einem Pflegetagebuch vor. Sie notiert über einen Zeitraum von fünf Tagen, wobei sie ihrem Mann behilflich ist und wie lange diese Tätigkeiten jeweils dauern. Auch die behandelnden Ärzte ihres Mannes listet sie auf. Abends fallen ihr dann noch Kleinigkeiten ein, die sie dazuschreibt: So fällt es ihrem Mann zunehmend schwerer, mit Messer und Gabel zu essen, Frau A. zerschneidet ihm mittags das Fleisch. Außerdem versucht sie, mit ihrem Mann wenigstens einmal in der Woche das Haus für einen kurzen Spaziergang zu verlassen. Ohne Begleitung wären Spaziergänge und Arztbesuche unmöglich.

Der Tag der Begutachtung ist anstrengend für das Ehepaar A. Sie konnten nachts vor Aufregung nicht schlafen. Wie sich herausstellt, war die Unruhe gar nicht nötig. Der Arzt des Medizinischen Dienstes ist routiniert, tastet sich einfühlsam vor. Er fragt zunächst nach den Krankheiten und Medikamenten von Peter A. Zwischendurch lässt er sich die Wohnung zeigen, bemerkt dabei, dass Herr A. nicht ohne die Hilfe seiner Frau aufstehen kann. Die Gesprächsatmosphäre ist entspannt, trotzdem ist es Peter A. peinlich, als seine Frau erzählt, dass sie ihm beim Toilettengang helfen muss: »Mein Mann ist so vergesslich. Er steht beim Pinkeln auf, bevor er fertig ist.« Das hat sie bisher nicht einmal ihrer Tochter erzählt.

Nach einer Dreiviertelstunde ist das Gespräch beendet. Der Arzt schreibt ein Gutachten und eine Empfehlung. Der wird

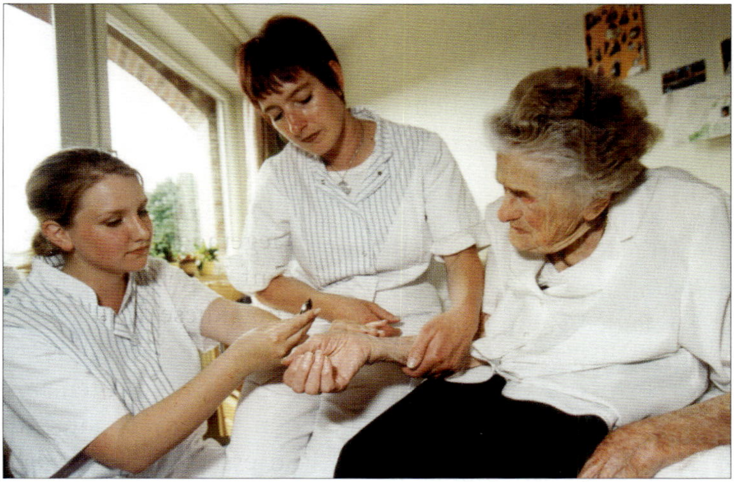

Qualität in der Altenpflege beginnt mit einer soliden Ausbildung. Anatomie, Medikamentenkunde, Krankheitslehre, Recht, Ethik, Ernährung und Geriatrie gehören zum Grundwissen. Teamarbeit, gute Organisation und menschliche Zuwendung machen professionelle Altenpflege aus.

sich die Pflegekasse voraussichtlich anschließen und Peter A. Hilfe gewähren.
Grundlage für die Empfehlung waren die regelmäßigen Hilfeleistungen von Helga A. und die dafür benötigte Zeit.

Welche Pflegezeiten erkennt der MDK-Gutachter an?

Der Gutachter erkennt an, dass Peter A. morgens beim Waschen, Kämmen und Anziehen, mittags bei der mundgerechten Zubereitung der Mahlzeit, abends beim Ausziehen und Waschen sowie beim Zähneputzen und bei den Toilettengängen Hilfe benötigt.

	Minuten pro Tag
• *Körperpflege*	
Ganzkörperwäsche: 5 x 20 Minuten pro Woche	14
Teilwäsche Oberkörper: 7 x pro Woche	8
Duschen: 2 x 15 Minuten pro Woche	4
Rasieren	10
Zahnpflege: 2 x täglich	10
Kämmen: 1 x täglich	2
Toilettengänge	12
• *Ernährung*	
Mittagessen mundgerecht zubereiten	2
• *Mobilität*	
Ankleiden gesamt: 1 x täglich	10
Entkleiden gesamt: 1 x täglich	5
	77

- *Hauswirtschaft*
  Zubereiten der Mahlzeiten, Einkaufen, Kochen und das Putzen gelten als Hauswirtschaft, nicht als Pflege, und werden pauschal mit 45 Minuten veranschlagt.

Insgesamt erkennt die Pflegekasse bei Peter A. einen Zeitbedarf von 122 Minuten an. Darin enthalten sind

Frühlingsfeste, Grillfeste, Geburtstage, Tanznachmittage: Es gibt viele persönliche Kontakte, wenn Jung und Alt zusammen leben und arbeiten.

77 Minuten für Pflege. Die Voraussetzungen für die Pflegestufe I sind erfüllt. Herr und Frau A. haben sich zunächst für einen ambulanten Pflegedienst entschieden. Morgens und abends kommt eine Pflegekraft und ist Herrn A. behilflich. Eine große Entlastung für Frau A.

Achtung: Angehörige sollten regelmäßig überprüfen, ob die Pflegebedürftigkeit in der Zwischenzeit gestiegen ist! Sobald sich bei unserem Herrn im Beispiel der Gesundheitszustand verschlechtern sollte, ist es höchste Zeit, einen Antrag auf Höhergruppierung bei der Pflegekasse zu stellen. Dann steigen nämlich ab dem Tag der Antragstellung die Zuschüsse.

Das MDK-Gutachten

Dem Gutachter über die Schulter geschaut

Pflegebedürftige stellen den Antrag bei der Pflegekasse oft zu spät, weil sie sich mit der Pflegeversicherung nicht auskennen. Damit verschenken sie viel Geld! Ein Blick in das Gutachten des Medizinischen Dienstes (MDK) hilft bei der Selbsteinschätzung: Hat mein Antrag bei der Pflegekasse Aussicht auf Erfolg?
Der Gutachter des Medizinischen Dienstes hat einen Fragebogen, in dem er am Tag der Begutachtung alle relevanten Pflegezeiten erfragt und erfasst. Darin stehen auch Richtwerte, wie viel Zeit zum Beispiel für das Duschen oder das An- und Auskleiden anerkannt wird. Neben den Pflegetätigkeiten, die ein Angehöriger voll übernimmt, zum Beispiel das Kämmen, werden auch die Zeiten anerkannt, in denen eine Beaufsichtigung oder Anleitung notwendig ist.

Die Richtwerte zur Selbsteinschätzung

- *Körperpflege*
  Ganzkörperwäsche: 20–25 Minuten
  Teilwäsche Oberkörper: 8–10 Minuten
  Teilwäsche Unterkörper: 12–15 Minuten
  Teilwäsche Hände/Gesicht: 1–2 Minuten
  Duschen: 15–20 Minuten
  Baden: 20–25 Minuten
  Zahnpflege: 5 Minuten
  Kämmen: 1–3 Minuten
  Rasieren: 5–10 Minuten
  Wasserlassen: 2–3 Minuten

Stuhlgang: 3–6 Minuten
Richten der Bekleidung: 2 Minuten
Windelwechsel nach Wasserlassen: 4–6 Minuten
Windelwechsel nach Stuhlgang: 7–10 Minuten
Wechseln kleiner Vorlagen: 1–2 Minuten
Wechsel/Entleerung Urinbeutel: 2–3 Minuten
Wechsel/Entleerung Stomabeutel: 3–4 Minuten

- *Ernährung*
  Mundgerechte Zubereitung: 2–3 Minuten
  Aufnahme der Nahrung: 15–20 Minuten
  Sondenkost: 15–20 Minuten pro Tag
- *Mobilität*
  Aufstehen/Zu-Bett-Gehen: 1–2 Minuten
  Umlagern: 2–3 Minuten
  Ankleiden gesamt: 8–10 Minuten
  Ankleiden Ober-/Unterkörper: 5–6 Minuten
  Entkleiden gesamt: 4–6 Minuten
  Entkleiden Ober-/Unterkörper: 2–3 Minuten
  Stehen (Transfer): 1 Minute

Für das Gehen und Treppensteigen innerhalb der Wohnung (Reihenhaus) sowie das Verlassen und Wiederaufsuchen der Wohnung bzw. Pflegeeinrichtung gibt es keine Richtwerte, die Pflegezeiten dafür werden individuell festgelegt.

Die gesetzlichen Einzelheiten

Die Pflegeversicherung soll mit ihren Leistungen vorrangig die häusliche Pflege und damit die Pflegebereitschaft von Angehörigen und Nachbarn unterstützen. Dies entspricht auch dem Wunsch der meisten Betroffenen, möglichst lange in ihrer häuslichen Umgebung wohnen zu bleiben. Außer-

Für das Kämmen werden 1 bis 3 Minuten für die Pflege anerkannt.

dem haben Pflegebedürftige einen Anspruch auf Pflege in vollstationären Einrichtungen wie Alten- und Pflegeheimen. Allerdings wird vollstationäre Pflege nur nachrangig gewährt, wenn zum Beispiel häusliche Pflege nicht möglich ist.
Die Leistungen bei Pflegebedürftigkeit sind bei der Pflegekasse zu beantragen. Der Medizinische Dienst der Krankenkassen erstellt bei gesetzlich Versicherten daraufhin ein Gutachten und stellt fest, ob bzw. in welchem Umfang Pflegebedürftigkeit vorliegt. Bei privat Pflegepflichtversicherten erfolgt die entsprechende Feststellung durch die MEDIC-PROOF Gesellschaft für medizinische Gutachten mbH in Köln.

Gutachten zur Pflegebedürftigkeit

Pflegebedürftig im Sinne des Gesetzes sind Personen, die aufgrund einer körperlichen, geistigen oder seelischen Krankheit oder Behinderung Hilfe in erheblichem oder höherem Maße benötigen. Diese Hilfe muss auf Dauer, mindestens jedoch für sechs Monate erforderlich sein. Gemeint sind damit Pflege sowie hauswirtschaftliche Unterstützung bei gewöhnlich und regelmäßig wiederkehrenden Verrichtungen im Ablauf des täglichen Lebens:

- *Körperpflege*
  Waschen, Duschen, Baden, Zahnpflege, Kämmen, Rasieren, Blasen- oder Darmentleerung

- *Ernährung*
  Mundgerechtes Zubereiten oder Aufnahme der Nahrung
- *Mobilität*
  Aufstehen und Zu-Bett-Gehen, An- und Auskleiden, Gehen, Stehen, Treppensteigen, Verlassen und Wiederaufsuchen der Wohnung
- *Hauswirtschaftliche Versorgung*
  Einkaufen, Kochen, Spülen, Reinigung der Wohnung, Wechseln und Waschen der Wäsche und Kleidung, Beheizen

Zur Pflege gehören sowohl die Übernahme und Unterstützung als auch die Anleitung und Beaufsichtigung der pflegebedürftigen Person.
Beispiel: Eine Ehefrau beaufsichtigt ihren Mann morgens beim Waschen. Der Betroffene hat aufgrund seiner Krankheit Gleichgewichtsstörungen, hin und wieder wird ihm schwindelig. Seine Frau muss ihn stützen, um einen Sturz zu verhindern.

Einstufung in eine Pflegestufe

Für die Einstufung in eine Pflegestufe ist ausschließlich der notwendige tägliche Zeitaufwand für Pflege und hauswirtschaftliche Versorgung maßgebend. Das Ausmaß einer Behinderung oder einer Krankheit sagt nichts über die Pflegebedürftigkeit aus.

Pflegestufe I (Erhebliche Pflegebedürftigkeit)

- Mindestens einmal täglich muss bei zwei Verrichtungen der Grundpflege (Körperpflege, Ernährung, Mobilität) ein Hilfebedarf bestehen.

- Es sind täglich mindestens 90 Minuten Hilfe nötig, davon mindestens 46 Minuten für die Grundpflege (Körperpflege, Ernährung, Mobilität).

Pflegestufe II (Schwerpflegebedürftigkeit)

- Mindestens dreimal täglich muss bei den Verrichtungen der Grundpflege (Körperpflege, Ernährung, Mobilität) ein Hilfebedarf bestehen.
- Es sind täglich mindestens 180 Minuten Hilfe nötig, davon mindestens 120 Minuten für die Grundpflege (Körperpflege, Ernährung, Mobilität).

Pflegestufe III (Schwerstpflegebedürftigkeit)

- Rund um die Uhr, auch nachts, muss bei den Verrichtungen der Grundpflege (Körperpflege, Ernährung, Mobilität) ein Hilfebedarf bestehen.
- Es sind täglich mindestens 300 Minuten Hilfe nötig, davon mindestens 240 Minuten für die Grundpflege.

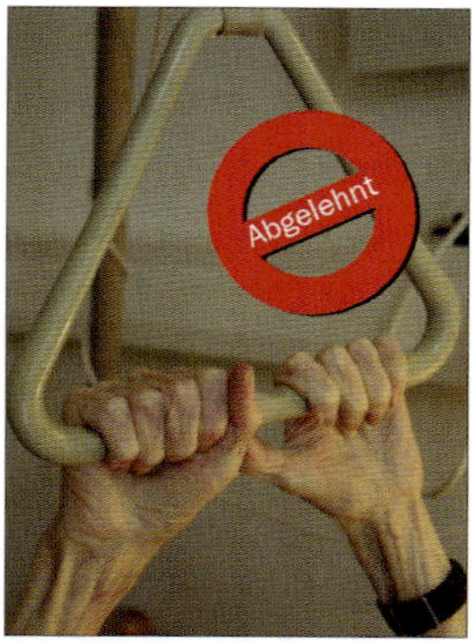

Oft müssen die Angehörigen kämpfen.

Widerspruch

Wenn der Versicherte mit der Entscheidung der Pflegekasse über Leistungen aus der Pflegeversicherung nicht einverstanden ist, kann er dagegen Widerspruch einlegen. Der Widerspruch muss innerhalb eines Monats nach Bekanntgabe der Pflegestufe schriftlich bei der Pflegekasse erhoben werden.

Es reicht nicht aus, deshalb den

Gegen Ihren Bescheid vom 10. 2. 2011, bei mir eingegangen am 12. 2. 2011, Aktenzeichen 123 456 789, lege ich

W i d e r s p r u c h

ein.

Begründung:
Im o. g. Bescheid haben Sie meinen Antrag auf Leistungen aus der Pflegeversicherung abgelehnt. Ich benötige aber dringend Hilfe, und dies müsste der MDK in seinem Gutachten auch festgestellt haben. Leider kenne ich dieses Gutachten bisher nicht. Ich bitte daher zunächst, mir das MDK-Gutachten in Kopie zuzusenden. Hierauf habe ich nach § 25 SGB X Anspruch. Nach Einsicht in das Gutachten werde ich hierzu näher Stellung nehmen.

(Datum, Unterschrift)

Sachbearbeiter anzurufen. Allerdings muss die Pflegekasse den Widerspruch schriftlich aufnehmen, wenn der Versicherte dort persönlich vorspricht. Mit dieser Niederschrift bei der Pflegekasse soll denjenigen Versicherten die Wahrnehmung ihrer Rechte erleichtert werden, die im Abfassen von Schriftstücken ungeübt sind.
Der Versicherte hat einen Anspruch darauf, in die Akten der Pflegekasse Einsicht zu nehmen, insbesondere in das Gutachten des Medizinischen Dienstes. Dies ergibt sich aus § 25 SGB X (Sozialgesetzbuch, 10. Buch). Nur so kann der Widerspruch sinnvoll begründet werden. Es reicht also, zunächst Widerspruch innerhalb der vorgegebenen Frist einzulegen und gleichzeitig das Gutachten anzufordern. Die Begründung kann dann nachgereicht werden.
Sollte die Pflegekasse an ihrer ursprünglichen Entscheidung festhalten, muss sie einen schriftlichen Widerspruchs-

bescheid erlassen. Darin müssen eine Begründung für die Zurückweisung des Widerspruchs und eine Belehrung über die Möglichkeit einer Klage vor dem Sozialgericht enthalten sein.

Gegen Willkür kann man sich wehren!

Gerhard Holzmann kämpft um sein Recht

Manchmal treffen Sachbearbeiter von Krankenkassen Entscheidungen, die willkürlich sind und zum Nachteil der Versicherten gereichen. Dass man dies aber nicht hinnehmen muss, zeigt das folgende Fallbeispiel.
In den vergangenen zehn Jahren hat Margot Holzmann ihren Ehemann Gerhard (Pflegestufe II) betreut und gepflegt. Als die 80-Jährige im letzten Jahr an Parkinson (Pflegestufe I) erkrankte, fühlte sie sich mit der Pflege ihres Mannes überfordert. Das Ehepaar entschied sich deshalb vor einem halben Jahr, einen Pflegedienst einzuschalten, der Gerhard Holzmann morgens beim Anziehen und Waschen behilflich ist. Ansonsten unterstützen sich die beiden Eheleute gegenseitig. Er steht ihr zum Beispiel beim Ankleiden zur Seite, sie hilft ihm abends ins Bett.
Die Pflegekasse sollte bei Margot Holzmann die Geldleistungen (205 Euro pro Monat) und bei Gerhard Holzmann die Kombinationsleistungen (etwa 500 Euro pro Monat für die ambulante Pflege sowie 188,60 Euro Bargeld) übernehmen. Doch die Sachbearbeiterin der Pflegekasse stellte sich quer. Am Telefon wurde Gerhard Holzmann mitgeteilt, dass laut Aktenlage die Pflege nicht sichergestellt werden könne. Grund: Der pflegende Ehepartner sei jeweils selbst pflegebedürftig und deshalb nicht in der Lage zu pflegen. Daher wurde kein Geld an das Ehepaar ausgezahlt. Ledig-

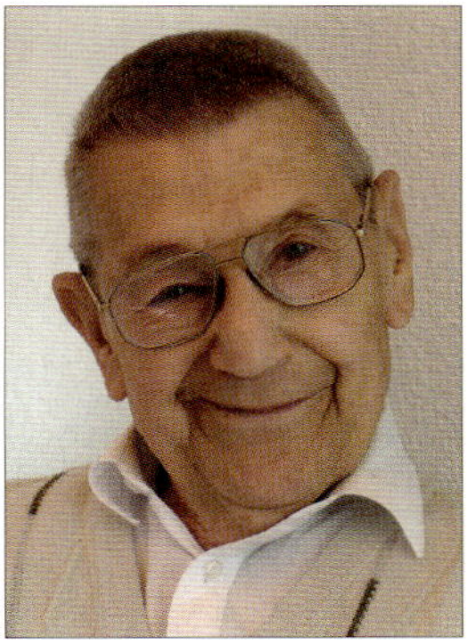

Gerhard Holzmann

lich die Kosten für den ambulanten Dienst wurden übernommen.
Gerhard Holzmann wendete sich vertrauensvoll an Umsorgt wohnen. Auf unsere Nachfrage erklärte ein Pflegekassen-Mitarbeiter: »Im Sinne einer geeigneten Pflege wäre es uns lieber, dass der Pflegedienst mehrmals am Tag kommt. Wir können aber nicht ausschließen, dass sich Gerhard und Margot Holzmann gegenseitig ange-

Urteil zum Pflegegeld

Das Hessische Landessozialgericht (21.6.07; Aktenzeichen L 8 P 10/05) entschied, dass es einem Pflegebedürftigen selbst überlassen bleibt, seine Pflege zu organisieren und eine Pflegeperson auszuwählen, der er vertraut. Das Gericht verwies dabei auf den Grundsatz der Selbstbestimmung.
Hintergrund: Eine Pflegekasse hatte den Antrag auf Geldleistungen eines 60-Jährigen abgelehnt. Bei der Pflege durch einen Bekannten wurden Mängel festgestellt. Dadurch sah das Versicherungsunternehmen die vom Gesetz geforderte Sicherstellung der Pflege »in geeigneter Weise« gefährdet. Dagegen klagte der Betroffene. Die Sozialrichter stimmten ihm zu, weil es schwer sei, die »geeignete Weise« zu konkretisieren. Demnach könnten vereinzelt auftretende Pflegemängel nicht automatisch zur Ablehnung selbst organisierter Pflege führen, auch wenn die Krankenkassen mit der Arbeit von Kindern, Nachbarn, Ehepartnern oder Freunden unzufrieden sind.

messen unterstützen.« Deshalb wurden die zurückgehaltenen Geldleistungen sofort ausgezahlt – insgesamt etwa 2.400 Euro. Gerhard Holzmann ist glücklich über den Erfolg. »Viele ältere Menschen haben Angst vor einem Sachbearbeiter der Krankenkasse, ich nicht!«, meint der ehemalige vereidigte Gerichtssachverständige. Der 84-Jährige möchte alle Familien motivieren, für ihr Recht zu kämpfen. Schließlich hat es sich für ihn auch gelohnt.

Häusliche Pflege

Sach- und Geldleistungen

In der eigenen Wohnung beziehungsweise Seniorenwohnung oder im Appartement einer Residenz werden Leistungen zur häuslichen Pflege gewährt. Dabei haben Pflegebedürftige die Wahl:

Sachleistungen und Zuschüsse

Wird ein ambulanter Pflegedienst beauftragt, rechnet er diese Leistungen direkt mit der Pflegekasse ab, und zwar bis zur maximalen Zuschusshöhe, die von der Pflegestufe abhängig ist. Leistungen, die darüber hinausgehen, muss der Versicherte selbst zahlen.
Sachleistungen, die monatlich abgerechnet werden können:

	Pflegestufe I:	Pflegestufe II:	Pflegestufe III:
ab 1.1.2010	€ 440,–	€ 1.040,–	€ 1.510,–
ab 1.1.2012	€ 450,–	€ 1.100,–	€ 1.550,–

In Härtefällen kann in der Pflegestufe III der Zuschuss auf € 1.918,– erhöht werden.

Pflegegeld und Zuschüsse

Hierbei handelt es sich um eine Geldleistung. Angehörigen, Nachbarn und Freunden soll damit eine materielle Anerkennung für ihren Einsatz zukommen. Oft wird die häusliche Pflege in der Familie in geeigneter Weise und in ausreichendem Umfang sichergestellt, ohne Hilfe von außen. Dem Versicherten wird dann der Zuschuss in voller Höhe, der abhängig von der Pflegestufe ist, überwiesen.
Geldleistungen, die monatlich an den Versicherten ausgezahlt werden:

	Pflegestufe I:	Pflegestufe II:	Pflegestufe III:
ab 1.1.2010	€ 225,–	€ 430,–	€ 685,–
ab 1.1.2012	€ 235,–	€ 440,–	€ 700,–

Kombinationsleistungen

Die Pflegeversicherung rechnet einen Teil direkt mit einem ambulanten Pflegedienst ab, der Rest wird anteilig als Geldleistung an den Versicherten ausgezahlt.
Beispiel für Pflegestufe III: Der Versicherte nimmt Leistungen eines ambulanten Pflegedienstes in Höhe von € 1.208,– in Anspruch. Das sind 80 Prozent von € 1.510,–. Außerdem erhält er ein Pflegegeld in Höhe von € 137,– (20 Prozent von € 685,–).

Mehr Geld bei der Tages- und Nachtpflege

Die Sachleistungen können dafür eingesetzt werden, einen ambulanten Pflegedienst beziehungsweise die Tages- oder Nachtpflege zu bezahlen. Zusätzlich ermöglicht das Gesetz, den Zuschuss um bis zu 50 Prozent zu erhöhen, wenn beides in Anspruch genommen wird.

Beispiel: Eine Dame (Pflegestufe 1) wird zu Hause versorgt und nimmt dafür den vollen Zuschuss (440 Euro) in Anspruch. Außerdem besucht sie regelmäßig die Tagespflege. Dafür stehen ihr zusätzlich 50 Prozent der Sachleistungen (220 Euro) zur Verfügung. Zu beachten ist dabei, dass entweder für die ambulante Pflege oder für die Tagespflege maximal 100 Prozent der Sachleistungen ausgegeben werden können. Nicht möglich ist zum Beispiel, für die Tagespflege 500 Euro und für den Pflegedienst 160 Euro auszugeben. Das Gleiche gilt auch für die Geldleistungen.

Zusätzliche Leistungen bei Demenz

Mit der Reform der Pflegeversicherung ist eine Verbesserung für an Demenz erkrankte Versicherte eingeführt worden. Der Medizinische Dienst nimmt in seinem Gutachten neben der klassischen Pflegebedürftigkeit (Hilfe bei Körperpflege, Ernährung und Mobilität) auch zu demenziellen Erscheinungen Stellung. Pro Monat stehen gegebenenfalls – je nach Einschränkungen der Alltagskompetenz – 100 oder 200 Euro zur Verfügung. Von der Weglauftendenz über ein herabgesetztes Urteilsvermögen bis zum unkontrolliert emotionalen Verhalten werden insgesamt 13 Kriterien geprüft. Diese Leistungen kommen übrigens auch Personen zugute, die in die Pflegestufe 0 eingruppiert worden sind.

Das Geld kann für professionelle Betreuung ausgegeben werden, zum Beispiel für tagesstrukturierende Maßnahmen eines Pflegedienstes oder für den Eigenanteil bei der Kurzzeit-, Tages- oder Nachtpflege. Der Betreuungsbetrag wird nur gegen Vorlage einer Rechnung von der Pflegekasse erstattet.

100 oder 200 Euro monatlich bei Demenz

100 Euro werden gezahlt, wenn ein an Demenz erkrankter Versicherter zwei der folgenden 13 Kriterien erfüllt. Dabei muss mindestens ein Krankheitsmerkmal aus den Bereichen 1–9 erfüllt sein.
Der erhöhte Betreuungsbedarf in Höhe von 200 Euro wird gewährt, wenn mindestens eine zusätzliche Einschränkung aus den Bereichen 1–5 oder 9 besteht.

1. Weglauftendenz

Der Patient verlässt seinen Wohnbereich und gefährdet sich oder andere. Er sucht seine Angehörigen oder will zur Arbeit gehen.

2. Gefahren für die Gesundheit

Wer als Fußgänger im Straßenverkehr nicht mehr zurechtkommt oder in unangemessener Kleidung draußen unterwegs ist, erfüllt das zweite Kriterium.

Wer immer wieder seinen Schlüsselbund suchen muss, ist nicht dement. Problematisch wird es, wenn man nicht mehr weiß, was ein Schlüssel ist.

Die Aggressivität eines Alzheimer-Patienten ist zum Teil verständlich, weil sein Alltag so frustrierend ist.

3. Gefahren im Haushalt

Dazu zählen: Wäsche im Backofen trocknen, der unbeaufsichtigt angeschaltete Herd, unkontrolliert aufgedrehte Gasanschlüsse, kochendes Wasser zum Zähne putzen, der unangemessene Umgang mit offenem Feuer, Medikamenten oder Chemikalien sowie der Verzehr verdorbener Lebensmittel oder Zigaretten.

4. Aggressivität

Der an Demenz Erkrankte verkennt die Situation, wenn er andere Menschen schlägt, tritt, beißt, kratzt, kneift, bespuckt, stößt oder mit Gegenständen bewirft. Zu diesen Verhaltensauffälligkeiten gehört es auch, eigenes oder fremdes Eigentum zu zerstören, in fremde Räume einzudringen, sich selbst zu verletzen oder andere Menschen zu beschimpfen oder zu beschuldigen.

5. Anormales Verhalten

Zum Krankheitsbild gehören ein starker Betätigungs- und Bewegungsdrang, wie ständiges An- und Auskleiden, Nesteln, Zupfen oder waschende Bewegungen. Ebenfalls in diese Kategorie fallen der falsche Umgang mit Körperausscheidungen oder das Verschmieren von Nahrungsmitteln. Zu den Alarmsignalen zählen die sexuelle Belästigung anderer Personen, permanentes Schreien und Rufen ohne ersichtlichen Grund sowie das Verstecken oder Sammeln von eigenen oder fremden Gegenständen.

6. Körperliche und seelische Bedürfnisse nicht wahrnehmen

Wer Hunger und Durst nicht mehr wahrnimmt und nicht mehr zum Ausdruck bringen kann oder – im Gegensatz dazu – alles Erreichbare isst und trinkt, erfüllt ein klassisches Demenzkriterium. Dazu zählt auch ein mangelndes Schmerzempfinden bei Verletzungen. Außerdem können Betroffene Schmerzen nicht mehr zum Ausdruck bringen oder sie lokalisieren. Ebenso gehört in diese Kategorie ein vermindertes Gefühl für den Toilettengang.

7. Depressionen oder Angststörungen

Der Patient arbeitet bei therapeutischen Maßnahmen nicht mit und liegt tagsüber apathisch im Bett oder verlässt den Platz nicht mehr, an den ihn die Pflegekraft morgens gesetzt hat. Er lässt sich nicht aktivieren oder verweigert die Nahrung.

8. Die sozialen Leistungen im Alltag

Der Patient erkennt vertraute Personen wie die Kinder, den Ehepartner oder die Pflegerin nicht mehr. Er kann nicht mehr richtig mit Geld umgehen, hat Absprachen nach kurzer Zeit vergessen, findet einfache Wege innerhalb der Wohnung nicht mehr oder kann sich nicht mehr artikulieren.

9. Störung im Tag-/Nacht-Rhythmus

Typisch für die Krankheit ist, dass die Menschen nachts unruhig und verwirrt sind und beispielsweise ihr Mittagessen verlangen oder zum Einkaufen gehen wollen.

10. Den Tagesablauf sinnvoll planen

Aufgrund zeitlicher, örtlicher oder situationsbezogener Desorientierung können Körperpflege, Ernährung oder Mobilität sowie einfache Aktivitäten nicht mehr geplant und durchgeführt werden.

11. Verlust des Realitätssinns
Es ist extrem schwer für den Betroffenen, unter Ängsten und Bedrohungen zu leiden, die gar nicht vorhanden sind. Wer Angst vor seinem eigenen Spiegelbild hat, sich von Personen aus dem Fernsehen verfolgt oder bestohlen fühlt, Personenfotos für fremde Personen in seiner Wohnung hält, aus Vergiftungswahn das Essen verweigert, Gift im Essen riecht oder schmeckt, ein Komplott gegen sich vermutet, mit Nichtanwesenden redet und schimpft oder unter Halluzinationen leidet, braucht dringend Unterstützung.

12. Unkontrolliert emotionales Verhalten
Plötzliches Weinen, Distanzlosigkeiten, Euphorie, Reizbarkeit oder unangemessenes Misstrauen zeigen das Ausmaß dieser Krankheit.

13. Therapieresistente Depressionen
Niedergeschlagenheit, Verzagtheit, Hilflosigkeit und Hoffnungslosigkeit zeigen sich oft als Ausdruck einer therapieresistenten Depression. Daher ist ein ständiges Jammern und Klagen über die Sinnlosigkeit des eigenen Lebens oder Tuns ernst zu nehmen. Demenz ist und bleibt eine schwere Krankheit.

Wohlfühlnachmittage im Haus Alstertal

Auch die Wohlfühlnachmittage im Haus Alstertal (Wellingsbüttel) können über die »zusätzlichen Leistungen bei Demenz« finanziell gefördert werden. Die Veranstaltung beginnt mit einem gemeinsamen Mittagessen. Danach haben die Angehörigen die Möglichkeit zum Erfahrungsaustausch bei Kaffee und Kuchen. Wie kommen andere Familien mit dieser Krankheit zurecht? »In der Gruppe

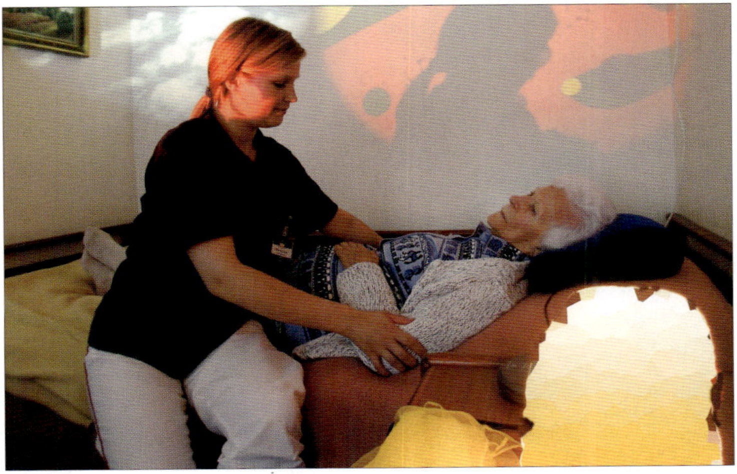

Das Snoezelen kommt aus den Niederlanden: Düfte, Klänge und Lichteffekte werden eingesetzt, eine leichte Massage wirkt aktivierend und beruhigend.

fühlen sie sich verstanden und haben endlich mal wieder einen Gesprächspartner, der das Gleiche leistet und durchlebt«, sagt Pflegedienstleiterin Susanne Lorenz und fügt hinzu: »Demenz bedeutet oft auch Isolation, weil sich Freunde und Nachbarn abwenden.«

Außerdem wird eine Fortbildung angeboten: Das genaue Wissen über die unterschiedlichen Krankheitsbilder und die Wirkungsweise der zur Verfügung stehenden Medikamente hilft, die Demenz besser zu verstehen. So können die Teilnehmer in kleinen Übungen beispielsweise lernen, wie man es schafft, ruhig zu bleiben, wenn der Kranke zum 20. Mal dasselbe fragt. Dies hilft, eine liebevolle Atmosphäre aufrechtzuerhalten, von der alle Beteiligten profitieren.

Parallel dazu gibt es ein buntes Programm für die altersverwirrten Gäste: vom Vorlesen über das Singen von Volksliedern bis zur Gymnastik. Ein Schwerpunkt liegt auf der

Kaninchen Tiffy öffnet bei den Gästen der Wohlfühlnachmittage die Herzen. Tiere haben einen positiven Einfluss auf demenziell erkrankte Menschen. Sie rufen bei ihnen Gefühle von Zärtlichkeit hervor.

Entspannung durch das »Snoezelen«. Das ist eine Art Tiefenentspannung mit dem Ziel, psychische Reserven für den Alltag wiederzugewinnen.
An den Wohlfühlnachmittagen wird ein fünfstündiges Programm für 15 Euro geboten. Nähere Informationen bei Susanne Lorenz, Tel.: 040/50 71 50.

Wohnungsanpassung

Wenn die körperliche Bewegungsfreiheit nachlässt, merkt man schnell, wie mühsam es sein kann, die Wohnung oder das eigene Haus noch voll zu nutzen. Es ist nicht mehr möglich, allein zu duschen, da der Einstieg in die Badewanne mittlerweile zu hoch geworden ist. Das Bad und das

Schlafzimmer im ersten Stockwerk sind nur über eine Treppe zu erreichen, die man nicht mehr sicher herauf- und herunterkommt. Hier gilt es, Abhilfe zu schaffen. Zusätzliche Einbauten wie ein Treppenlift, die Umgestaltung des Badezimmers mit einer Dusche oder die Verlegung des Bads ins Erdgeschoss kosten viel Geld. Hierfür gibt es verschiedene Fördermaßnahmen.

Unterstützung für Angehörige

Pflege und Betreuung erfordern einen hohen Einsatz von Familie, Freunden oder Nachbarn. Oft können die Angehörigen ihren Beruf nur noch eingeschränkt oder gar nicht mehr ausüben. Deshalb wird die soziale Absicherung dieses Personenkreises per Gesetz besonders berücksichtigt. Damit soll die Pflegebereitschaft gefördert, der hohe Einsatz anerkannt sowie ein Ausgleich für einen möglichen Verzicht auf Berufstätigkeit geschaffen werden.

Pflegezeit

Manchmal müssen Angehörige plötzlich bei der Pflege innerhalb der Familie einspringen. Die Pflegeversicherung ermöglicht Arbeitnehmern, sich bis zu 10 Tage ganz oder teilweise von der Arbeit befreien zu lassen. Dieser Anspruch auf Pflegezeit besteht, wenn ein pflegebedürftiger naher Angehöriger aufgrund einer akuten Situation gepflegt werden muss oder eine entsprechende Pflege zu organisieren ist. Hierzu zählt auch das Zusammentragen von Informationen, um diese zu planen.
Für dieses Anrecht ist eine Bestätigung vom Medizinischen Dienst der Krankenkassen erforderlich, die beim Arbeitge-

ber einzureichen ist. Die Pflegezeit ist nur in Betrieben mit mindestens 16 Arbeitnehmern möglich. Für diese freien Tage gibt es grundsätzlich keine Bezahlung. Außerdem kann die Pflegezeit sogar auf bis zu 6 Monate ausgedehnt werden, dann allerdings nur mit Zustimmung des Arbeitgebers. Man merkt, dass der Gesetzgeber die Familien bei der schwierigen Aufgabe der Betreuung und Pflege eines Angehörigen unterstützen möchte – auch wenn das Gesetz noch nicht optimal ist.

Umbau der Wohnung

Wenn eine Pflegestufe vorhanden ist, beteiligt sich die Pflegekasse an den Kosten. Unter Berücksichtigung einer angemessenen Eigenbeteiligung werden bis zu 2.557 Euro Zuschuss pro Maßnahme bezahlt. Der gleichzeitige Einbau eines Treppenlifts und der Umbau des Bads gelten als eine Maßnahme.

Eine Baumaßnahme darf erst begonnen werden, wenn die Pflegekasse den Zuschuss bewilligt hat. Wer schon vorher mit dem Umbau anfängt, erhält im Nachhinein keinen Zuschuss.

KfW-Förderbank-Programm Nr. 155

Die Kreditanstalt für Wiederaufbau fördert den altersgerechten Umbau mit zinsgünstigen Krediten, um Bundesbürgern, unabhängig von Alter und Einschränkung, eine selbstbestimmte Lebensführung zu ermöglichen. Dazu zählen alle Maßnahmen zur Barrierereduzierung in der Wohnung, im Wohngebäude und im Umfeld.

Privatpersonen oder Mieter mit schriftlicher Zustimmung des Vermieters können 100 Prozent der förderfähigen Kosten, maximal 50.000 Euro pro Wohneinheit, beantragen. Auch hier gilt: Die Baumaßnahme darf erst beginnen, nachdem der Antrag genehmigt worden ist. Die Zinsen beginnen ab 2,07 Prozent per Anno. Ein Antrag auf Leistungen des KfW-Förderbank-Programms Nr. 155 erfolgt immer über die eigene Hausbank.

Hilfreiche Internetadressen
www.online-wohn-beratung.de
www.nullbarriere.de
www.kfw-foerderbank.de

Kurzfristige Nachbarschaftshilfe bei der Pflege

Ist eine Pflegeperson wegen Erholungsurlaubs, Krankheit oder aus anderen Gründen an der Pflege gehindert, übernimmt die Pflegekasse die Kosten einer notwendigen Ersatzpflege für längstens vier Wochen im Jahr.
Wenn die Ersatzpflege durch Pflegepersonen sichergestellt wird, die mit dem Pflegebedürftigen nicht bis zum zweiten Grad verwandt oder verschwägert sind (zum Beispiel Urenkel, Neffe, Nichte, Ururenkel, Cousin und Cousine) und nicht mit ihm in häuslicher Gemeinschaft leben, übernimmt die Pflegekasse gegen Nachweis des Verdienstausfalls bis zu folgenden Höchstgrenzen die Pflegekosten.

	Pflegestufe I bis III
ab 01.1.2010	€ 1.510,–
ab 01.1.2012	€ 1.550,–

Renten- und Unfallversicherung

Die Pflegekasse zahlt für Pflegepersonen unter bestimmten Voraussetzungen Beiträge zur gesetzlichen Renten- und

Unfallversicherung. Dazu sind die entsprechenden Anträge bei der Pflegekasse zu stellen.
Nähere Informationen:

- Bei der Pflegekasse
- Die Broschüre »Rente für Pflegepersonen – Ihr Einsatz lohnt sich« kann kostenlos bezogen werden bei:

Deutsche Rentenversicherung-Bund
Vertriebs-Callcenter
10704 Berlin
Tel.: 030/86 52 45 36
www.deutsche-rentenversicherung-bund.de

- Das Faltblatt »Gesetzliche Unfallversicherung für häusliche Pflegepersonen« der gesetzlichen Unfallversicherung kann kostenlos bezogen werden bei:

Unfallkasse Nord
Spohrstraße 2
22083 Hamburg
Tel.: 040/27 15 32 32
www.uk-nord.de

Vollstationäre Pflege

Im Alten- und Pflegeheim sowie im Pflegebereich einer Residenz werden Zuschüsse für vollstationäre Pflege gewährt. Beantragt der Versicherte vollstationäre Pflege, nehmen die Mitarbeiter des MDK auch dazu Stellung, ob eine Unterbringung in einer vollstationären Einrichtung erforderlich ist. Sie bescheinigen dann die »Heimpflegebedürftigkeit«.

Heimpflegebedürftigkeit

Unter folgenden Voraussetzungen wird Heimpflegebedürftigkeit von der Pflegekasse attestiert:

- Fehlen einer Pflegeperson
- Fehlende Bereitschaft möglicher Pflegepersonen
- Drohende oder bereits eingetretene Überforderung der Pflegeperson
- Drohende oder bereits eingetretene Verwahrlosung des Pflegebedürftigen
- Eigen- oder Fremdgefährdungstendenzen des Pflegebedürftigen
- Räumliche Unzulänglichkeiten lassen eine Pflege nicht zu.

Leistungen der Pflegekasse

	Pflegestufe I:	Pflegestufe II:	Pflegestufe III:
ab 1.1.2010	€ 1.023,–	€ 1.279,–	€ 1.510,– In Härtefällen: € 1.825,–
ab 1.1.2012	€ 1.023,–	€ 1.279,–	€ 1.550,– In Härtefällen: € 1.918,–

Die Pflegekassen übernehmen dabei maximal 75 Prozent des Heimentgeltes.

Vorbereitung auf die Begutachtung

Bevor die Pflegekasse eine Entscheidung über die Pflegebedürftigkeit trifft, findet ein angemeldeter Besuch des Medizinischen Dienstes der Krankenkassen statt. Die

Das Engagement von jungen Menschen im Rahmen des Freiwilligen Sozialen Jahres ist wichtig: Sie helfen bei hauswirtschaftlichen Tätigkeiten, machen Boten- und Fahrdienste, begleiten bei Ausflügen und Spaziergängen.

Gutachter haben den Umfang der Pflegebedürftigkeit festzustellen und sind dabei auf die Angaben der Pflegebedürftigen und Angehörigen angewiesen. Zur Entscheidungsfindung werden Einzelheiten über alle Hilfestellungen und Pflegeleistungen benötigt, die am Tag und in der Nacht erbracht werden.
Hilfreich ist es, eine Woche lang ein Pflegetagebuch zu führen, das dem MDK bei der Begutachtung vorgelegt werden sollte. Dies ermöglicht eine detaillierte Aufzeichnung der Hilfe- und Pflegetätigkeiten. Eine gute Gedächtnisstütze, um beim Besuch des Gutachters nichts zu vergessen. Ein Pflegetagebuch kann bei den Krankenkassen angefordert werden.

Kurzzeitpflege

Bei pflegebedürftigen Menschen wird ein Teil der Kosten für die Kurzzeitpflege von der Pflegekasse übernommen. Hierfür steht im Jahr für maximal 28 Tage ein Zuschuss in Höhe von bis zu 1.510 Euro (ab 1.1.2012: 1.550 Euro) zur Verfügung. Bei kürzerem Aufenthalt wird anteilig weniger gezahlt. Außerdem wird der Zuschuss nur bis zur maximalen Höhe des Pflegeanteils der Kurzzeitpflege gezahlt, also nicht für Unterkunft und Verpflegung sowie Investitionskosten. Möglich ist neuerdings, dass die »zusätzlichen Leistungen bei Demenz« (siehe Seite 70) genutzt werden können, um die Rechnung zu begleichen. Trotzdem wird immer ein Eigenanteil zu zahlen sein. Wer keine Pflegestufe hat, trägt die Kosten selbst. Das gilt insbesondere für Patienten, die aus dem Krankenhaus kommen und nur vorübergehend auf Unterstützung der Kurzzeitpflege angewiesen sind. Die Kurzzeitpflege-Einrichtungen sind ab Seite 114 zu finden.

Der schwere Gang zum Sozialamt

Was zahlen Kinder für ihre Eltern?

Wer krank und pflegebedürftig wird, hat plötzlich Kosten zu tragen, die sich im Laufe eines Monats auf mehrere Hundert Euro summieren können. Plötzlich ist jeden Monat der Eigenanteil für einen Pflegedienst oder ein Altenheim aufzubringen. Viele Menschen sind nicht in der Lage, diese Summen zu zahlen. Denken wir nur an die Mitbürger, die mit ihrer Rente in Höhe der Grundsicherung gerade so hinkommen und kaum Ersparnisse haben. In diesen Fällen springt der Staat für seine Bürger ein,

Diese Hände haben in ihrem Leben viel gearbeitet. Dennoch schaffen es viele nicht, die hohen Pflegekosten für sich selbst von der geleisteten Arbeit aufzubringen.

denn in unserer Gesellschaft soll jeder bestmöglich versorgt werden. Der Gang zum Sozialamt bleibt den Betroffenen allerdings nicht erspart, sie müssen ihr Einkommen und Vermögen offenlegen. Auch bei den Kindern wird geprüft, ob von ihnen Geld zurückgefordert werden kann. Viele besorgte Senioren fragen sich nun: Was müssen Kinder für ihre Eltern zahlen?

Selbstbehalt: Was bleibt einer Tochter zum Leben?

Unterhaltspflichtig sind ausschließlich Familienangehörige ersten Grades: Dazu gehören Kinder, nicht aber Enkel

oder Geschwister. Gemäß den Richtlinien des Oberlandesgerichts Hamburg wird jedem Kind ein sogenannter Selbstbehalt zugebilligt: 1.400 Euro pro Monat. Das heißt: Wer ein Nettoeinkommen bis zu dieser Höhe hat, braucht keine Zahlungen an das Sozialamt für die Pflege seiner Eltern zu leisten. Bei der Berechnung des Selbstbehalts können die Warmmiete beziehungsweise Wohngeld und Darlehen bei Eigentumswohnungen geltend gemacht werden. Allerdings nur, wenn die Kinder hier auch selbst wohnen. Auch monatliche Raten für Kredite werden bei der Unterhaltsprüfung anerkannt, die alle zwei Jahre erfolgt. Berücksichtigung finden weiterhin Versicherungsbeiträge, Fahrtkosten zum Arbeitsplatz und vorrangige Unterhaltszahlungen.
Ein Fallbeispiel: Eine Tochter hat ein monatliches Gesamteinkommen in Höhe von 1.835,73 Euro. Darin enthalten sind Urlaubs- und Weihnachtsgeld, abgezogen wurden Kranken-, Renten- und Pflegeversicherung sowie vermögenswirksame Leistungen. Nach Abzug berufsbedingter Ausgaben (Fahrtkosten, Gewerkschaftsbeiträge, Arbeitsmittel) in Höhe von 128,55 Euro, Versicherungsbeiträgen (100,40 Euro) sowie Ratenzahlungen (88 Euro) ergibt sich ein unterhaltsrelevantes Einkommen in Höhe von 1.518,78 Euro.

Beispiel

€ 1.835,73	Gesamtnettoeinkommen		
– € 128,55	Berufsbedingte Ausgaben		
– € 100,40	Versicherungsbeiträge	Selbstbehalt:	€ 1.400,00
– € 88,00	Ratenzahlungen	Differenz zur Mietkostenpauschale:	€ 235,00
€ 1.518,78	Unterhaltsrelevantes Einkommen < Selbstbehalt		€ 1.635,00

Rechtsprechung vom Bundesgerichtshof

Der Bundesgerichtshof (BGH) hat am 30. August 2006 einer wirtschaftlichen Überforderung der Kinder, die für ihre Eltern einen Teil der Pflegekosten übernehmen sollen, eine Grenze gesetzt. Damit nicht heute die eigene Altersvorsorge für die Pflege der Eltern aufgebracht wird, urteilt der BGH, dass neben der gesetzlichen und einer privaten Rentenversicherung auch ein weiteres Vermögen in Form von Bargeld, Wertpapieren und Girokontoguthaben für die eigene Altersvorsorge vom Sozialamt nicht eingefordert werden darf. Der BGH hält es für angemessen, dass die Kinder regelmäßig fünf Prozent ihres Bruttoeinkommens für die eigene Altersversorgung zurücklegen können. Im Laufe eines Arbeitslebens können so leicht 100.000 Euro oder mehr angespart werden.

Als Selbstbehalt werden der 57-Jährigen 1.400 Euro im Monat zugestanden, wobei eine Mietkostenpauschale in Höhe von 450 Euro berücksichtigt wurde. Ihre tatsächliche Miete beträgt 685 Euro. Aufgrund dieser Differenz erhöht sich der Selbstbehalt um 235 Euro auf insgesamt 1.635 Euro. Das heißt: Das unterhaltsrelevante Einkommen liegt unter dem Selbstbehalt. Damit muss die Tochter keine Zuzahlung für die Pflegekosten der Mutter leisten. In vielen Fällen müssen die Kinder also nichts zuzahlen.

Das wollen unsere Leser wissen

Im Rahmen der Vorbereitung auf diesen Ratgeber haben uns zahlreiche Leser bereits angerufen und ihre Fragen zur Sozialhilfe gestellt. Hier finden Sie die Fragen und Antworten.

Hilde A. möchte wissen: Muss mein Schwiegersohn für mich im Pflegefall zahlen?
Grundsätzlich gilt die Regelung nach § 1601 BGB (Bürgerliches Gesetzbuch). Gesetzliche Unterhaltsansprüche zwischen Verwandten bestehen nur bei Verwandtschaft in gerader auf- oder absteigender Linie. Ein Schwiegersohn steht seitlich davon und muss deshalb nicht für die Schwiegereltern zahlen.
Schwiegertochter Heidi B. fragt: Warum will das Sozialamt einen Einkommensnachweis von mir haben, schließlich bin ich gegenüber meiner im Heim lebenden Schwiegermutter nicht unterhaltspflichtig?
Ein alleinstehender Sohn hat ein »bereinigtes monatliches Nettoeinkommen« in Höhe von 1.950 Euro. Ihm stünde ein Selbstbehalt von 1.400 Euro zu. Damit stünden 550 Euro als »unterhaltsrelevantes Einkommen« zur Verfügung. Gegenüber den Eltern handelt es sich um eine »nicht

Ein Häuschen muss nicht beliehen oder verkauft werden, um die Pflegekosten für die Eltern zu bezahlen – sofern die Kinder dort selbst wohnen.

gesteigerte Unterhaltspflicht«, darum würde das Sozialamt nur die Hälfte davon einfordern – nämlich 275 Euro.
Da Herr B. verheiratet ist, muss er zunächst seine Frau versorgen. Dafür gibt es einen weiteren Selbstbehalt von 1.050 Euro. Gleichzeitig muss das Einkommen von Heidi B. berücksichtigt werden. Beispiel: Die Schwiegertochter verdient monatlich 400 Euro (bereinigt, netto). Das Gesamteinkommen von 2.350 Euro (1.950 + 400 Euro) liegt unter dem Selbstbehalt 2.450 Euro (1.400 + 1.050 Euro): Der Sohn muss nichts an das Sozialamt zurückzahlen. Das Einkommen der Ehefrau sollte der Unterhaltspflichtige deshalb im eigenen Interesse angeben.
Es gibt aber auch den umgekehrten Fall: Eine Tochter (900 Euro bereinigtes Nettoeinkommen) soll für die Kosten des im Heim lebenden Vaters aufkommen. Im Rahmen der Unterhaltsprüfung stellt sich heraus, dass der nicht unterhaltspflichtige Schwiegersohn 3.000 Euro (bereinigt, netto) verdient. In diesem Fall wird das Einkommen des Schwiegersohnes zwar erfragt, aber nicht berücksichtigt. Da das Einkommen der Tochter unterhalb des Selbstbehalts (1.400 Euro) liegt, muss sie nichts an das Sozialamt zahlen. Es werden immer beide Fälle geprüft. Eine Entscheidung wird dann zugunsten des unterhaltspflichtigen Kindes getroffen.
Anneliese M. fragt: Mein Bruder hat eine kleine Rente von 850 Euro und ein bezahltes Haus. Muss er sein Häuschen verkaufen, um die Pflegekosten für unsere Eltern zu bezahlen, die beide von einem ambulanten Dienst versorgt werden?
Ein normales, selbst bewohntes Haus ist grundsätzlich geschütztes Vermögen. Es muss weder verkauft noch beliehen werden. Das Sozialamt zahlt für die Eltern.
Große Sorgen hat auch Karl-Heinz R. Seine Rente beträgt 490 Euro, die seiner Frau 500 Euro. Wird das Ersparte

(40.000 Euro) für die Pflege seiner Mutter vom Sozialamt eingefordert?
Die Renten des Ehepaars R. liegen weit unterhalb des Selbstbehalts für Ehepaare (2.450 Euro). Bei einer Rente von 990 Euro könnte ein Ehepaar sogar ein Sparguthaben von 208.840 Euro haben, das nicht vom Sozialamt angetastet wird. Zunächst würden die Freibeträge in Höhe von 33.640 Euro (bei Ehepaaren; 26.750 Euro bei Alleinstehenden) abgezogen. Restbetrag: 175.200 Euro. Davon würden 10 Prozent (17.520 Euro) pro Jahr, also 1.460 Euro pro Monat, dem unterhaltspflichtigen Einkommen hinzugerechnet. Zusammen mit den Renten ergäbe sich damit genau der Selbstbehalt für ein Ehepaar in Höhe von 2.450 Euro.

Was bleibt dem gesunden Ehepartner zum Leben?

Nicht nur die Kinder, sondern auch die gesunden Ehepartner sind von einem Pflegefall finanziell betroffen. Ilse A. will wissen: Was bleibt dann eigentlich dem gesunden Ehepartner zum Leben? Muss ich meine Wohnung aufgeben?
Eine Beteiligung an den Heimkosten errechnet sich beim Ehepaar A. wie folgt, in €:

	2.000,00	Rente
–	718,00	Grundfreibetrag
–	252,00	Familienzuschlag
–	600,00	Kaltmiete
–	20,00	Hausrat- und Haftpflichtversicherung
=	410,00	bereinigtes Nettoeinkommen, hiervon 70 Prozent
=	287,00	geforderter Kostenbeitrag zum Heimentgelt
+	201,00	Einsparung der Verpflegung
=	488,00	Kostenbeitrag zum Heimentgelt

»Der in der Häuslichkeit gebliebene Ehepartner muss nicht ausziehen, weil die Miete grundsätzlich berücksichtigt wird«, erklärt Stefan Passehl.

Das heißt: Von 2.000 Euro Rente bleiben Ilse A. 1.512 Euro zum Leben. 488 Euro sind für die Heimkosten des pflegebedürftigen Ehemanns abzuzweigen. Den Rest übernimmt das Sozialamt.

Der Ehemann von Ilse A. lebt im Pflegeheim. Das Ehepaar hat zusammen ein Renteneinkommen in Höhe von 2.000 Euro. Stefan Passehl, stellvertretender Abteilungsleiter im Sozialamt Hamburg-Wandsbek, erklärt: »Es ist zunächst das Ersparte für die Heimkosten einzusetzen.« Erst wenn dieses unter dem Sockelbetrag von 3.964 Euro liegt, springt die Sozialhilfe ein. Zur Ermittlung des Kostenbeitrags zum Heimentgelt werden der gesunden Ehefrau folgende Ausgaben vom Familieneinkommen anerkannt: Grundfreibetrag (718 Euro), Familienzuschlag (252 Euro), Kaltmiete, Versicherungsprämien (Haftpflicht, Hausrat, Glas) sowie Schuldverpflichtungen und Kosten für eine Haushaltshilfe. Von diesem »bereinigten Nettoeinkommen« werden 70 Prozent als Kostenbeitrag gefordert, zuzüglich 201 Euro für die Einsparung der Verpflegung. Grund: Der Ehemann wird ja bereits im Heim mit Essen und Trinken versorgt.

Umsorgt leben

Ratgeber zur cleveren Altersvorsorge

Seitdem der Altenheimratgeber **»Umsorgt wohnen«** auf dem Markt ist, stellen unsere Leser auch Fragen zu den Themen Geld, Recht und Gesundheit. Wir haben Experten um Antworten gebeten und veröffentlichen diese in dem umfangreichen Ratgeber **»Umsorgt leben«**. Über das Betreuungsrecht klärt zum Beispiel ein Vormundschaftsrichter auf. Darüber hinaus gibt es zahlreiche wichtige Tipps zum Thema Geld, beispielsweise wie sich die Witwenrente berechnet. Im Gesundheitsschwerpunkt geht es um die häufigsten Alterskrankheiten: Demenz, Schlaganfall, Bluthochdruck und Diabetes.

Umsorgt leben
Dafür haben Sie bezahlt: Ihr Recht auf Gesundheit und Geld
248 Seiten, 131 Fotos, Preis: € 19,90
ISBN 978-3-9809760-4-6

Der Ratgeber ist im **Buchhandel** sowie über das
Bestell-Telefon 040/600 898 40 versandkostenfrei erhältlich.

Zu Hause

Zu Hause

Es entspricht dem Wunsch der meisten Menschen, solange wie möglich in den eigenen vier Wänden zu leben. Diese Entscheidung, ausdrücklich nicht ins Betreute Wohnen oder bei einsetzender Pflegebedürftigkeit nicht gleich ins Pflegeheim zu ziehen, ist richtig. Denn auch zu Hause lassen sich Pflege und Betreuung organisieren. Dabei ist es sinnvoll, sich rechtzeitig einen Überblick verschaffen, welche Möglichkeiten es gibt, um in einem Notfall schnell handeln zu können. »Ein Umzug ins Heim ist nur dann notwendig, wenn man aufgrund einer Demenz nicht mehr allein zurechtkommt, die Einsamkeit nicht mehr erträgt oder im Notfall nicht in der Lage ist, Hilfe zu rufen«, erklärt Dr. Ann-Kathrin Meyer, Fachärztin für Innere Medizin und Altersheilkunde.

Pflege in der vertrauten Umgebung

Zu Hause ist es am schönsten

Irmgard Schwarz ist genau das passiert, wovor sich viele Senioren fürchten, nämlich ein Pflegefall zu werden. Doch die Rentnerin schafft es mit einer gehörigen Portion Zuversicht jeden Tag wieder neu, mit ihrer schwierigen gesundheitlichen Situation fertig zu werden. Vor einem halben Jahr musste sich die 83-Jährige einer Bauchoperation unterziehen. Erst nach drei Monaten konnte sie aus dem Krankenhaus entlassen werden – bettlägerig, Pflegestufe 2, aber glücklich, wieder zu Hause bei ihrem Ehemann Karl-Heinz zu leben.
Der Übergang von der Klinik nach Hause war gut vorbereitet. Ein Pflegedienst hilft Irmgard Schwarz mehrmals täglich, sich aus dem Bett zu erheben. Der 69-jährige Ehemann kann

die körperlich anstrengende Pflege nicht übernehmen, erledigt aber den Haushalt. »Ich koche, backe, wasche und putze. Einkaufen gehe ich natürlich auch«, erzählt der ehemalige Kraftfahrer. Mit der Umstellung kommt das Rentnerpaar unterschiedlich zurecht, sagt aber einstimmig: »Man muss sich durchschlagen und was Vernünftiges aus der Situation machen.« Dabei unterstützen sie Ralph Gutthardt und seine Kollegen von einem Pflegedienst. »Wir machen bei Frau Schwarz vier Einsätze am Tag. Und sollte Herr Schwarz mal ins Krankenhaus müssen, erhöhen wir einfach die Anzahl unserer Besuche«, erklärt der 43-Jährige.
Irmgard Schwarz fühlt sich vom Pflegedienst gut betreut, weil immer dieselben Mitarbeiter kommen. Man kennt sich, Vertrauen hat sich entwickelt. »Die jungen Frauen und Männer sind alle nett. Ich bin dankbar für ihre Hilfe«, sagt sie und fährt mit einem Strahlen im Gesicht fort: »Besonders freue ich mich immer aufs Haarewaschen.«

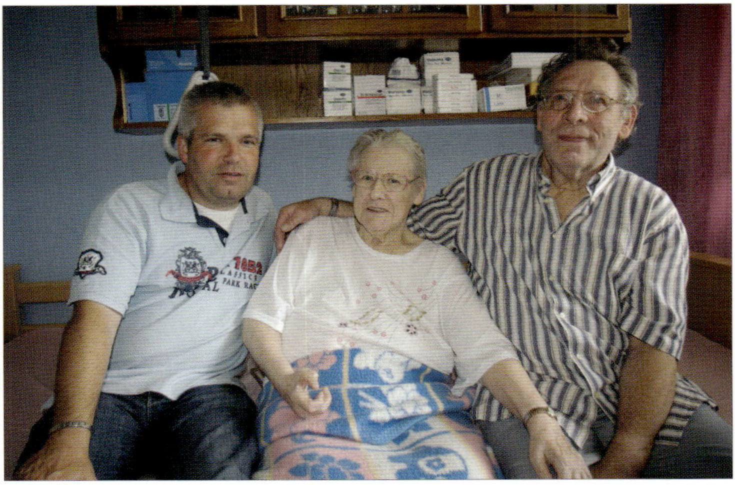

Irmgard Schwarz wird von Ehemann Karl-Heinz und Pfleger Ralph Gutthardt liebevoll umsorgt.

Zweimal in der Woche kommt ein Physiotherapeut, um vor allem die geschwächten Beine zu aktivieren. »Ich hoffe, dass ich später mal wieder mit dem Gehwagen unterwegs sein kann, aber man weiß es nicht. Ich möchte nicht in ein Heim, dort kriegen mich keine zehn Pferde hin. Zu Hause ist es am schönsten«, betont Irmgard Schwarz.

(Ein Bericht von Florian Pöppel)

Der Umzug ins Erdgeschoss

Die meisten Mehrfamilienhäuser sind nicht seniorengerecht ausgestattet.

Wer vor Jahrzehnten in ein Haus ohne Fahrstuhl eingezogen ist, bekommt dies heute beim Hochgehen in den dritten Stock unangenehm zu spüren. Das Treppensteigen fällt immer schwerer, insbesondere beim Tragen der Einkäufe. Die zahlreichen Stühlchen für Verschnaufpausen auf den Zwischenetagen vieler Treppenhäuser weisen deutlich auf das Problem hin. Ein rechtzeitiger Umzug ins Erdgeschoss ist eine Alternative, um so lange wie möglich ohne große Mühen ein und aus gehen zu können.
Es macht keinen Sinn, erst dann auf eine Wohnung im Erdgeschoss oder gegenüber im Haus mit Fahrstuhl zu spekulieren, wenn man seine eigene Wohnung kaum noch verlassen kann und quasi eingesperrt ist. Gerade dann ist nämlich meist nichts frei. Deshalb sollte man die Gelegenheit beim Schopfe packen und in eine geeignetere Wohnung ziehen, solange man gesund und mobil ist. Dazu ist ein bisschen Mut nötig. Rein gefühlsmäßig möchte man sich zwar die Aufregung rund um den Umzug ersparen, doch die Vernunft sollte siegen: Zugreifen, sonst ist die gewünschte Wohnung anderweitig vermietet.

Hat man den Mietvertrag in der Tasche, müssen Tapeten, Gardinen und einige neue Möbel ausgesucht werden. Die Arbeit der Handwerker ist zu koordinieren, es gibt vielleicht Reklamationen. Dann kommt sicher so manchem der Stoßseufzer über die Lippen: »Hätte ich geahnt, was da auf mich zukommt, wäre ich in meiner alten Wohnung geblieben!«
Das Einpacken und der Umzug sind noch einmal ausgesprochen anstrengend. Erinnerungen kommen hoch, besonders bei den Gegenständen, die dem verstorbenen Ehepart-

Gartenarbeit macht den Menschen viel Freude. Die Bewegung an der frischen Luft tut gut, und man sieht abends, was man geschafft hat.

ner gehörten. »Diesmal ziehe ich allein um«, wird einem dabei schmerzhaft bewusst. Doch schließlich ist die Aufregung vorbei. Die Möbel sind aufgestellt, Schränke und Kommoden eingeräumt, die Bilder hängen an der Wand. Natürlich kommen die Nachbarn auf ein Schwätzchen auf der Terrasse vorbei. Sie sind neugierig und wollen wissen, wie die Wohnung aussieht. Die Erdgeschoss-Bewohnerin hat sich jetzt ein Stück Lebensqualität erarbeitet: Sollten im Laufe der nächsten Jahre die körperlichen Kräfte nachlassen, ist das Problem des Treppensteigens aus der Welt geschafft.

Ich bin mir so fremd geworden!

Niedergeschlagenheit, Trauer und Antriebslosigkeit gehören zum Krankheitsbild einer Depression. Wo gibt es professionelle Hilfe?

Rund vier Millionen Menschen in Deutschland leiden an dieser Krankheit. Die Betroffenen schämen sich oft dafür, denn psychische Erkrankungen sind noch immer ein Tabuthema. So geht es auch Petra Wegener: »Die Nachbarn sollen nicht über mich reden.« Die 68-Jährige hat jedoch gelernt, Hilfe in Anspruch zu nehmen und dadurch ihr Leben wieder selbst in die Hand zu nehmen. Dazu gibt es in der Psychiatrie zahlreiche Kunstgriffe, die zu einem dauerhaften Therapieerfolg beitragen. Den Anfang, ihr Leben neu auszurichten, sollten Menschen mit seelischen Tiefs allerdings selbst machen, indem sie zum Hausarzt gehen und sagen: »Ich brauche Hilfe!« – auch wenn sie sich nicht sicher sind, ob es sich bei ihnen bereits um eine behandlungsbedürftige Erkrankung handelt.

Die Patientin Wegener kennt das traurig-leere Gefühl, nicht mehr am Leben teilhaben zu wollen. Manchmal will sie ein-

Michael Thiel freut es, wenn Petra Wegener etwas für sich tut und zum Beispiel Blumen für den Balkon kauft.

fach nichts mehr hören und sehen, und dann bleibt sie den ganzen Tag im Bett. Spätestens zur Mittagszeit hat sie jegliches Selbstwertgefühl verloren, weil sie weiß, dass andere Menschen in dieser Zeit bereits eingekauft und den Haushalt erledigt haben. Hinzu kommen körperliche Beschwerden wie Atemnot und Erstickungsanfälle, Magen- und Kopfschmerzen. So geht es oft tagelang.

Der Psychologe Michael Thiel weiß, dass die Betroffenen »sich selbst fremd geworden sind«. Es ist ihnen kaum möglich, aus eigener Kraft wieder in Schwung zu kommen. Und das, obwohl sie bis zum Ausbruch der Krankheit ihr Leben im Griff hatten. »Wir kennen aber auch die Wege aus der Krankheit«, sagt Thiel. Ambulante Pflegedienste mit einer Zulassung zur »fachpsychiatrischen Krankenpflege« haben sich auf die häusliche Therapie von psychisch Kranken spezialisiert. Zur Behandlung, die vom Arzt verschrieben und von den Krankenkassen bezahlt wird, gehören der Einsatz von Medikamenten sowie Gespräche. »Was man redet, frisst sich nicht in die Seele ein«, bringt es der Psychologe

Die Seniorentreffs des Vereins »Lange Aktiv Bleiben«

Altona: Tel. 040/39 76 71; **Bürgerhaus in Barmbek, Ohlsdorf, Wilhelmsburg:** Tel. 040/55 77 93 80; **Eidelstedt, Lokstedt:** Tel. 040/58 43 82; **Eimsbüttel (Hamburg-Haus):** Tel. 040/28 78 43 17; **Eppendorf, Hoheluft:** Tel. 040/420 63 23; **Fuhlsbüttel:** Tel. 040/59 24 55; **Groß Borstel:** Tel. 040/386 52 113; **Hamm:** Tel. 040/21 59 08; **Mümmelmannsberg:** Tel. 040/715 34 18; **St. Pauli:** Tel. 040/43 55 45; **St. Georg:** Tel. 040/24 14 90

Zentrale Rufnummer:
Tel. 040/55 77 93 80, www.lange-aktiv-bleiben.de

Mitgliedsbeitrag: € 5,– pro Monat,
www.lange-aktiv-bleiben.de

An jedem Mittwoch macht sich die Wandergruppe Lokstedt auf den Weg.

auf den Punkt. In kleinen Schritten werden die Menschen, die aufgrund der Krankheit oft ihren Haushalt vernachlässigen, dazu motiviert, alltägliche Arbeiten wie das Abwaschen oder das Kochen wieder selbst zu erledigen. Eine gemeinsam erarbeitete Tagesstruktur ist dabei sehr hilfreich.

Petra Wegener wird seit 10 Jahren betreut. Immer wieder gibt es Rückschläge, doch auch damit weiß Michael Thiel umzugehen. Durch seine kontinuierliche Unterstützung kann seine Patientin in ihrer eigenen Wohnung leben. Hier hat sie ihr kleines »Nest«, in dem sie sich geborgen fühlt.

Hilfe kann jeder in Anspruch nehmen, der den Eindruck hat, sein Leben nicht mehr in den Griff zu bekommen. Ab Seite 137 sind Pflegedienste aufgeführt, die »fachpsychiatrische Krankenpflege« anbieten.

Mitten im Leben

Aktiv bleiben ist wichtig!

Kontakte mit anderen Menschen sind sehr wichtig. Möglichkeiten gibt es genug – von den Aktivitäten in Seniorentagesstätten über Sportangebote in den Turnvereinen bis zu Urlaubsfahrten. Man muss nur einen Anfang finden und aktiv werden.

Computerkurse und mehr

Laien, die sich zu Hause am PC die neue Technik erarbeiten wollen, kommen schnell an ihre Grenzen: Vieles funktioniert nicht, der Computer stürzt ab, man braucht Hilfe. Rudolf Eller (74) leitet einen Computerkurs für Senioren. Beim Seniorentreff in Horn haben sich Technik-Interes-

Rudolf Eller war von Beruf Techniker und leitet heute den Seniorentreff in Horn: »Die Bildbearbeitung ist bei unseren Senioren sehr beliebt.«

sierte gesucht und gefunden. »Wir sind zehn Aktive in unserem Club, einer hilft dem anderen«, freut sich Eller. Wer seine Urlaubsfotos bearbeiten will, lernt den Farbstich oder Rote-Augen-Effekt aus den Bildern zu entfernen, Kontrast und Helligkeit richtig einzustellen sowie einen geeigneten Bildausschnitt zu wählen.

Jeder, der etwas für sich tun möchte, sollte sich das Programm eines Seniorentreffs in seiner Nachbarschaft besorgen. Die Sorge, dort »nur mit alten Menschen« zusammen zu sein, ist unbegründet. Nicht das Alter, sondern die gemeinsamen Interessen stehen im Vordergrund. Lange Aktiv Bleiben e. V. bietet in seinen 15 Treffpunkten in Hamburg unter anderem folgende Angebote: Sprachkurse, Literaturkreise, Reisen und Ausflüge, Yoga, Meditation, Qi Gong, Computerkurse, Wassergymnastik, Schwimmen, Folkloretanz, Radtouren, Wandern und Selbstverteidigung.

In der Gruppe reisen

Allein ist Inge Brandt zum ersten Mal vor 36 Jahren in Urlaub gefahren – kurz nach dem Tod ihres Ehemannes. Die damals 40-Jährige hatte erhebliche Probleme mit dem Reisen ohne Partner. »Ich bin an den Tegernsee gefahren – auf den Spuren der Erinnerung, weil mein Mann und ich hier gemeinsam Urlaub gemacht hatten. Ich mochte kaum ohne Begleitung in ein Restaurant gehen. Das war eine harte Schule.«
Mit der Zeit hat sich die heute 76-Jährige daran gewöhnt, die Koffer für sich allein zu packen: »Ich schließe mich Reisegruppen an. Dort ist man unter Gleichgesinnten und findet schnell Kontakt, weil man bereits gemeinsame Interessen hat.« Ob bei der Impressionisten-Ausstellung in Berlin,

Inge Brandt stöbert in den Reiseprospekten. Sie interessiert sich besonders für Städte- und Kulturreisen.

auf der Kulturreise nach Dresden oder bei der Besichtigung des VW-Werks in Braunschweig – Inge Brandt hat bisher immer nette Menschen kennengelernt und empfiehlt allen Alleinstehenden, sich einer Gruppe anzuschließen.
Bei den Gruppenreisen mit Programm sind die Teilnehmer am Anreisetag noch etwas zurückhaltend. »Man will sich zunächst beschnuppern«, bestätigt Brandt. Doch bereits

Mit einer Reisegruppe die Welt kennenlernen

Bereits am ersten Tag hat sich die Reisegruppe in Zinnowitz auf Usedom gefunden.

Fahrten im Kreis aufgeschlossener Mitreisender führen zu netten Kontakten und unbeschwerten Stunden. Mit dem Komfortbus nach Dresden, mit dem Kreuzfahrtschiff die Metropolen der Ostsee bereisen oder mit dem Flugzeug zur Mandelblüte nach Mallorca – das sind nur einige Reiseziele, die immer wieder gern angeboten werden. Besonderer Service: Ein Taxi holt die Gäste ab und bringt sie am Ende der Reise wieder bis vor die Haustür.

Nähere Informationen, Katalogversand und Buchungen:
HTH Hansetravel, www.hansetravel.de
oder telefonisch: 040/609 115 13.

am ersten Urlaubstag, zum Beispiel nach der Führung durch die Altstadt, ist das Eis gebrochen, und es gibt einen regen Austausch über das gemeinsam Erlebte. »Bei meiner letzten Reise habe ich eine Dame kennengelernt, die erst vor Kurzem ihren Mann verloren hat. Zunächst fühlte sie sich noch etwas unglücklich, allein und hilflos. Doch dann waren wir plötzlich zu dritt und haben sie unter unsere Fittiche genommen. Das hat ihr gut getan, und im kommenden Jahr sehen wir uns auf einer anderen Reise wieder.«
Inge Brandt ist inzwischen Reiseprofi. In Laufe der Jahre hat sie oft erlebt, dass sie nicht die einzige Alleinreisende ist: »Meistens sind es ja die alleinstehenden Damen. Wer humorvoll und interessiert ist, findet in jedem Fall Kontakt zu aufgeschlossenen Mitreisenden.«

Tagespflege: Anreize gegen das Alleinsein

Elisabeth Hintze fühlt sich geborgen

Elisabeth Hintze lebt in ihrer eigenen Wohnung. Die vertraute Umgebung ist ihr wichtig, hier möchte sie so lange wie möglich bleiben. Doch das Alleinsein wurde in den letzten Jahren immer mehr zum Problem: Aufgrund einer Gehbehinderung kann die 78-Jährige die Wohnung kaum noch allein verlassen. Ähnlich geht es auch ihren gleichaltrigen Freunden, deshalb sind gegenseitige Besuche selten geworden.
In der Zeitung fand die Seniorin vor einigen Monaten ein noch wenig bekanntes Betreuungsangebot: die Tagespflege. Die Gäste werden morgens mit einem rollstuhlgerechten Bus abgeholt und am Nachmittag wieder nach Hause gebracht. Ein gemeinsames Frühstück und Mittagessen, Gymnastik, Tanzen, Singen, Spiele, Gedächtnistraining,

»Meine Mutter ist für die Tagespflege Feuer und Flamme«, sagt Angelika Koops.

hauswirtschaftliche Tätigkeiten und Ausflüge stehen auf dem Programm. Elisabeth Hintze gönnt sich zweimal in der Woche dieses Betreuungsangebot und ist begeistert: »Hier ist immer was los. Das Personal und die anderen Teilnehmer sind sehr nett.« Tochter Angelika Koops ist über diese Entwicklung sehr froh: »Seitdem meine Mutter hierher geht, ist sie viel aktiver geworden. Wenn ich ihre Wohnung putze, hilft sie neuerdings mit. Ich bin entspannter, denn das schlechte Gewissen und die Sorge, dass meine Mutter allein in der Wohnung sitzt und ihr etwas zustößt, sind geringer geworden.«

Erfahrene Pflegekräfte wissen, dass ältere Menschen Hemmungen haben, zum ersten Mal in die Tagespflege zu gehen. Deshalb gibt es »Schnuppertage«, um auszuprobieren, ob einem das Angebot zusagt und ob man sich dort wohlfühlt. Bei den meisten Gästen dauert es etwa vier Wochen, bis sie sich an den veränderten Tagesablauf und die Gruppe gewöhnt haben. Doch dann wird die Tagespflege schnell zu einem zweiten Zuhause. Außerdem wirken sich die Anreize, die so ein Tag bietet, ausgesprochen positiv aus – sowohl bei den alleinlebenden als auch bei den dementen Senioren: Die Menschen sind aktiver, können ihr Leben zu Hause wieder besser meistern.

Ein Tag mit Bustransfer, zwei Mahlzeiten, Pflege und Freizeitangebot kostet durchschnittlich 65 Euro. Zuschüsse der Pflegekasse (siehe ab Seite 68) werden nur für den pflegebedingten Aufwand gezahlt. Die maximalen Zuschüsse betragen monatlich: Stufe I € 440,–; Stufe II € 1.040,–; Stufe III € 1.510,–. Es besteht die Möglichkeit, Tagespflege und ambulante Pflege zu kombinieren. Bis zu 50 Prozent mehr Zuschüsse gibt es dafür, sofern ein Schwerpunkt auf die Tagespflege gelegt wird. Auch die »zusätzlichen Leistungen bei Demenz« können zur Bezahlung verwendet werden.

Hausarbeit ist eine wichtige Aufgabe.

Tagespflege im Überblick

Tagespflege TABEA Leben bei Freunden

Anschrift: Luruper Hauptstraße 119, 22547 Hamburg-Lurup
Heimleitung: Jörg Kienast, Tel.: 040/840 52 30, www.tabea.de
Tagespflege mit 18 Plätzen, Alten- und Pflegeheim mit 94 Plätzen

Tagespflege: montags bis freitags geöffnet

- Verpflegung mit 2 Mahlzeiten aus eigener Küche, nachmittags Kaffee
- Ausflüge, Spaziergänge, Gedächtnistraining, Kochen, Backen, Musik- und Tanztherapie, Gymnastik, Spielkreise, Singen, kreatives Gestalten, Vorlesen aus der Zeitung, Andachten
- Als einzeltherapeutische Leistungen können Krankengymnastik, Lauftraining und Ergotherapie in Anspruch genommen werden.

- Bei Bedarf ist ein Umzug in das angeschlossene Altenheim möglich, siehe Seite 274.

Ausstattung: Neben den Aufenthaltsräumen stehen Ruhesessel zur Verfügung.

Entgelte pro Tag:

	Stufe 0	Stufe I	Stufe II	Stufe III
Unterkunft, Verpflegung:	13,40	13,40	13,40	13,40
Investitionskosten:	17,33	17,33	17,33	17,33
pflegebedingter Aufwand:	48,38	50,47	52,56	54,64
Zu zahlen:	**79,11**	**81,20**	**83,29**	**85,29**

Fahrdienst: Die Kosten sind im pflegebedingten Aufwand enthalten. Abholzeiten ab 8:00 Uhr, Rückfahrt ab 16:30 Uhr. Andere Zeiten auf Anfrage.

Nicht allein, aber nach eigenen Wünschen leben: So organisiert TABEA – Leben bei Freunden sein modernes Senioren- und Pflegeheim. Sie können wählen – zwischen dem Wohnen in einer Seniorenwohngruppe und der reinen Betreuung als Tagespflegegast. Das Besondere: Die Tagesstrukturen sind ähnlich wie in einer Familie. Zwischenmenschliche Nähe wird bei uns groß geschrieben. Sie sollen sich wohl und geborgen fühlen. Das Herz der Wohngruppen ist eine gemütlich eingerichtete Wohnküche, in der Sie individuell zubereitete Mahlzeiten einnehmen. Beim Kochen Ihrer Lieblingsgerichte oder anderer Aktivitäten können Sie gerne mithelfen. Im Zentrum stehen Sicherheit, Geborgenheit und Alltagsnormalität. Eine Wohngruppe für türkische ältere Menschen befindet sich im Aufbau.

Jörg Kienast, Heimleiter

Tagespflege Poppenbüttel

Anschrift: Poppenbütteler Bogen 2, 22399 Hamburg-Poppenbüttel

Geschäftsführung: Ekkehard Janas, Tel.: 040/602 04 93, www.tap-ev.de

Tagespflege mit 60 Plätzen

Tagespflege: montags bis samstags geöffnet

- Verpflegung mit 3 Mahlzeiten, nachmittags Kaffee
- Gemeinschaftsräume, Terrasse und Garten
- Spielerisches Gedächtnistraining, kreatives Arbeiten, Musiktherapie und Gymnastik sind Schwerpunkte unserer Arbeit. Als einzeltherapeutische Leistungen können Krankengymnastik, Logopädie und Ergotherapie in Anspruch genommen werden.

Ausstattung: Neben den Aufenthaltsräumen stehen Schlafsessel und Betten zur Verfügung.

Entgelte pro Tag:

	Stufe 0	Stufe I	Stufe II	Stufe III
Unterkunft, Verpflegung:	13,72	13,72	13,72	13,72
Investitionskosten:	9,80	9,80	9,80	9,80
pflegebedingter Aufwand:	47,24	49,20	51,16	53,12
Zu zahlen:	**70,76**	**72,72**	**74,68**	**76,64**

Fahrdienst: Die Kosten sind im pflegebedingten Aufwand enthalten. Abholzeiten zwischen 7:00 und 9:30 Uhr, Rückfahrt ab 15:30 Uhr.

Bei uns finden die Senioren, die tagsüber professionelle und fürsorgliche Pflege und Betreuung benötigen, eine optimale Versorgung und ein vielfältiges Unterhaltungs- und Therapieangebot. Unser Angebot richtet sich auch an Menschen mit Demenz oder an Schlaganfallpatienten, die auf Hilfe angewiesen sind. Bei einem persönlichen Beratungsgespräch können Sie unser Haus und unser Leistungsangebot kennenlernen. Selbstverständlich unterstützen wir Sie bei der Beantragung einer Pflegestufe.

Ekkehard Janas, Geschäftsführer

Betreuungsrecht

Ein Vormundschaftsrichter gibt Auskunft.

Siehe Seite 149

Kurzzeitpflege

Ursprünglich sollte die Kurzzeitpflege die Familie entlasten. Doch auch für Menschen, die nach der Entlassung aus dem Krankenhaus nicht sofort wieder zu Hause leben können, ist die Kurzzeitpflege ideal: nach Augenoperationen, Schlaganfällen, Stürzen oder Krebsbehandlungen.

Entlastung für pflegende Angehörige

Für Maria Busch (85) steht bereits der 25. Besuch in der Kurzzeitpflege an. Vor zehn Jahren war sie das erste Mal dort: »Die Pflegerinnen sind alle nett und das Essen schmeckt mir auch gut. Ich gehe gern dorthin.« Die häusliche Pflege hat die Tochter, Christel Schubert, übernommen. »Solange es mir gut geht oder meiner Mutter nicht schlechter, werde ich das so beibehalten«, erklärt die 62-Jährige, »auch wenn es oft anstrengend ist.« Maria Busch

Christel Schubert (links) und Maria Busch

ist an Parkinson erkrankt und hat Pflegestufe 3. Christel Schubert hat für diese Betreuung sogar ihr Geschäft aufgegeben. »Wenn ich merke, dass ich eine Pause benötige, um Kraft zu tanken, melde ich meine Mutter bei der Kurzzeitpflege an und mache Urlaub. Die Pflege ist ja nicht nur eine körperliche Belastung, sondern auch eine seelische.«

Pflege nach einem Krankenhausaufenthalt

Der Unfall passierte auf der Straße auf dem Weg zum Einkaufen. Hannelore Steffens stürzte und brach sich den rechten Unterarm. Der Bruch von Elle und Speiche wurde im Krankenhaus behandelt. Nach nur vier Stunden stand die Entlassung aus der Klinik an, die Unfallfolgen waren untersucht und der Gips angelegt. Doch die 76-Jährige konnte in diesem Zustand noch nicht zurück in ihre Wohnung, denn die Angst, nochmals hinzufallen, war so groß, dass sie nicht einmal aufstehen konnte. Für drei Wochen ist Hannelore Steffens deshalb in die Kurzzeitpflege gezogen, um sich von den Unfallfolgen zu erholen.

»In den ersten Tagen haben wir Frau Steffens dazu gebracht, aufzustehen und ein paar Schritte zu laufen«, freut sich Pflegedienstleiterin Monika Greite. Gymnastik, Unterstützung beim Waschen und Anziehen, Gedächtnistraining und die Zeitungsrunde haben geholfen, dass Hannelore Steffens wieder zurück ins Leben gefunden hat. Nun steht die Entlassung nach Hause an. »Wir haben von der Krankengymnastik über das Mittagessen bis zu den Haltegriffen im Bad alles organisiert«, erklärt Monika Greite, und Hannelore Steffens ist glücklich: »Ich lebe seit 40 Jahren in meiner Wohnung und habe eine so nette Nachbarin. Dahin will ich auf jeden Fall wieder zurück.«

Kurzzeitpflege im Überblick

Stadtdomizil Altenpflege-Zentrum

Anschrift: Lippmannstraße 21, 22769 Hamburg-Sternschanze

Direktion: Sabine Riediger, Tel.: 040/43 28 10

Vermietung: Angela Gutknecht, Tel.: 040/970 70 970, www.stadtdomizil.de

Kurzzeitpflege-Einrichtung mit 19 Plätzen

Wohnen: Übergangspflege nach Krankenhausaufenthalt, Kurzzeit- und Urlaubspflege

- Unterkunft in Einzel- und Doppel-Appartements
- Verpflegung: 4 Mahlzeiten aus eigener Küche, Menüwahl
- Das Therapieangebot beinhaltet z. B.: Krankengymnastik, Kunst- und Beschäftigungstherapie, Snoezelen, Meditation, Tierempathie-Therapie, Basale Stimulation, Wassertreten, Wohlfühlbäder, Shiatsu.

- Die Freizeitangebote des Stadtdomizils stehen zur Verfügung.
- Demenz: Betreuung durch spezielle Angebote im Tagesablauf

Pflegenoten:

Pflege	Demenz	Betreuung	Wohnen	**Gesamt**	Bewohner
1,8	1,2	1,0	1,0	**1,3**	1,0

Ausstattung: Die Appartements haben Pflegebett, Nachttisch, Tisch und Stühle, Schrank, barrierefreies Duschbad mit WC, teilweise Balkon, Notruf, Telefon, Internet- und Kabelanschluss.

Entgelt für bis zu 28 Tage im Jahr:

Pflegestufe	pro Tag	für 28 Tage	Zuschuss der Pflegeversicherung
ohne	68,94	1.930,32	ohne
Stufe I	88,10	2.466,80	1.242,64
Stufe II	108,08	3.026,24	1.510,00
Stufe III	128,20	3.589,60	1.510,00

Zuschläge: Für Komfortleistungen werden Zuschläge bis zu € 17,75 pro Tag, für therapeutische Dienstleistungen ggf. € 4,00 pro Tag erhoben.

Nahverkehr: Bernstorffstraße, Bus: 3

Lage: Citylage, Wohngebiet. Kiosk im Haus, kleine Geschäfte in der Nähe

Unser Stadtdomizil lebt getreu dem Motto »Mitten im Leben«. Das Stadtdomizil mit seinen Aussichten auf viele Wahrzeichen Hamburgs ist nicht nur durch den hohen Einzelzimmeranteil hochmodern. Die Architektur bietet reich-

lich Entfaltungsmöglichkeiten, das Farbkonzept eine warme und geschützte Atmosphäre. Zwei Wohnbereiche sind spezialisiert auf die Betreuung demenziell erkrankter Menschen. Unsere kulturellen Veranstaltungen finden einmal wöchentlich statt. Verschiedene Beschäftigungsangebote bieten wir sieben Tage die Woche an. Wir haben einen überdurchschnittlich hohen Fachkräfteanteil und verfügen über hochmotivierte Mitarbeiter. Unser Haus ist geprägt durch eine konsequente Bewohnerorientierung und Offenheit. Dies bewirkt viel Lebendigkeit und Lebensfreude. Wir laden Sie ein und beraten Sie gern, auch am Wochenende.

Sabine Riediger, Direktorin

Hospital zum Heiligen Geist

Anschrift: Alte Landstraße 284 b, 22391 Hamburg-Poppenbüttel
Beratung: Sylvia Benke, Tel.: 040/60 60 11 11,
Mitglied im Diakonischen Werk, www.hzhg.de
Kurzzeitpflege-Einrichtung mit 38 Plätzen
Wohnen: Übergangspflege nach Krankenhausaufenthalt, Kurzzeit- und Urlaubspflege

- Unterkunft in Einzel- und Doppelzimmern
- Verpflegung mit 4 Mahlzeiten, Menüwahl
- Krankengymnastik, Bewegungstherapie, Massagen, Lymphdrainagen, Logopädie, Ergotherapie
- Die Freizeitangebote der »Kleinen Stadt für Senioren« können genutzt werden.

Ausstattung: Die Zimmer haben Einbauschrank, Kühlschrank, barrierefreie Dusche und WC, Notruf, Telefon und Fernseher.

Entgelt im Doppelzimmer für bis zu 28 Tage im Jahr:

Pflegestufe	pro Tag	für 28 Tage	Zuschuss der Pflegeversicherung
ohne	89,45	2.504,60	ohne
Stufe I	89,45	2.504,60	1.510,00
Stufe II	98,95	2.770,60	1.510,00
Stufe III	118,08	3.306,24	1.510,00

Zuschläge: Im Einzelzimmer werden Zuschläge bis zu € 4,10 pro Tag erhoben.
Nahverkehr: Hinsbleek, Bus: 179; Alte Landstraße, Bus: 24, 174, 176
Lage: Wohngebiet, Alsterwanderweg. Krämerladen, Parkrestaurant.

Damit aus Patienten Gäste werden.
Krankenhausaufenthalte werden immer kürzer. Was für viele gut ist, kann im Einzelfall zur Belastung werden. Insbesondere Senioren benötigen häufig mehr stationäre Pflege als vorgesehen. Die Solitäre Kurzzeitpflege im Hospital zum Heiligen Geist schließt diese Versorgungslücke. Kompetent, individuell und freundlich, an sieben Tagen in der Woche rund um die Uhr. Damit unsere Gäste gut gepflegt nach Hause zurückkehren können.

Thorsten Schulze, Dorothea Ruhe, Vorstand

Alsterdomizil
Seniorenpflege Gut Wellingsbüttel

Anschrift: Wellingsbüttler Weg 71, 22391 Hamburg-Wellingsbüttel
Direktion: Kirsten Dürlich, Tel.: 040/970 70-0
Vermietung: Angela Gutknecht, Tel.: 040/970 70 970, www.alsterdomizil.de
Kurzzeitpflegeeinrichtung mit 16 Plätzen
Wohnen: Übergangspflege nach Krankenhausaufenthalt, Kurzzeit- und Urlaubspflege

- Unterkunft in Einzel- und Doppel-Appartements
- Verpflegung: 4 Mahlzeiten als Buffet, Salatbuffet
- Lobby, Restaurant, Sonnen- und Dachterrassen, Klönecken, Parkanlage, Aufenthaltsräume
- Das Therapieangebot beinhaltet z. B.: Krankengymnastik, Kunst- und Beschäftigungstherapie, Snoezelen, Meditation, Tierempathie-Therapie, Basale Stimulation, Wassertreten, Wohlfühlbäder.

- Die Freizeitangebote des Alsterdomizils stehen zur Verfügung.
- Café und Bistro, Kosmetik und Wellness gegen Gebühr im Herrenhaus

Pflegenoten:

Pflege	Demenz	Betreuung	Wohnen	**Gesamt**	Bewohner
1,3	1,0	1,0	1,0	**1,1**	1,0

Ausstattung: Die Appartements haben Pflegebett, Nachttisch, Tisch und Stühle, Schrank, barrierefreies Badezimmer mit WC, teilweise Balkon oder Terrasse, Notruf, Telefon, Internet- und Kabelanschluss.

Entgelt für bis zu 28 Tage im Jahr:

Pflegestufe	pro Tag	für 28 Tage	Zuschuss der Pflegeversicherung
Stufe I	98,27	2.751,56	1.249,08
Stufe II	118,40	3.315,20	1.510,00
Stufe III	138,67	3.882,76	1.510,00

Zuschläge: Für Komfortleistungen werden Zuschläge bis zu € 20,– pro Tag, für therapeutische Dienstleistungen ggf. € 6,– pro Tag erhoben.

Nahverkehr: S-Bahnhof Wellingsbüttel, Linie: S1

Lage: Wohngebiet, Parkanlage, Alsterwanderweg. Kiosk im Haus

Das Alsterdomizil bietet eine ganz besondere Wohnform für pflegebedürftige Senioren: Für den Bewohner entsteht der Eindruck, dass die Pflege zur Nebensache wird, denn die Aktivitäten des täglichen Lebens orientieren sich an den Hausgemeinschaften mit Gruppen und einem Höchstmaß an Normalität. Sie haben bei uns die Möglichkeit, all das im Rahmen eines Kurzzeitpflege-Aufenthaltes in Anspruch zu nehmen. Die Anlage besteht aus vier Pflegevillen, die überwiegend Einzel-Appartements aufweisen. Jedes einzelne Haus ist spezialisiert: stationäre Altenpflege oder professionelle Dementenbetreuung. Für uns ist professionelle und liebevolle Pflege an jedem einzelnen Bewohner wichtig – und das in einem gepflegten, hotelähnlichen Ambiente. Wir freuen uns auf Ihren Besuch.

Kirsten Dürlich, Direktorin

Siehe Seite 149

Die Fallpauschale im Krankenhaus

Die Patienten werden jetzt schneller entlassen.

Früher gab es die Regelung, dass die Krankenhäuser nach Aufenthaltstagen ihrer Patienten abrechneten. Das ist heute anders! Die Klinik erhält für jede Behandlung, für jede Operation eine Pauschale. Diese Änderung hat Konsequenzen für den Patienten. Er wird schneller entlassen als früher und für wenige Tage oder Wochen zu Hause durch einen ambulanten Dienst gepflegt: Spritzen werden gegeben, Verbände gewechselt oder Einreibungen durchgeführt. Die notwendige medizinische Versorgung wird vom Krankenhaus verordnet. Möglicherweise ist auch jemand vorübergehend bei der Körperpflege, Ernährung und im Haushalt behilflich. Der Patient ist gut beraten, sich auf seine Entlassung vorzubereiten – entweder bei geplanten Operationen bereits vorher oder bei unerwarteten Klinikaufenthalten noch im Krankenhaus. Dazu sollte er sich rechtzeitig mit einem Pflegedienst seiner Wahl in Verbindung setzen. Die Pflegekräfte stehen beratend zur Seite und kümmern sich darum, dass die Pflege direkt nach der Entlassung reibungslos weitergeführt werden kann. Und bitte nicht vergessen, bei Bedarf spätestens einen Tag vorher bei einem Menüdienst anzurufen, damit am nächsten Tag eine warme Mahlzeit auf dem Tisch steht.

Hilfe beim Duschen

Auch wenn man noch nicht in eine Pflegestufe eingruppiert wurde, kann man einen ambulanten Dienst bereits in Anspruch nehmen.

Hilde P. mag nicht mehr ohne Hilfe heiße Bäder nehmen, die sie besonders an kalten Tagen über alles liebt. Neulich hat die 93-Jährige es nicht mehr geschafft, aus eigener Kraft aus der Badewanne herauszusteigen. Zum Glück konnte sie über den Pieper am Handgelenk den Hausnotruf auslösen, und eine halbe Stunde später befreite ein Mitarbeiter des Notrufdienstes die Rentnerin aus ihrer misslichen Lage. Aus Angst, erneut in diese Situation zu kommen, verzichtet Hilde P. jetzt auf das Badevergnügen und wäscht sich lieber am Waschbecken.

Ob es sich um Gleichgewichtsprobleme beim Einsteigen in die Wanne handelt, oder ob beim Aussteigen einfach die Kräfte versagen – für viele Senioren wäre es eine große Hilfe, wenn ihnen zweimal in der Woche jemand beim Duschen und Baden zur Seite stünde.

Wer nur zweimal pro Woche Hilfe beim Baden braucht, ist nicht pflegebedürftig im Sinne der Pflegeversicherung. Doch niemand braucht auf dieses Stück Sicherheit und Lebens-

Jürgen Franck lebt nach einem leichten Schlaganfall wieder in seiner Wohnung und ist mit seinem ambulanten Dienst sehr zufrieden.

Diese Hände haben viel in ihrem Leben geleistet.

qualität zu verzichten. Man kann nämlich einen Pflegedienst beauftragen, regelmäßig eine Pflegerin oder einen Pfleger ins Haus zu schicken – ähnlich wie man es vielleicht schon bei der Fußpflege handhabt. Die monatlichen Kosten dafür liegen bei rund 150,– Euro.

Wer braucht einen Hausnotruf?

Viele Senioren suchen nach einer sicheren Möglichkeit, um sich im Notfall bemerkbar zu machen.

Eine alte Dame lebt allein und stürzt in ihrer Wohnung. Sie hat sich zum Glück nichts gebrochen, kann jedoch allein nicht wieder aufstehen. Das Telefon ist unerreichbar. Ein Pieper am Handgelenk und eine Sprechverbindung von jedem Punkt der Wohnung aus sind in diesem Fall die Rettung. In der Hausnotrufzentrale wird gemeinsam mit der Dame entschieden, wie verfahren wird: ob sich ein Mitarbeiter mit einem Schlüssel der Wohnung auf den Weg

machen soll, oder ob der Sohn informiert wird, damit er seiner Mutter auf die Beine hilft.
Dies ist nur einer von vielen Notfällen, in die alleinlebende Menschen geraten können. Ein Hausnotruf ist ein wichtiger Baustein, um so lange wie möglich sicher in der eigenen Wohnung leben zu können. Außerdem gibt es Situationen, in denen man sich nicht trauen würde, bei der Polizei oder Feuerwehr anzurufen: zum Beispiel bei nächtlichen Geräuschen, die man sich nicht erklären kann. Diese Ängste lassen sich in einem beruhigenden Gespräch über die Notrufleitung schnell abbauen.

Hanseatischer Hausnotruf

Beratungs-Tel: 040/60 60 11 11

- Kosten für das Hausnotrufgerät: € 36,90 pro Monat
  Einmalige Einrichtungspauschale: € 45,–
  Dem Kunden wird das Hausnotruf-Gerät entweder als Notrufarmband oder mit einem Band um den Hals tragbar zur Verfügung gestellt. Das Basisgerät wird an die Telefondose angeschlossen. Wenn eine Pflegestufe vorhanden ist, werden die monatlichen Kosten anteilig von der Pflegeversicherung übernommen.
- Kosten für die Schlüsselhinterlegung: keine
  Die Kunden des Hausnotrufs können ihren Schlüssel hinterlegen, damit im Notfall ein Mitarbeiter in die Wohnung kommen kann, um vor Ort Hilfe zu leisten.
- Einsatzgebiet: Bergstedt, Duvenstedt, Fuhlsbüttel, Hummelsbüttel, Lemsahl-Mellingstedt, Ohlsdorf, Poppenbüttel, Sasel, Volksdorf, Wellingsbüttel

Was kostet die Pflege zu Hause?

Für Peter A. ist die Pflegestufe 1 bewilligt worden. Seine Frau Helga braucht dringend morgens und abends Entlastung. Wenn es um das Duschen und Waschen geht, steht sie jedes Mal vor einem großen Problem: Er will sich nicht an- und ausziehen, Duschen und Haare waschen empfindet er als unangenehm. Das führt täglich zum Streit. Lange hat Helga A. überlegt, ob sie sich Hilfe von außen durch einen Pflegedienst holen soll. Doch es ist ihr peinlich, dass jemand von den dauernden Auseinandersetzungen erfährt. Hinzu kommt, dass ihr Mann keine Fremden in der Wohnung haben möchte. Schließlich ruft Helga A. doch bei einem Pflegedienst an.
Schon beim ersten persönlichen Gespräch mit der Chefin des Pflegedienstes spürt das Ehepaar, dass Sympathie vorhanden ist. Peter A. freut sich sogar darauf, dass mal wieder jemand zu Besuch kommt. Zwei Tage später erscheint die Pflegerin zum ersten Mal. Anders als erwartet, beginnt sie ihre Arbeit nicht sofort damit, Herrn A. beim Duschen behilflich zu sein, sondern unterhält sich mit ihm, um ihm die Berührungsängste zu nehmen. Peter A. ist wie ausgewechselt. Erst am zweiten Tag steht ihm die Schwester morgens im Bad zur Seite. Helga A. ist erleichtert und freut sich sehr darüber, wie umgänglich sich ihr Mann plötzlich gegenüber der professionellen Altenpflegerin zeigt. Außerdem hat sie jetzt eine Gesprächspartnerin, mit der sie endlich einmal über alles reden kann.

Pflege auf Bestellung

Bei der ambulanten Pflege sind die einzelnen Tätigkeiten – vom morgendlichen Anziehen und Waschen bis zum Wechseln der Bettwäsche – in sogenannten Leistungskomplexen (kurz LK) festgelegt. Jeder Komplex hat eine Punktzahl, die große Morgen-/Abendtoilette zum Beispiel 400 Punkte. Dieser LK 4 ist umfangreicher als die kleine Morgen-/Abendtoilette (LK 2) mit 200 Punkten. Die einzelnen Pflegedienste haben unterschiedliche Preise in Form von »Punktwerten«. Der Preis für einen Einsatz einer Pflegerin ergibt sich wie folgt:

Punktzahl pro LK x Punktwert des Pflegedienstes = Preis

Beispiel:

Ein Pflegedienst hat einen Punktwert in Höhe von 4,20 Cent. Daraus ergibt sich für die große Morgen-/Abendtoilette:

400 x 4,20 Cent = € 16,80 für den LK 4

Altenpflege ist anstrengend – körperlich und seelisch. Trotzdem engagieren sich viele junge Menschen in diesem Beruf.

Was kostet die Pflege von Peter A.?

Bei Helga und Peter A. kommt die Pflegerin morgens und abends – also 60 Mal im Monat.

30 x morgens LK 4:	
30 x 400 Punkte x 4,20 Cent	= € 504,00
30 x abends LK 2:	
30 x 200 Punkte x 4,20 Cent	= € 252,00
10 Prozent Wochenendzuschlag an 8 Tagen	= € 20,16
1,53 Euro Investitionskosten pro Tag:	
30 x € 1,20	= € 36,00
60 x € 2,33 Anfahrt pro Einsatz: 60 x € 2,52	= € 151,20
	€ 963,36

In diesem Fall ist ein Eigenanteil von € 523,36 zu zahlen. Das heißt: Nicht alles, was der MDK-Gutachter als notwendige Pflegeleistungen anerkannt hat, kann von € 440,– Pflegekassen-Zuschuss bezahlt werden.

Wie viele Punkte hat ein Leistungskomplex?

Preis für die ambulante Pflege

Die folgende Tabelle gibt Aufschluss darüber, welche Punktzahl die einzelnen Leistungskomplexe besitzen und was für die einzelnen Leistungen bei der Pflege daheim zu zahlen ist. Dabei gibt die Preisspanne die Preisunterschiede der einzelnen Pflegedienste an.

Punktzahlen der Leistungskomplexe

LK	Punkte/ Preisspanne	Erläuterung
1	250 € 10,05 – € 11,15	Kleine Morgen-/Abendtoilette Hilfe beim Verlassen und Aufsuchen des Bettes, An- und Auskleiden, Teilwaschen, Mund- und Zahnpflege, Kämmen
2	200 € 8,04 – € 8,92	Kleine Morgen-/Abendtoilette Wie LK 1, jedoch ohne die Hilfe beim Verlassen und Aufsuchen des Bettes
3	450 € 18,09 – € 20,07	Große Morgen-/Abendtoilette Hilfe beim Verlassen und Aufsuchen des Bettes, An- und Auskleiden, Waschen/Duschen/Baden, Rasieren, Mund- und Zahnpflege, Kämmen
4	400 € 16,08 – € 17,84	Große Morgen-/Abendtoilette Wie LK 3, jedoch ohne die Hilfe beim Verlassen und Aufsuchen des Bettes
5	100 € 4,02 – € 4,46	Bett machen, Lagern, Bewegungsaktivierung
6	250 € 10,05 – € 11,15	Hilfe bei der Nahrungsaufnahme
7	200 € 8,04 – € 8,92	Sondenkost bei implantierter Magensonde
8 a	50 € 2,01 – € 2,23	Darm- und Blasenentleerung (nur in Kombination mit LK 1–4)
8 b	150 € 6,03 – € 6,69	Darm- und Blasenentleerung (nicht in Kombination mit LK 1–4)
9	100 € 4,02 – € 4,46	Hilfe beim Verlassen oder Wiederaufsuchen der Wohnung
10	600 € 24,12 – € 26,76	Hilfestellung beim Verlassen oder Wiederaufsuchen der Wohnung
11	100 € 4,02 – € 4,46	Beheizen der Wohnung (Ofenheizung)
12	500 € 20,10 – € 22,30	Für die Reinigung der Wohnung während der Woche
13	400 € 16,08 – € 17,84	Wechseln und Waschen der Wäsche und Kleidung

13 a	60 € 2,41 – € 2,68	Wechseln der Bettwäsche
14a	350 € 14,07 – € 15,61	Einkauf/Vorratseinkauf (1x wöchentlich)
14b	60 € 2,41 – € 2,68	Kleine Besorgung (max. 1x täglich)
15a	270 € 10,85 – € 12,04	Zubereitung einer warmen Mahlzeit
15b	350 € 14,07 – € 15,61	Kochen einer warmen Mahlzeit für Personen, bei denen aus medizinischen Gründen ein besonderer Aufwand bei der Zubereitung notwendig ist
16	80 € 3,22 – € 3,57	Zubereitung einer sonstigen Mahlzeit

Pflege ist Vertrauenssache

Das erste Kennenlernen

Es ist bedrückend zu merken, die alltäglichen Dinge nicht mehr selbst zu schaffen, und es fällt wohl niemandem leicht, dabei um Hilfe bitten zu müssen: zum Beispiel wenn der Gleichgewichtssinn gestört ist, und man deswegen beim Beziehen des Bettes oder beim Ankleiden Probleme hat. Vertrauen ist wichtig, um sich in solch einer Lage an einen ambulanten Pflegedienst zu wenden.

Beim ersten Besuch des Pflegedienstes in der Wohnung des Pflegebedürftigen geht es um das gegenseitige Kennenlernen, und der Pflegedienstmitarbeiter möchte darüber hinaus etwas über die Lebensgewohnheiten und Wünsche des künftigen Patienten erfahren. Wann möchten Sie morgens aufstehen? Möchten Sie lieber von einer Dame oder von einem Herrn versorgt werden? Ein Pflegedienst, der diese scheinbar unwichtigen Kleinigkeiten erfragt, hat schon viel zur Zufriedenheit des neuen Patienten beigetragen, denn sein gewohnter Tagesablauf soll möglichst nicht beeinträchtigt werden. Außerdem berechnet der Mitarbeiter des ambulanten Dienstes an diesem Tag die monatlichen Kosten für die Pflege.

Bei der Begutachtung hilft der Pflegedienst

Dass auf einen Antrag bei der Pflegeversicherung ein negativer Bescheid folgt, ist kein Einzelfall. Im häuslichen Bereich wird etwa ein Drittel der Anträge abgelehnt. Oft sind die Anspruchsvoraussetzungen tatsächlich nicht erfüllt – aber auch die MDK-Gutachter machen Fehler. Erste Anlaufstelle für das Verfahren sind daher die ambulanten Dienste. Sie wissen, was im Sinne der Pflegeversicherung

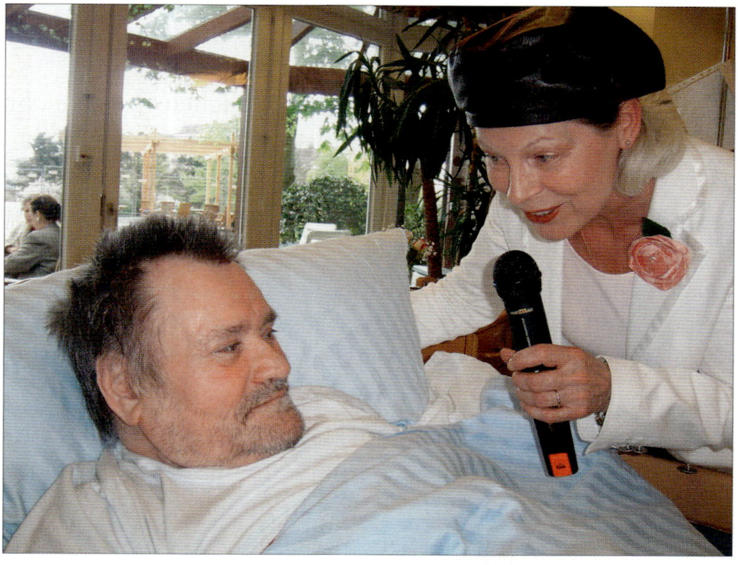

Auch bettlägerigen Bewohnern eines Altenheimes wird Unterhaltung geboten. Su Kramer singt regelmäßig in der Schanzenresidenz.

zählt, um eine Pflegestufe zu erhalten. Ein Vertreter des künftigen ambulanten Dienstes sollte beim Begutachtungstermin dabei sein. Er kann kontrollieren, ob der Gutachter auch tatsächlich alle relevanten Pflegezeiten anerkennt.

Die Pflegedienste rechnen auch mit den Krankenkassen ab

Nicht alle Leistungen, die ein ambulanter Dienst erbringt, werden über die Pflegeversicherung abgerechnet. Sofern der Arzt verschreibt, dass Medikamente verabreicht oder Spritzen gegeben werden müssen, kann auch dies von den Pflegekräften eines ambulanten Dienstes übernommen werden. Diese Leistungen heißen »Behandlungspflege« und werden von den Pflegediensten direkt mit der Krankenkasse abgerechnet.

Sportliche Aktivitäten machen Freude und helfen, länger fit zu bleiben.

Ein Beispiel: Für Hilde P. wurde die Pflegestufe I anerkannt. Die Hilfe beim Anziehen und Waschen zählt zu den Leistungen, die über die Pflegeversicherung abgedeckt werden. Bis zu einer Höhe von 440,– Euro rechnet der ambulante Dienst direkt mit der Pflegekasse ab – alles, was darüber liegt, zahlt die 83-Jährige selbst. Außerdem ist die Rentnerin Diabetikerin und auf die lebenswichtigen Insulinspritzen angewiesen. Ihr Hausarzt hat dreimal täglich eine Blutzuckerkontrolle und eine entsprechende Insulingabe verordnet. 90 Mal im Monat rechnet der ambulante Pflegedienst diese Diabetikerversorgung als Behandlungspflege direkt mit der Krankenkasse ab.
Achtung: Ein ambulanter Dienst, der keine Zulassung für die häusliche Krankenpflege hat, darf nicht mit der Krankenkasse abrechnen. Die Kosten für die Behandlungspflege würden dem Versicherten in Rechnung gestellt.

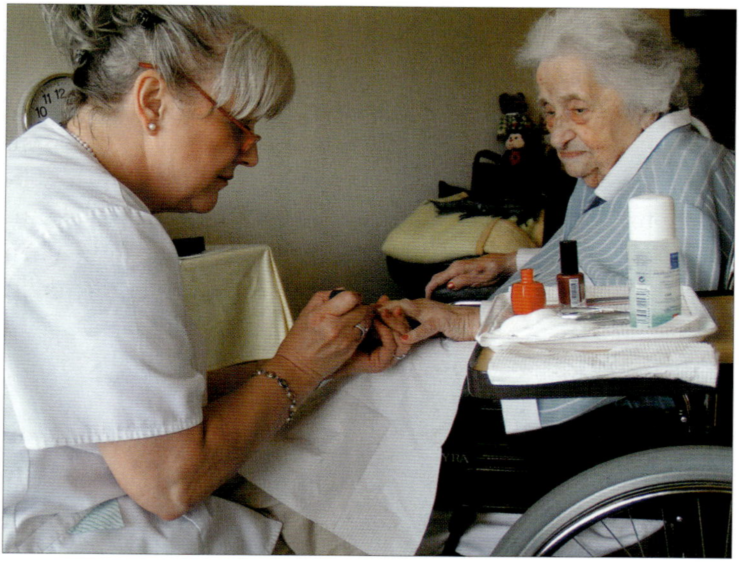

Die schönen Dinge im Leben sind wichtig.

Notruf

Die ambulanten Dienste sind auch nachts, am Wochenende und an Feiertagen über das Telefon zu erreichen. Was in einer Notsituation an Hilfeleistung erforderlich ist, hängt vom Einzelfall ab: Soll der Notarzt gerufen werden, oder kommt ein Mitarbeiter des Pflegedienstes mit dem Wohnungsschlüssel innerhalb von einer Stunde vorbei, um zu helfen? Oder reicht ein Gespräch, um Ängste, Hilflosigkeit und Einsamkeitsgefühle wieder in den Griff zu bekommen? Die Mitarbeiter am Telefon sind darin geschult, die richtigen Maßnahmen einzuleiten. Der Notruf der ambulanten Dienste gibt die Sicherheit, jederzeit einen kompetenten Ansprechpartner zu haben.

Pünktlichkeit

Für den Pflegebedürftigen beginnt der Tag oftmals erst, wenn der vertraute Mitarbeiter des ambulanten Dienstes beim Anziehen und Waschen behilflich war. Insbesondere alte Menschen werden unruhig, wenn sie warten müssen. Pünktlichkeit ist zwar wichtig, dennoch kann es zu Verschiebungen im Zeitplan des Pflegedienstmitarbeiters kommen. Ein kurzer Anruf beim Kunden beruhigt in solchen Fällen – bei guten Pflegediensten eine Selbstverständlichkeit.

Pflegemitarbeiter vor Ort

Die vertrauten Mitarbeiter und der Patient bilden ein Team. Was kann der Kunde noch selbstständig machen? Wie möchte er angesprochen und angefasst werden? Ist er selbst oder ein Familienangehöriger der Hauptansprechpartner? Mit einer kleinen Gruppe von Pflegemitarbeitern haben

Bewegung im Alter beim Hamburger Sportbund: 040/419 08 111.

sich die Abläufe schnell eingespielt. Es ist eine reine Organisationsfrage, das Pflegeteam überschaubar klein zu halten. Dann ist es auch kein Problem, wenn durch Krankheit oder Urlaub mal ein neuer, für den Patienten zunächst fremder Mitarbeiter die Pflege übernimmt.

Mit der Altenpflegerin unterwegs

Sonja Struckmann besucht täglich 10 Senioren.

Der 5-jährige Pudel Benny bedeutet Ruth H. alles. Doch die 78-Jährige kann mit dem Hund nicht mehr vor die Tür gehen, will ihn aber auf jeden Fall behalten. Pflegedienste versorgen auch Haustiere. Benny ist schon ganz aufgeregt, als Sonja Struckmann die Wohnungstür aufschließt, um ihn zum Spaziergang abzuholen.

Die Altenpflegerin beginnt um 6.30 Uhr mit der Arbeit beim Pflegedienst. Zehn Patienten hat die 43-Jährige im Laufe des Tages zu versorgen. Hilfe beim Ankleiden und

Waschen, Frühstück zubereiten sowie das Anziehen von Kompressionsstrümpfen oder das Zusammenstellen von Tabletten. Die Mitarbeiterin eines ambulanten Dienstes ist mit dem Auto zwischen Winterhude und Fuhlsbüttel unterwegs – so wie früher die Gemeindeschwester.
Bei der ambulanten Pflege wird zügig gearbeitet, denn die Zeiten und Preise sind für alle Arbeiten fest vorgegeben. Doch selbstverständlich wird beim Anziehen und Waschen oder beim gemeinsamen Einkauf auch geklönt und gelacht. »Wir sind das Highlight des Tages, der Kontakt zur Außenwelt«, freut sich Sonja Struckmann. Leider nimmt mancher Patient weniger Pflegezeit in Anspruch als er sich wünscht. Von der Pflegekasse wird ein monatlicher Zuschuss in Höhe von 440,– Euro (Pflegestufe 1) gewährt. Alles, was darüber hinausgeht, muss aus eigener Tasche bezahlt werden. Und wenn beispielsweise die Kinder das Sauberhalten der elter-

Helga P. freut sich über die Unterstützung von Sonja Struckmann.

»Benny passt auf mich auf«, sagt Ruth H.

lichen Wohnung aus Kostengründen übernommen haben, dies aber vernachlässigen, übernimmt der Pfleger das Putzen selbstverständlich nicht als »Ehrenamt«.

Mit manchen Belastungen müssen die Mitarbeiter in der Altenpflege fertig werden. Dazu gehört zum Beispiel die Einsamkeit des Patienten, wenn all seine Angehörigen verstorben sind. Sonja Struckmann und ihre Kollegen können zwar den Wunsch nach Gesellschaft erfüllen, doch eine Familie ersetzen sie nicht. Die Arbeit fällt ihnen leichter, wenn die Senioren ihre Situation für sich annehmen. Helga P. (80) hat das getan: »Ich brauche auch viel Stille. Wenn ich Schmerzen habe, möchte ich mich hinlegen und nicht mit fremden Menschen zusammen sein.«

Pflegedienste im Überblick

Lebensabend-Bewegung

Anschrift: Eidelstedter Weg 22,
20255 Hamburg-Lokstedt
Ansprechpartner: Marita Nitz,
Telefon: 040/63 68 40 20
www.pflegedienst-hamburg.de
Einsatzgebiet: Alsterdorf, Altona, Altstadt, Bahrenfeld, Barmbek, Bergstedt, Bramfeld, Duvenstedt, Eidelstedt, Eimsbüttel, Eppendorf, Farmsen-Berne, Fuhlsbüttel, Groß Borstel, HafenCity, Harvesterhude, Hoheluft-Ost, Hoheluft-West, Hummelsbüttel, Langenhorn, Lemsahl-Mellingstedt, Lokstedt, Neustadt, Niendorf, Ohlsdorf, Ottensen, Poppenbüttel, Rotherbaum, Sasel, St. Georg, St. Pauli, Stellingen, Sternschanze, Veddel, Volksdorfserbrook
Pflegeangebot:

- LEISTUNGSANGEBOT: Alten- und Krankenpflege, Familienpflege, Kinderkrankenpflege, Beratung und Betreuung pflegender Angehöriger, Diabetikerversorgung, Betreuung altersverwirrter Menschen, Kranken-

Blick vom neuen Hotel im Schanzenpark

hausnachsorge, künstliche Ernährung, Wundversorgung, Sterbebegleitung
- DAS TEAM: 85 Mitarbeiter, Sprachen: englisch, polnisch, türkisch, italienisch

Rund-um-die-Uhr-Versorgung:
- NOTRUF: 24 Stunden über das Telefon zum Bereitschaftsmitarbeiter
- NOTFALLHILFE: Innerhalb von 30 Minuten ist ein Mitarbeiter vor Ort.
- PÜNKTLICHKEIT: Anruf bei mehr als 10 Minuten Verspätung
- MITARBEITER VOR ORT: maximal 5 Mitarbeiter in den Pflegestufen I und II sowie maximal 7 Mitarbeiter in der Pflegestufe III

Pflegenoten:

Pflege	Rezept	Organisation	**Gesamt**	Kunden
2,0	1,9	1,0	**1,5**	1,0

Pflegekosten:
- LEISTUNGSPUNKT: Cent 4,42, z. B. kleine Morgentoilette (LK 2) € 8,84
- INVESTITIONSKOSTEN: € 1,01 pro Einsatztag
- ANFAHRT: € 2,65 pro Anfahrt

Service:
- FREIZEIT: (teilweise gegen Bezahlung) Begleitung zu Veranstaltungen, Spaziergänge, Urlaubsbegleitung, jahreszeitliche Feste, Tagesstättenbetrieb
- HAUSHALT: (gegen Bezahlung) Begleitung zum Einkaufen, zum Arzt, zu Behörden, Einkäufe, Hausputz, Wäscheservice, Hilfe bei Behördenangelegenheiten, Versorgung von Haustieren
- VERMITTLUNG: Hausnotruf, Friseur und Fußpflege, Mittagessen, Pflegehilfsmittel, Krankenbeförderung, Wohnungsrenovierung

Ambulante Pflege medicur Billstedt

Anschrift: Billstedter Hauptstraße 44, 22111 Hamburg-Billstedt
Ansprechpartner: Katrin Möckel, Christian Schmidt, Telefon: 040/731 06 50
www.medicur24.de
Einsatzgebiet: Gesamtes Hamburger Stadtgebiet
Pflegeangebot:

- LEISTUNGSANGEBOT: Alten- und Krankenpflege, spezielle Pflege bei Schlaganfall, Diabetes, Krebs, Multiple Sklerose, Parkinson, Alzheimer, Pflege Schwerstkranker (24 Stunden-Pflege), Pflege und Betreuung von Demenzkranken, Pflege bei ambulanter Krebstherapie, Krankenhausnachsorge, künstliche Ernährung, Wundversorgung, Sterbebegleitung, Anleitung und Beratung pflegender Angehöriger, Familienpflege, Schwangeren- und Wöchnerinnenbetreuung, Haushaltshilfe
- DAS TEAM: 75 Mitarbeiter, Pflege auch in den Sprachen afghanisch, iranisch, irakisch, türkisch, serbisch, russisch, polnisch, französisch und englisch
- DIN ISO 9001 und DMSG-Zertifiziert

Rund-um-die-Uhr-Versorgung:

- NOTRUF: 24 Stunden über das Telefon zum Bereitschaftsmitarbeiter
  Auf Wunsch des Kunden wird ein Notrufsystem vermittelt.
- NOTFALLHILFE: Innerhalb von 15 Minuten ist ein Mitarbeiter vor Ort.
- PÜNKTLICHKEIT: Bei normalem Tageseinsatz erfolgt bei mehr als 15 Minuten Verspätung ein Anruf.
- PFLEGEMITARBEITER VOR ORT: maximal 5 Mitarbeiter in den Pflegestufen I und II sowie maximal 7 Mitarbeiter in der Pflegestufe III

Pflegekosten:

- LEISTUNGSPUNKT: Cent 4,02
  € 0,0176 beim Einsatz von Zivildienstleistenden
- NOTRUF: Wird mit dem Notrufanbieter extra abgerechnet.
- INVESTITIONSKOSTEN: € 1,05 pro Einsatztag
- ANFAHRT: € 2,12 pro Anfahrt

Service:

- FREIZEIT: (teilweise gegen Bezahlung) stundenweise Betreuung als Ersatz für Pflegepersonen, Klönstunde, Spielen, Begleitung zu Veranstaltungen, Vorlesen, Hilfe bei sozialen Kontakten, Spaziergänge, Urlaubsbegleitung
- HAUSHALT: (gegen Bezahlung) Begleitung zum Einkaufen, zum Arzt, zu Behörden, Einkäufe, Frühjahrsputz, Versorgung von Haustieren, Hilfe beim Schriftwechsel, Beratung zur Verbesserung der Wohnsituation
- VERMITTLUNG: Hausnotruf, Friseur und Fußpflege, Krankengymnastik
- SONSTIGE DIENSTLEISTUNGEN: Kostenlose Hilfe bei Schriftwechseln, Bestellung von Medikamenten, Hilfsmitteln, Brötchen und Zeitungen, Unterstützung und Beratung bei Beantragung von Leistungen bei den Kostenträgern, Begleitung bei der Begutachtung durch den Medizinischen Dienst (MDK) für eine Pflegestufe

Mit unseren hochqualifizierten und engagierten Pflegeteams für alle Pflegebereiche bieten wir Ihnen eine gleichbleibende Bezugspflege. Die intensive Zusammenarbeit mit Arztpraxen und Krankenhäusern, regelmäßige Kundenbefragungen und Pflegevisiten sichern unsere Pflegequalität.

Thomas Glas, Geschäftsführer

Aktiv-Pflege Ambulanter Pflegedienst, Netzeband Behrmann

Anschrift: Foorthkamp 7, 22419 Hamburg-Langenhorn
Ansprechpartner: Barbara Netzeband, Telefon: 040/53 04 85 15
Einsatzgebiet: im gesamten Bezirk Eimsbüttel und Hamburg-Nord sowie in Altona, Altstadt, Bahrenfeld, Borgfelde, Bramfeld, Eilbek, Farmsen-Berne, Groß Flottbek, HafenCity, Hamm, Hammerbrook, Horn, Hummelsbüttel, Lurup, Marienthal, Neustadt, Nienstedten, Osdorf, Othmarschen, Ottensen, Poppenbüttel, Rahlstedt, Sasel, Sternschanze, St. Georg, St. Pauli, Steils-

Wahrzeichen Hamburgs: der Fernsehturm

hoop, Tonndorf, Volksdorf, Wandsbek, Wellingsbüttel und Norderstedt

Pflegeangebot:

- LEISTUNGSANGEBOT: Alten- und Krankenpflege, Soziotherapie, Diabetikerversorgung, Betreuung altersverwirrter Menschen sowie von Menschen mit psychischen und sozialen Problemen (fachpsychiatrische Krankenpflege), Eingliederungshilfe für psychisch kranke Menschen, Krankenhausnachsorge
- DAS TEAM: 45 Mitarbeiter, Sprachen: polnisch

Rund-um-die-Uhr-Versorgung:

- NOTRUF: 24 Stunden über das Telefon zum Bereitschaftsmitarbeiter
- NOTFALLHILFE: Innerhalb von 40 Minuten ist ein Mitarbeiter vor Ort.
- PÜNKTLICHKEIT: Anruf bei mehr als 15 Minuten Verspätung
- MITARBEITER VOR ORT: 2 bis 3 Mitarbeiter in den Pflegestufen I bis III

Pflegenoten:

Pflege	Rezept	Organisation	**Gesamt**	Kunden
2,1	1,0	3,4	**2,6**	1,0

Pflegekosten:

- LEISTUNGSPUNKT: Cent 4,25, z. B. kleine Morgentoilette (LK 2) € 8,50
- INVESTITIONSKOSTEN: € 1,02 pro Einsatztag
- ANFAHRT: € 2,44 pro Anfahrt

Service:

- FREIZEIT: (teilweise gegen Bezahlung) gemeinsame Freizeitaktivitäten: z. B. Schwimmen, Billard, Bowling
- HAUSHALT: (gegen Bezahlung) Begleitung zum Einkaufen und zum Arzt, Einkäufe, Frühjahrsputz, Beratung zur Verbesserung der Wohnsituation

- VERMITTLUNG: Hausnotruf, Friseur und Fußpflege, Mittagessen, Beratung zur Wohnraumanpassung, Wohnungsrenovierung

Ambulante Intensivpflege

Anschrift: Geibelstraße 56,
22303 Hamburg-Winterhude,
www.aip-intensivpflege.de
Einsatzgebiet: THOMAS GRUND,
TEL.: 040/63 60 98 85 in Hamburg und Umgebung für Beatmung;
JANKA BUß, TEL.: 040/20 30 32 in Borgfelde, Eilbek, Hamm, Hohenfelde, Marienthal, Wandsbek
Pflegeangebot:

- LEISTUNGSANGEBOT: Intensivpflege mit dem Schwerpunkt Beatmung, Alten- und Krankenpflege, psychiatrische Krankenpflege, Anleitung und Beratung pflegender Angehöriger, Diabetikerversorgung, Pflege bei ambulanter Krebstherapie, Krankenhausnachsorge
- DAS TEAM: 280 Mitarbeiter, Sprachen: polnisch

Rund-um-die-Uhr-Versorgung:

- NOTRUF: 24 Stunden über das Telefon zum Bereitschaftsmitarbeiter
- NOTFALLHILFE: Innerhalb von 45 Minuten ist ein Mitarbeiter vor Ort.
- PÜNKTLICHKEIT: Anruf bei mehr als 10 Minuten Verspätung
- MITARBEITER VOR ORT: 3 bis 7 Mitarbeiter in den Pflegestufen I bis III

Pflegenoten:

Pflege	Rezept	Organisation	**Gesamt**	Kunden
1,3	1,0	1,0	**1,1**	1,0

Pflegekosten:

- LEISTUNGSPUNKT: Cent 3,89, z. B. kleine Morgentoilette (LK 2) € 7,78
  Die Kosten für den Schwerpunkt Beatmung werden von der Krankenkasse bezahlt.
- INVESTITIONSKOSTEN: werden nicht berechnet
- ANFAHRT: € 2,05 pro Anfahrt

Service:

- FREIZEIT: (teilweise gegen Bezahlung) Urlaubsbegleitung auch bei Beatmungspatienten, Kaffeeklatsch, jahreszeitliche Feste, gemeinsam essen gehen
- HAUSHALT: (gegen Bezahlung) Begleitung zum Einkaufen, zum Arzt, zu Behörden, Frühjahrsputz, Wäsche-

Winter in Neuallermöhe-West

service, Hilfe beim Schriftwechsel, Beratung zur Verbesserung der Wohnsituation

- VERMITTLUNG: Hausnotruf, Friseur und Fußpflege, Mittagessen, Krankenbeförderung, Pflegehilfsmittel, Tagespflege, Kurzzeitpflege, Krankengymnastik, Logopädie, Ergotherapie

PTH Pflegeteam »to huus«

Anschrift: Bramfelder Chaussee 216, 22177 Hamburg-Bramfeld
Ansprechpartner: Susann Grondin, Linda Döring, Thomas Pfarr
Tel.: 040/64 22 12 22,
kostenfrei: 0800/773 82 52
www.pflegeteam-to-huus.de
Einsatzgebiet: Alsterdorf, Barmbek, Bramfeld, Eilbek, Eimsbüttel, Eppendorf, Farmsen-Berne, Hamm, Hohenfelde, Horn, Hummelsbüttel, Jenfeld, Marienthal, Ohlsdorf, Poppenbüttel, Rahlstedt, Sasel, Steilshoop, Wellingsbüttel, Winterhude
Pflegeangebot:

- LEISTUNGSANGEBOT: Alten- und Krankenpflege, Familienpflege, Angehörigen- und Nachbarschaftsschulungen, 24 Stunden Pflege durch unsere Nachtteams, Diabetikerversorgung, Multiple Sklerose, Schlaganfall und andere neurologische Erkrankungen, stundenweise Betreuung demenzkranker und altersverwirrter Menschen, Urlaubs- und Krankheitsvertretung für pflegende Angehörige, Krankenhausnachsorge, Wundmanagement, Wund-, PEG-, Port- und Stoma-Versorgung, Selbstverständlich auch alle anderen Leistungen der

Krankenpflege, Kinderbetreuung bei Erkrankung eines Elternteils und ambulante Eingliederungshilfe für personenzentrierte Hilfe für psychisch kranke Menschen.
- DAS TEAM: 60 Mitarbeiter

Rund-um-die-Uhr-Versorgung:
- NOTRUF: 24 Stunden über das Telefon zum Bereitschaftsmitarbeiter
- NOTFALLHILFE: Innerhalb von 30 Minuten ist ein Mitarbeiter vor Ort.
- PÜNKTLICHKEIT: Anruf bei mehr als 15 Minuten Verspätung
- MITARBEITER VOR ORT: 2 bis 3 Mitarbeiter in den Pflegestufen I und II, 3 bis 5 Mitarbeiter in der Stufe III.

Pflegenoten:

Pflege	Rezept	Organisation	**Gesamt**	Kunden
3,3	1,5	1,0	**2,0**	1,1

Pflegekosten:
- LEISTUNGSPUNKT: Cent 4,20, z. B. kleine Morgentoilette (LK 2) € 8,40
- INVESTITIONSKOSTEN: € 1,20 pro Einsatztag
- ANFAHRT: € 2,52 pro Anfahrt

Service:
- FREIZEIT: (gegen Bezahlung) Klönstunde, Vorlesen, Hilfe bei sozialen Kontakten, Spaziergänge, Begleitung zu kulturellen Veranstaltungen
- HAUSHALT: (gegen Bezahlung) Begleitung zum Einkaufen, zum Arzt, zu Behörden, Lebensmitteleinkäufe, Grundreinigung, Hausputz, Wäsche waschen, Versorgung von Haustieren und alles, was mit dem Haushalt zu tun hat
- VERMITTLUNG: Hausnotruf, Friseur und Fußpflege, Mittagessen, Pflegehilfsmittel, Krankenbeförderung, Krankengymnastik, Logopäde

- SONSTIGE DIENSTLEISTUNGEN: Unterstützung bei Befreiungsanträgen für Zuzahlungen, Beratung zur Wohnraumanpassung, Unterstützung bei Betreuungsanträgen, Organisation aller Rezepte, Pflegemittel, Pflegehilfsmittel
- PFLEGEKASSE: (gegen Bezahlung) Unterstützung bei Erstanträgen, Höhergruppierungen und Widersprüchen – auch beim Pflegegeld, Beratung der Angehörigen bei der Führung eines Pflegetagebuches, Begleitung bei MDK-Begutachtung, nach Bedarf auch Unterstüzung bei der Erstellung von Gegengutachten

Diakoniestation Alstertal

Anschrift: Alte Landstraße 286, 22391 Hamburg-Poppenbüttel
Ansprechpartner: Christian Deanovic, Tel.: 040/60 60 11 11, www.hzhg.de
Einsatzgebiet: Bergstedt, Duvenstedt, Fuhlsbüttel, Hummelsbüttel, Lemsahl-Mellingstedt, Ohlsdorf, Poppenbüttel, Sasel, Wellingsbüttel, Wohldorf-Ohlstedt

Pflegeangebot:

- LEISTUNGSANGEBOT: Alten- und Krankenpflege, Diabetikerversorgung, Multiple Sklerose, Betreuung altersverwirrter Menschen, Krankenhausnachsorge, künstliche Ernährung, Wundversorgung
- DAS TEAM: 20 Mitarbeiter

Rund-um-die-Uhr-Versorgung:

- NOTRUF: 24 Stunden über das Telefon zur eigenen Notrufzentrale
- NOTFALLHILFE: Innerhalb von 30 Minuten ist ein Mitarbeiter vor Ort.

- PÜNKTLICHKEIT: Anruf bei mehr als 30 Minuten Verspätung
- MITARBEITER VOR ORT: 3 bis 5 Mitarbeiter in den Pflegestufen I bis III

Pflegekosten:

- LEISTUNGSPUNKT: Cent 4,46, z. B. kleine Morgentoilette (LK 2) € 8,92
- INVESTITIONSKOSTEN: € 1,20 pro Einsatztag
- ANFAHRT: € 2,68 pro Anfahrt

Service:

- FREIZEIT: (teilweise gegen Bezahlung) Begleitung zu Veranstaltungen, Konzerte, Spaziergänge, Gottesdienste, Theater, Fahrten mit dem hauseigenen Bus, Hauszeitung »Rund um den Glockenturm«
- VERMITTLUNG: Hausnotruf, Friseur und Fußpflege, Mittagessen, Pflegehilfsmittel, Krankenbeförderung, Kurzzeitpflege (siehe Seite 112)
- UMZUG: Ein Umzug in das Hospital zum Heiligen Geist ist möglich: Wohnungen sowie Alten- und Pflegeheim.

Gute Noten für die ambulante Pflege

Auch Pflegedienste werden vom Medizinischen Dienst der Krankenkassen (MDK) geprüft. Bei der **Pflege** werden die Leistungen für Körperpflege, Ernährung und eine nachvollziehbare Krankenbeobachtung beurteilt. Unter dem Stichwort **Rezept** wird bewertet, wie die vom Arzt per Rezept verordneten Behandlungen durchgeführt werden. Unter der **Organisation** sind die Abläufe im Betrieb, klare Anordnungen, Fortbildung und Kostenvoranschläge zu verstehen. Diese Teilnoten führen zu einem **Gesamt**ergebnis, die Befragung der **Kunden** rundet die Bewertung ab.

Hörbuch-Tipps

Demenz, Betreuungsrecht, Schlaganfall, Endoprothetik

In den drei Mitschnitten vom **»Forum am Hafen«** zum Thema Demenz klärt die Fachärztin für Innere Medizin und Altersheilkunde, Dr. Ann-Kathrin Meyer, umfassend über die Alterskrankheit auf. Antworten auf Fragen aus dem Publikum geben aber auch Altenpfleger und die Angehörigenn.

Demenz 01 – Betreuung zu Hause

Demenz 02 – Schwerpunkt Aggressivität

Demenz 03 – Tipps von Pflegeprofis

Vormundschaftsrichter Alfons Goritzka und Hermann Middendorf vom Betreuungsverein Hamburg-Mitte berichten, wie das Betreuungsgesetz in der Praxis angewandt wird.

Betreuungsrecht 04 – Ein Vormundschaftsrichter gibt Auskunft

Zum Thema Endoprothetik erläutern Chefärzte moderne Operationsverfahren, um Gelenke präzise und lange haltbar einzusetzen. Außerdem werden Chancen und Risiken von neuen Knien und Hüften diskutiert.

Neue Gelenke 05 – Das leistet die Endoprothetik

Was ist ein Schlaganfall? Wie kann man vorbeugen? Was ist bei den Blut verdünnenden Medikamenten zu beachten? Antworten gibt u.a. die Chefärztin Dr. Ann-Kathrin Meyer.

Schlaganfall 06 – Ursachen und Vorsorge

Preis pro CD: € 15,50. Bei Bestellung von mindestens zwei Hörbüchern kostet die CD bei **Umsorgt wohnen** je € 12,–. Versandkostenfrei. Bestelltelefon: **040/600 898 40.**

Seniorenwohnungen

Der Umzug in eine Seniorenwohnung

Die Entscheidung war richtig! Helga Peters hat ihren Umzug lange vorbereitet

Seit Helga Peters vor 13 Jahren in Rente ging, beschäftigte sich die heute 73-Jährige mit dem Gedanken, ins Betreute Wohnen zu ziehen: »Ich hatte Angst, dass keiner da ist, wenn ich alt und krank bin.« In ihrer 3-Zimmer-Wohnung im ersten Stock ohne Fahrstuhl hatte sie 37 Jahre gelebt. Hier ist ihr Sohn aufgewachsen, hier war sie bis vor Kurzem zu Hause. Doch auf die Nachbarschaft in dem Mehrfamilienhaus wollte sich die ehemalige Kantinenwirtschafterin nicht verlassen. Nach langer Suche fand sie eine günstige §5-Schein-Wohnung: Eine 1-Zimmerwohnung mit 29 Quadratmetern mit Küche, Bad und Terrasse für 375 Euro warm – incl. Betreuungszuschlag.
Den Umzug hat Helga Peters langfristig vorbereitet. »Ich hatte bereits alles aussortiert, was ich nicht mehr brauche. Vom Geschirr für 12 Personen bis zu einigen Möbelstücken konnte ich mich ohne Weiteres trennen. Aber mein Hund Waldemar, die Bilder von meinem Sohn und den Enkeln mussten mit.« Der Umzug ging dann auch glatt über die Bühne, und bereits am Nachmittag waren die Möbel in der neuen Wohnung aufgebaut. Dazu gehörte auch, dass ein Kleiderschrank gekürzt werden musste, um in der kleineren Wohnung aufgestellt werden zu können.

»Ich habe jetzt keine Angst mehr vor der Zukunft.«

Helga Peters lebt seit einer Woche in ihrem neuen Zuhause. Inzwischen sind die Umzugskartons ausgepackt, die Schränke eingeräumt, lediglich die Bilder müssen noch aufgehängt werden. »Doch ja, meine Füße taten weh und die

Schulter auch. Ich bin froh, dass ich diese Anstrengung hinter mir habe«, freut sich die rüstige Seniorin: »Die Wohnung ist genau das, was ich gesucht habe. Meine Nachbarn habe ich noch gar nicht kennengelernt, und über die Freizeitangebote muss ich mich auch erst noch schlaumachen.« War es richtig umzuziehen? »Ja, die Entscheidung war richtig. Ich habe jetzt keine Angst mehr davor, was mit mir passiert, wenn ich krank werden sollte. Denn in dieser Wohnanlage kümmert man sich um die Bewohner – auch im Notfall.«
Inzwischen lebt Helga Peters seit zwei Jahren in ihrer Seniorenwohnung. »Wir haben hier wirklich eine gute Nachbarschaft«, freut sich die Seniorin: »Ich kann das Betreute Wohnen jedem Alleinstehenden empfehlen.«

Helga Peters freut sich, dass sie mit ihrem geliebten Hund in die Seniorenwohnanlage umziehen kann.

Seniorenwohnungen

Alte Menschen wollen selbstständig sein – genauso wie junge Leute. Und dazu gehört eine Wohnung. Im Alter verändern sich jedoch die Ansprüche an die eigenen vier Wände: Da sind Haus und Garten nicht mehr allein zu bewirtschaften, die über Jahrzehnte lieb gewonnene 4-Zimmer-Wohnung ist für eine Person viel zu groß, oder es gibt Schwierigkeiten beim Treppensteigen in den dritten Stock. Eine Alternative ist die altengerecht ausgestattete Wohnung. Dabei gibt es von der Altenwohnung ohne Betreuung bis hin zur Seniorenwohnanlage mit umfangreicher Betreuung ein breit gefächertes Angebot.
In den Seniorenwohnungen führen die Mieter ihren Haushalt selbst und richten sich mit ihren eigenen Möbeln ein. Die Wohnungen haben Küche, Bad, TV- und Telefonanschluss, Keller sowie größtenteils Balkon oder Terrasse. Ein Aufzug ist vorhanden. Zur Wohnung gehört insbesondere der altengerechte Ausbau des Bads. So gibt es Duschen ohne Einstieg oder niedrige Badewannen. Haltegriffe und Sitze geben Sicherheit beim Duschen und Baden.

Was ist Betreutes Wohnen?

Das Besondere an dieser Wohnform ist, dass es einen Ansprechpartner für die Bewohner gibt. Dieser Betreuer sorgt dafür, dass innerhalb der Hausgemeinschaft Aktivitäten stattfinden. Der Besuch bei Hagenbeck gehört genauso zum Programm wie das gemeinsame Frühstück einmal im Monat. Dadurch entsteht eine Nachbarschaft, in der die Bewohner aufeinander achten. Wenn ein Mieter krank oder pflegebedürftig wird, fällt das sofort auf, und es wird für Hilfe gesorgt: Das kann ein Pflegedienst sein, der organisiert wird. Möglicherweise wird eine Putzfrau benötigt. Es muss eingekauft, das Mittagessen geliefert oder ein Notruf bestellt werden. Wohlgemerkt: Der Betreuer kann so ein Hilfspaket zusammenstellen, und die Nachbarn sind dabei eine große Unterstützung. Die professionellen Hilfsleistungen sind jedoch vom Mieter extra zu bezahlen, weil sie nicht Teil des Betreuungsprogramms sind – es sei denn, die entsprechenden Angebote wie etwa der Notruf gehören vertragsgemäß zu den Betreuungsleistungen dazu.

Grenzen des »Betreuten Wohnens«

Der Begriff »betreut« wird viel verwendet, obwohl er nie einheitlich definiert wurde. Folglich versteht jeder das darunter, was er will. Damit sind Enttäuschungen programmiert, die durch gute Vorbereitung vermieden werden können. Bei aller Vorfreude auf den Neuanfang in einer Seniorenwohnanlage

Stilvoll eingerichtet: der Gemeinschaftsraum einer Seniorenwohnanlage

– die Probleme, die Senioren in ihrer alten Wohnung haben, sind nicht automatisch mit einem Umzug gelöst.

Für Menschen, die unter einer psychischen Grunderkrankung leiden und behandlungsbedürftig sind, bietet das »Betreute Wohnen« keine Therapie. Ebenso wenig kommt es für jemanden in Frage, der zu lange in der eigenen Wohnung geblieben ist, den Haushalt nicht mehr schafft und bereits seine Selbstständigkeit verloren hat. In diesem Fall ist die Betreuung und Pflege eines Altenheimes gefragt. Wer dies berücksichtigt, sich über die Angebote informiert und die Grenzen des »Betreuten Wohnens« kennt, wird viel Freude an seinem neuen Zuhause haben.

Als vor einigen Jahren ein Rentner tagelang tot in seiner Wohnung lag, und das, obwohl er im Betreuten Wohnen lebte, war die Aufregung groß. Gerade die Sozialbehörde wollte für Verbesserungen sorgen, damit sich so etwas nicht wiederholt. Passiert ist jedoch nichts, außer dass das Betreute Wohnen jetzt auch Servicewohnen heißt.

Miete und Betreuungszuschlag

Neben dem Mietvertrag ist gleichzeitig ein Betreuungsvertrag, in dem der Umfang der Betreuung beschrieben ist, abzuschließen. Zu zahlen sind Miete, Betriebs- und Heizkosten sowie der Betreuungszuschlag.

Wartezeiten

Die altengerecht ausgebauten Seniorenwohnungen sind preiswert und beliebt, folglich gibt es Wartezeiten zwischen einem Jahr und zehn Jahren. Es ist daher sehr wichtig, sich rechtzeitig für eine Wohnanlage zu entscheiden und sich auf einer Warteliste eintragen zu lassen.

Abwechslungsreiche Wassergymnastik und ein leichtes Herz-Kreislauf-Training halten den Körper in Schwung.

Wie bekomme ich einen §5-Schein?

In den vergangenen Jahrzehnten sind viele Seniorenwohnungen für Bewohner mit kleinem Geldbeutel gebaut worden. Bei Wohnungsgrößen zwischen 30 und 50 Quadratmetern für eine Person sind Mieten von 300 bis 450 Euro (warm, inkl. Betreuungszuschlag) zu zahlen. Da dieser Wohnraum öffentlich gefördert wird, gibt es für die Mieter Einkommensgrenzen. Viele Senioren fragen nun: Habe ich Anspruch auf eine sogenannte §5-Schein-Wohnung? Und: Gibt es Ausnahmen?

Maßgebend ist immer das Bruttojahreseinkommen. Bei der Prüfung durch Mitarbeiter des Wohnungsamtes im Bezirksamt werden beispielsweise bei einer Rentnerin 102 Euro als Werbungskosten anerkannt und dann vom verbleibenden Einkommen zehn Prozent für Beiträge zur gesetzlichen Krankenversicherung abgezogen. Sofern nach diesen Abzügen das errechnete Nettoeinkommen pro Jahr eine Höhe

von 18.000 Euro bei Alleinstehenden (27.000 Euro bei Ehepaaren) nicht übersteigt, stellt das Bezirksamt den §5-Schein, auch »Wohnberechtigungsschein«, aus.
Ein Zahlenbeispiel: Von einer Jahresbruttorente von 20.102 Euro werden zunächst 102 Euro und dann 2.000 Euro (10 Prozent für Krankenkassenbeiträge) abgezogen. Die errechnete Nettojahresrente liegt bei 18.000 Euro (also 1.500 Euro monatlich), das heißt innerhalb der vorgegebenen Einkommensgrenzen.
Wer über ein höheres Einkommen verfügt, kann in Ausnahmefällen seinen persönlichen Härtefall geltend machen. Das Wohnungsamt entscheidet dann individuell. »Wir bemühen uns um eine Lösung für den Betroffenen«, betont Ilona Munier vom Wohnungsamt im Bezirksamt Hamburg-Nord und nennt zwei Beispiele:
Eine Seniorin wohnt im dritten Stock ohne Fahrstuhl. Aufgrund von Arthrose in den Knien fällt ihr das Treppensteigen so schwer, dass sie ihre Wohnung kaum noch verlassen kann.
Aufgrund einer schweren Erkrankung muss eine Frau in einem Pflegeheim untergebracht werden. Ihr gesunder Ehemann möchte jedoch weiterhin mit ihr unter einem Dach leben und in eine Seniorenwohnung in diesem Haus ziehen.
In beiden Fällen sind die Einkommensgrenzen zwar überschritten, dennoch würde das Wohnungsamt im Rahmen der »Härtefallregelung« einen Wohnberechtigungsschein ausstellen.
Der §5-Schein ist nur ein Jahr gültig und sollte deshalb erst beim Wohnungsamt im Bezirksamt beantragt werden, wenn das Wohnungsangebot des Vermieters vorliegt.
Haben Sie Fragen zu diesem Thema? Über die zentrale Rufnummer der Hamburger Behörden gibt es Auskunft: 040/115 (7 Cent pro Minute)

Pflege auf Bestellung

Pflegebedürftige Bewohner können zum Beispiel durch den hauseigenen ambulanten Pflegedienst in der Wohnung versorgt werden. Ausführliche Informationen zur Pflegeversicherung sowie zur häuslichen Pflege siehe Seiten 54 und 68.
Einige betreute Wohnanlagen sind direkt einem Alten- und Pflegeheim angeschlossen. Sollte die ambulante Pflege in den eigenen vier Wänden nicht mehr durchführbar sein, ist ein Umzug innerhalb der Anlage jederzeit möglich.
Bei der ambulanten Pflege sagt der Kunde, wie oft die Mitarbeiter des Pflegedienstes kommen und was sie tun sollen. Die Leistungen sind in Leistungskomplexen – vom Wechseln der Bettwäsche bis zur Mobilisation des Patienten – genau festgelegt, die Vergütung ebenfalls. Darüber hinaus können medizinische Leistungen vom Pflegedienst übernommen werden, die ausdrücklich nicht Leistungen der Pflegeversicherung, sondern der Krankenkasse sind.
Zum Beispiel Gertrud K. Sie ist herzkrank und stark sehbehindert. Ihre Tabletten kann sie nicht mehr erkennen. Deshalb lässt sie sich die Medikamente vom Pflegedienst für mehrere Tage zusammenstellen. Vom Arzt verschrieben, vom Pflegedienst direkt mit der Krankenkasse abgerechnet. Dazu gehören auch Verbands- und Wundpflege, Dekubitusbehandlung sowie Blutzuckerkontrolle und Insulingabe.

Seniorenwohnungen im Überblick

f & w Betreutes Wohnen für Senioren Reventlowstift in Altona

Anschrift: Bernstorffstraße 145, 22767 Hamburg-Altona/ Altstadt

Einrichtungsleitung: Sabine Nusser, Tel.: 040/428 35-26 55, f & w fördern und wohnen AöR, www.foerdernundwohnen.de

Vermietung: Iris Körner-Back, Tel.: 040/428 35-20 27

56 Wohnungen

Wohnen: Mietwohnung mit Betreuung

- Notruf rund um die Uhr
- Vermittlung von Dienstleistungen, sozialpädagogische Beratung
- Gemeinschaftsräume, Gästewohnung, Café
- Vielfältiges Kultur- und Freizeitangebot
- Mittagessen im benachbarten Seniorenzentrum gegen Bezahlung
- Haustierhaltung möglich

Ausstattung: Die Wohnungen haben Küche oder Küchenzeile, Dusch- oder Vollbad, überwiegend Balkon oder Terrasse, Telefon- und Kabelanschluss.

Miete:

1-Zimmer-Wohnung	43 m^2	€ 492,68
1,5-Zimmer-Wohnung	39 m^2	€ 452,68
2-Zimmer-Wohnung	50 m^2	€ 562,68

Nebenkosten, Hausnotruf (€ 17,90) und Betreuungszuschlag (€ 44,78) sind in der Miete enthalten.
Betreuungszuschlag für eine zweite Person: € 21,44

Kaution: 3 Kaltmieten
Nahverkehr: Bernstorffstraße, Bus: 3; Sternbrücke, Bus: 15
Lage: Wohngebiet. Kiosk, Geschäfte in der Nähe

Mit Unterstützung selbstbestimmt leben…
…können Sie in unserer traditionsreichen Wohnanlage Reventlowstift. Sie hat den Charme eines kleinen Dorfes und liegt im multikulturell geprägten Stadtteil Altona. Durch die Nähe zu den Landungsbrücken und zum Fischmarkt hat unsere Anlage einen besonderen Reiz für Menschen, die mit dem Hamburger Hafen verbunden sind. Das Betreute Wohnen hat zum Ziel, soziale Isolation im Alter zu verhüten und einen Heimaufenthalt zu verhindern. Es bietet einen Weg, Selbstständigkeit und selbst bestimmtes Leben längstmöglich zu sichern. Unser Dienstleistungsangebot sowie der Standort der Wohnanlage entsprechen den Zertifizierungsanforderungen der DIN 77800. Mit unserem Mitarbeiterteam garantieren wir eine professionelle Beratung und Unterstützung.

Sabine Nusser, Einrichtungsleiterin

Seniorenwohnungen Bahrenfeld

Anschrift: Lyserstraße 27 a–c, 22761 Hamburg-Bahrenfeld
Vermietung: Tel.: 040/251 51 20, Vereinigte Hamburger Wohnungsbaugenossenschaft eG (vhw), Hohenfelder Allee 2, 22087 Hamburg, www.vhw-hamburg.de
22 Wohnungen

Wohnen: Mietwohnung ohne Betreuung

- Bei Bedarf ist ein Umzug in eine Pflegeeinrichtung der vhw möglich.

Ausstattung: Die Wohnungen haben Küche, WC und Dusche, Balkon oder Terrasse, Keller, Telefon- und Kabelanschluss.

Miete:

1,5-Zimmer-Wohnung	47 m^2	ca. € 490,–
2-Zimmer-Wohnung	52 m^2	ca. € 520,–
3-Zimmer-Wohnung	90 m^2	ca. € 840,–

Nebenkosten sind in der Miete enthalten. Ein §5-Schein ist erforderlich.

Genossenschaftsanteile: Beim Einzug sind die Aufnahmegebühr von € 55,– sowie Genossenschaftsanteile, je nach

Größe der Wohnung, zwischen € 1.404,– und € 2.756,– zu zahlen.

Nahverkehr: S-Bahnhof Bahrenfeld, Linie: S1; Bahrenfeld Markt, Bus: 37, 283

Lage: Wohngebiet. Kleine Geschäfte in der Nähe

Diakoniewerk Tabea

Anschrift: Am Isfeld 19, 22589 Hamburg-Osdorf

Heimleitung: Ludger Langen, Tel.: 040/80 92-11 12, www.tabea.de

124 Wohnungen, 85 Appartements im Altenheim, 115 Pflegewohnungen und Pflegeheim mit 100 Plätzen

Wohnen: Mietwohnung mit Betreuung

- Notruf rund um die Uhr
- Café, Bibliothek, Festsaal, Garten
- Ausflüge, Bibelgespräch, Konzerte, Film, Erzählcafé, Gesprächskreise
- Mahlzeiten im Altenheim gegen Bezahlung

- Bei Bedarf ist ein Umzug in das angeschlossene Alten- und Pflegeheim möglich, siehe Seite 278.

Ausstattung: Die Wohnungen haben Küche, barrierefreie Dusche und WC, Balkon oder Terrasse, Keller, Telefon- und Satelliten-TV-Anschluss, Aufzug.

Miete:

1-Zimmer-Wohnung	ca. 41 m²	€ 402,–
2-Zimmer-Wohnung	ca. 65 m²	€ 670,–
nur für Schwerbehinderte mit einem Grad der Behinderung ab 80 %.		

Nebenkosten und Betreuungszuschlag (€ 63,65) sind in der Miete enthalten.
Betreuungszuschlag für eine zweite Person: € 22,60

Nahverkehr: Am Isfeld, Bus: 22; Isfeldkamp, Bus: 1

Lage: gemischtes Wohngebiet. Laden im Haus, Geschäfte in der Nähe

»Die Altenwohnungen sind mit öffentlichen Mitteln finanziert. Deshalb ist eine Anmietung an Bedingungen geknüpft, die im persönlichen Gespräch erörtert werden; die krankenpflegerische Betreuung wird von ambulanten Diensten garantiert. Leider muss mit längeren Wartezeiten gerechnet werden. Es lohnt sich deshalb, rechtzeitig und vorsorglich Anmeldungen vorzunehmen«.

Ludger Langen, Heimleiter

Service-Wohnanlage Behringstraße

Anschrift: Behringstraße 40, 22763 Hamburg-Ottensen

Vermietung: Tel.: 040/42 666-2400, SAGA GWG Geschäftsstelle Altona, Eckernförder Straße 1, 22769 Hamburg, www.saga-gwg.de

Betreuungsleitung Christine Schaefer, Tel.: 040/390 37 83
150 Wohnungen

Wohnen: Mietwohnung mit Betreuung

- Betreuung durch das Deutsche Rote Kreuz
- Vermittlung von weitergehenden Hilfen im Haushalt und bei Behördengängen
- Mittagessen gegen Bezahlung im Gemeinschaftsraum
- Bücherei, Hobbyraum, Gymnastikraum
- Veranstaltungen

Ausstattung: Die barrierefreien Wohnungen haben Küche, Voll- oder Duschbad, Balkon oder Terrasse, Keller, Telefon- und Kabelanschluss, Aufzug.

Miete:

1,5-Zimmer-Wohnung	ca. 43 m^2	ca. € 380,–
2-Zimmer-Wohnung	ca. 55 m^2	ca. € 480,–

Nebenkosten und Betreuungszuschlag (€ 45,–) sind in der Miete enthalten. Betreuungszuschlag für eine zweite Person: € 23,–. Einzugsalter ab 60 Jahre Ein §5-Schein bzw. Dringlichkeitsschein ist erforderlich.

Kautión: 2,5 Nettokaltmieten

Nahverkehr: Kreuzkirche, Bus: 1, 150, 250

Lage: Wohngebiet. Einkaufsdienst, Einkaufen am Bahnhof Altona, kleine Geschäfte in der Nähe

Else Voss Stiftung

Anschrift: Sülldorfer Brooksweg 115, 22559 Hamburg-Rissen

Vermietung: Maren Behrens, Tel.: 040/81 61 81, www.else-voss-stiftung.de

80 Wohnungen

Wohnen: Mietwohnung mit Betreuung

- Notruf rund um die Uhr
- Fitnessraum, Garten, Foyer mit Kamin für Veranstaltungen, Bibliothek
- Regelmäßige Kulturveranstaltungen, Konzerte, Lesungen, Kinonachmittage, Malkurs, Singkreis

Ausstattung: Die Laubengang-Wohnungen haben Einbauküche, Einbauschrank, WC, Bad mit Badewanne oder barrierefreier Dusche, teilweise Laminatboden, Südbalkon, Keller, Telefon- und Satelitenanschluss, teilweise Aufzug.

Miete:

1-Zimmer-Wohnung	ca. 33 m²	€ 410,– bis € 495,–

Nebenkosten und Betreuungszuschlag (€ 55,–) sind in der Miete enthalten.

Kaution: 3 Nettokaltmieten

Nahverkehr: Herwigredder, Bus: 189

Lage: Wohngebiet, Golfplatz, Elbe, Rissener Heide. Geschäfte in der Nähe, Supermarkt auf Rädern einmal pro Woche

Stiftung Hanna Reemtsma Haus Wohnen im Park

Eröffnung im Herbst 2011

Anschrift: Kriemhildstraße 15-17, 22559 Hamburg-Rissen

Vermietung: Christoph Nemitz, Tel.: 040/81 95 80

58 Wohnungen, Wohnpflegehaus mit 3 stationären Wohngemeinschaften mit 42 Plätzen

Wohnen: Mietwohnungen mit Betreuung

- Notruf rund um die Uhr
- Restaurant, Wellness, Tages- und Freizeiträume, Tief-

garage, Garten, Teich, Boule-Platz

- Konzerte, Vorträge, Bibelkreis, Literaturkreis, Andachten, Gesellschaftsveranstaltungen, Bürgerverein
- Bei Bedarf ist ein Umzug in das stationäre Wohnpflegehaus möglich, siehe Seite 281.

Ausstattung: Die Wohnungen haben Einbauküche, barrierefreies Bad, Abstellraum, Balkon oder Terrasse, Telefon, Internet- und Kabelanschluss.

Miete: Preise stehen noch nicht fest.

2- bis 3-Zimmerwohnungen:	58 m² bis 109 m²

Nahverkehr: S-Bahnhof Rissen, Linie: S1

Lage: Wohn- und Waldgebiet Klövensteen. Kiosk im Haus. Ein Shuttlebus fährt zum Ortszentrum Rissen und zu den öffentlichen Verkehrsmitteln.

Die Wohnanlage mit Schwerpunkt »Betreutes Wohnen« wird im Herbst 2011 in Betrieb genommen. Fünf moderne Villen gruppieren sich um ein zentrales Gebäude. Die in einer Betreuungspauschale zusammengefassten Grundleistungen können durch umfangreiche Wahlleistungen individuell erweitert werden. In der großen, gepflegten Parkanlage finden unsere Bewohner und ihre Gäste ein Sommerhaus. Darüber hinaus können auch Aktivitäts- und Wellnessangebote in verschiedenen Sport- und Gymnastikgruppen wahrgenommen werden. Das Hanna Reemtsma Haus, ein separater stationärer Pflegewohnbereich mit 3 Wohngemeinschaften, rundet das Leistungsangebot ab. Der Neubau erfüllt die höchsten Ansprüche an Energieeffizienz, was auch in niedrigen Betriebskosten zum Ausdruck kommt.

Christoph Nemitz, Leiter

CURA Seniorencentrum Bergedorf

Anschrift: Gojenbergsweg 30, 21029 Hamburg-Bergedorf
Leitung: Isa Woltmann-Kaschube, Tel.: 040/89 72 56 0
www.cura-ag.com
65 Wohnungen und Pflegewohnbereich mit 131 Plätzen
Wohnen: Mietwohnung mit Betreuung und Pflege

- Notruf rund um die Uhr
- Kostenlose Nutzung der Gemeinschaftseinrichtungen
- Alle Mahlzeiten gegen Bezahlung
- Cafeteria, Gemeinschaftsraum, Bibliothek, Park
- Feste zu jeder Jahreszeit, Singkreis, Basteln und Gestalten, Lese- und Gesprächskreise, Tanzveranstaltungen
- Hauseigener Pflegedienst
- Bei Bedarf ist ein Umzug in den Pflegewohnbereich möglich, siehe Seite 289

Ausstattung: Die Wohnungen haben Küche, barrierefreie Dusche, teilweise Balkon oder Terrasse, Abstellraum, Telefon- und Kabelanschluss, Aufzug.

Miete:

2-Zimmer-Wohnung	ca. 40 bis ca. 86 m²	€ 870,– bis € 1.600,–

Nebenkosten und Betreuungszuschlag (€ 120,–) sind in der Miete enthalten.

Betreuungszuschlag für eine zweite Person: € 60,–

Kaution: € 1.280,– bis € 2.650,– je nach Wohnungsgröße

Nahverkehr: Reimboldsweg, Bus: 135, 335

Lage: Wohngebiet. Kiosk im Haus, kleine Geschäfte in der Nähe

Umgeben von einem weitläufigen Park liegt das CURA Seniorencentrum ruhig und doch direkt am Bergedorfer Zentrum. Das schöne Rotklinkergebäude aus der Kaiserzeit wurde 2007 nach denkmalpflegerischen Gesichtspunkten modernisiert und bietet damit eine unvergleichliche Mischung aus altbautypischem Charme verbunden mit modernster Ausstattung. Wir bieten Ihnen soviel Unterstützung an, wie Sie es wünschen: vom Brötchenservice bis hin zur Pflege in der eigenen Wohnung oder in unserem Pflegeheim. Ein neues Modell der fachärztlichen Versorgung bietet ein optimales Netz an ärztlicher Betreuung. In unserer Wohnanlage können Sie für sich bleiben, aber ebenso neue Kontakte knüpfen. Wir laden Sie herzlich ein, einen Kaffee mit uns zu trinken oder an unseren Veranstaltungen teilzunehmen.

Isa Woltmann-Kaschube, Einrichtungsleiterin

Seniorenwohnungen Lohbrügge

Anschrift: Dohnanyiweg 3, 21031 Hamburg-Lohbrügge
Vermietung: Tel.: 040/251 51 20, Vereinigte Hamburger Wohnungsbaugenossenschaft eG (vhw), Hohenfelder Allee 2, 22087 Hamburg, www.vhw-hamburg.de
30 Wohnungen
Wohnen: Mietwohnung ohne Betreuung

- Bei Bedarf ist ein Umzug in eine Pflegeeinrichtung der vhw möglich.

Ausstattung: Die Wohnungen haben Küche, WC und Dusche, Balkon oder Terrasse, Keller, Telefon- und Kabelanschluss.

Miete:

1,5-Zimmer-Wohnung	ca. 44 bis 52 m²	ca. € 350,– bis 410,–
2-Zimmer-Wohnung	ca. 47 bis 55 m²	ca. € 440,– bis 490,–

Nebenkosten sind in der Miete enthalten. Ein §5-Schein ist erforderlich.

Genossenschaftsanteile: Beim Einzug sind die Aufnahmegebühr von € 55,– sowie Genossenschaftsanteile, je nach

Größe der Wohnung, zwischen € 1.768,– und € 2.184,– zu zahlen.

Nahverkehr: Korachstraße, Bus: 12, 234

Lage: Wohngebiet. Kleines Einkaufszentrum

Seniorenwohnungen Perelsstraße

Anschrift: Perelsstraße 12, 24, 54 und 72, 21031 Hamburg-Lohbrügge

Vermietung: Tel.: 040/42 666-3900, SAGA GWG Geschäftsstelle Bergedorf, Am Güterbahnhof 8, 21035 Hamburg, www.saga-gwg.de

32 Wohnungen

Wohnen: Mietwohnung ohne Betreuung

- Verschiedene Kurse und Freizeitangebote stehen in der SAGA GWG Service-Wohnanlage Leuschnerstraße zur Verfügung, siehe Seite 174.

Ausstattung: Die Wohnungen haben Küche, Vollbad, Balkon oder Terrasse, Telefon- und Kabelanschluss.

Miete:

1-Zimmer-Wohnung	ca. 40 m²	ca. € 250,–

Nebenkosten (ohne Heizkosten) sind in der Miete enthalten.
Einzugsalter: ab 55 Jahre
Eine Wohnberechtigungsbescheinigung ist vorteilhaft.

Kaution: 2,5 Nettokaltmieten
Nahverkehr: Korachstraße, Bus: 12, 234
Lage: Wohngebiet, Parkanlage. Kleines Einkaufszentrum in der Nähe

Service-Wohnanlage Häußlerstraße

Anschrift: Häußlerstraße 2 a–g, 21031 Hamburg-Lohbrügge
Vermietung: Tel.: 040/42 666-3900, SAGA GWG Geschäftsstelle Bergedorf, Am Güterbahnhof 8, 21035 Hamburg, www.saga-gwg.de, Betreuungsleitung Michaela Thormählen, Tel.: 040/39 99 57 43

50 Wohnungen

Wohnen: Mietwohnung mit Betreuung

- Betreuung durch das Deutsche Rote Kreuz
- Regelmäßige Sprechstunden
- Kleinere Hilfeleistungen in Notfällen
- Mittagessen gegen Bezahlung
- Veranstaltungen, Ausfahrten, Kurse, Gesprächskreise
- Gemeinschaftsräume

Ausstattung: Die Wohnungen haben Küche, Vollbad, Balkon oder Loggia, Telefon- und Kabelanschluss, Aufzug.

Miete:

1,5-Zimmer-Wohnung	44 m²	ca. € 340,–

Nebenkosten (ohne Heizkosten) und Betreuungszuschlag (€ 45,–) sind in der Miete enthalten. Betreuungszuschlag für eine zweite Person: € 23,–
Einzugsalter: ab 55 Jahre
Eine Wohnberechtigungsbescheinigung ist vorteilhaft.

Kaution: 2,5 Nettokaltmieten

Nahverkehr: Röpraredder, Bus: 12, 137

Lage: Hochhäuser, Wohngebiet, Park mit Seen, Billewanderweg. Einkaufsdienst, Einkaufszentrum in der Nähe

Service-Wohnanlage Leuschnerstraße

Anschrift: Leuschnerstraße 105, 21031 Hamburg-Lohbrügge

Vermietung: Tel.: 040/42 666-3900, SAGA GWG Geschäftsstelle Bergedorf, Am Güterbahnhof 8, 21035 Hamburg, www.saga-gwg.de, Betreuungsleitung Silke Kohlmorgen, Tel.: 040/39 99 57 41

20 Wohnungen

Wohnen: Mietwohnung mit Betreuung

- Betreuung durch das Deutsche Rote Kreuz

- Regelmäßige Sprechstunden
- Veranstaltungen, Ausfahrten, Vorträge
- Seniorentreff im Haus

Ausstattung: Die barrierefreien Wohnungen haben Küche, Vollbad, Balkon oder Terrasse, Telefon- und Kabelanschluss, Aufzug.

Miete:

1-Zimmer-Wohnung	ca. 41 m²	ca. € 360,–
1,5-Zimmer-Wohnung	ca. 53 m²	ca. € 440,–

Nebenkosten (ohne Heizkosten) und Betreuungszuschlag (€ 45,–) sind in der Miete enthalten.
Betreuungszuschlag für eine zweite Person: € 23,–
Einzugsalter: ab 55 Jahre
Eine Wohnberechtigungsbescheinigung ist vorteilhaft.

Kaution: 2,5 Nettokaltmieten

Nahverkehr: Korachstraße, Bus: 12; Heidkampsreeder, Bus: 234

Lage: Wohngebiet, Park. Kleines Einkaufszentrum in der Nähe

Service-Wohnanlage Mendelstraße

Anschrift: Mendelstraße 30, 21031 Hamburg-Lohbrügge
Vermietung: Tel.: 040/42 666-3900, SAGA GWG Geschäftsstelle Bergedorf, Am Güterbahnhof 8, 21035 Hamburg, www.saga-gwg.de, Betreuungsleitung Hella Hein, Tel.: 040/39 99 57 42
83 Wohnungen
Wohnen: Mietwohnung mit Betreuung
- Betreuung durch das Deutsche Rote Kreuz
- Mittagessen gegen Bezahlung
- Veranstaltungen, Ausfahrten
- Gemeinschaftsräume

Ausstattung: Die barrierefreien Wohnungen haben Küche, Voll- oder Duschbad, Balkon oder Terrasse, Keller, Telefon- und Kabelanschluss, Aufzug.

Miete:

1-Zimmer-Wohnung	ca. 35 m^2	ca. € 300,–
2-Zimmer-Wohnung	ca. 46 m^2	ca. € 386,–

Nebenkosten (ohne Heizkosten) und Betreuungszuschlag (€ 45,–) sind in der Miete enthalten.
Betreuungszuschlag für eine zweite Person: € 23,–
Einzugsalter: ab 55 Jahre
Eine Wohnberechtigungsbescheinigung ist vorteilhaft.

Kaution: 2,5 Nettokaltmieten
Nahverkehr: Mendelstraße, Bus: 12; Fritz-Lindemann-Weg, Bus: 234
Lage: Wohngebiet. Einkaufszentrum in der Nähe

Seniorenwohnungen Lenzweg

Anschrift: Lenzweg 24 und 26, 22529 Hamburg-Lokstedt
Vermietung: Tel.: 040/42 666-2600, SAGA GWG Geschäftsstelle Eimsbüttel, Eidelstedter Weg 64, 20255 Hamburg, www.saga-gwg.de
112 Wohnungen
Wohnen: Mietwohnung ohne Betreuung
- Gemeinschaftsraum mit Dachterrasse

Ausstattung: Die rollstuhlgerechten Wohnungen haben Küchenzeile, Duschbad, Loggia, Keller, Telefon- und Kabelanschluss, Aufzug.

Miete:

1-Zimmer-Wohnung	ca. 41 m^2	ca. € 340,–
2-Zimmer-Wohnung	ca. 53 m^2	ca. € 450,–

Nebenkosten sind in der Miete enthalten.
Einzugsalter: ab 60 Jahre
Eine Wohnberechtigungsbescheinigung ist vorteilhaft.

Kaution: 2,5 Nettokaltmieten
Nahverkehr: U-Bahnhof Lutterothstraße, Linie: U2
Lage: Wohngebiet, Hagenbecks Tierpark. Einkaufsmöglichkeiten in der Osterstraße

Servicewohnen Lokstedt

Anschrift: Julius-Vosseler-Straße 8, Gazellenkamp 1+3, 22527 Hamburg-Lokstedt

Vermietung: Janine Cunow, Claudia Zippert, Tel.: 040/560 84 2000, Vereinigte Hamburger Wohnungsbaugenossenschaft eG (vhw), www.vhw-hamburg.de
110 Wohnungen, Pflegeeinrichtung mit 117 Plätzen
Wohnen: Mietwohnung mit Betreuungsangebot

- Notruf rund um die Uhr
- Regelmäßige Sprechstunden des Betreuungsdienstes
- Beratung und Vermittlung von Dienstleistungen
- Nutzung der Gemeinschaftseinrichtungen
- Nutzung des Bewegungsbades gegen Entgelt
- Veranstaltungen, zum Teil mit Kostenumlage
- Auf Wunsch Mahlzeiten gegen Entgelt
- Bei Bedarf ist ein Umzug in die angeschlossene Pflegeeinrichtung möglich, siehe Seite 300.

Ausstattung: Die Wohnungen haben Küche, WC und Dusche, Balkon oder Terrasse, Keller, Telefon- und Kabelanschluss, Aufzug.

Miete:

1-Zimmer-Wohnung	40 m²	ca. € 470,–
1,5-Zimmer-Wohnung	40 m²	ca. € 470,–
2-Zimmer-Wohnung	57 m²	ca. € 650,–

Nebenkosten und Betreuungszuschlag (€ 62,68) sind in der Miete enthalten.
Betreuungszuschlag für eine zweite Person: € 22,37
Ein §5-Schein ist erforderlich.

Genossenschaftsanteile: Zum Erwerb der Mitgliedschaft sind 25 Genossenschaftsanteile in Höhe von €1.300,– notwendig, zuzüglich eines einmaligen Eintrittsgeldes von € 55,–. Beim Einzug sind die Anteile auf € 1.456,– bis €1.768,– zu erhöhen. Die Höhe ist abhängig von der Wohnungsgröße.

Nahverkehr: Oddernskamp, Bus: 22, 39, 281

Lage: Hagenbecks Tierpark, Niendorfer Gehege. Einkaufsdienst im Haus, Geschäfte in der Grelckstraße

Unser Haus befindet sich am Straßendreieck Gazellenkamp/Oddernskamp/Julius-Vosseler-Straße, in der Nachbarschaft zum NDR. Hagenbecks Tierpark und das Niendorfer Gehege sind beliebte Ausflugsziele. Durch unseren ambulanten Dienst geben wir Ihnen die Möglichkeit, möglichst lange ein selbstständiges Leben in Ihrer Wohnung zu führen. Das gastronomische Angebot sowie ein umfangreiches Veranstaltungsprogramm sollen Ihnen helfen, sich in unserer Gemeinschaft zu Hause zu fühlen.

Oliver Langpaap, Leiter

Servicewohnen Am Schleemer Bach

Anschrift: Pergamentweg 34, 22117 Hamburg-Billstedt
Vermietung: Tel.: 040/251 51 20, Vereinigte Hamburger Wohnungsbaugenossenschaft eG (vhw), Hohenfelder Allee 2, 22087 Hamburg, www.vhw-hamburg.de
78 Wohnungen
Wohnen: Mietwohnung mit Betreuung
- Regelmäßige Sprechstunden des Betreuungsdienstes
- Beratung und Vermittlung von Dienstleistungen
- Nutzung der Gemeinschaftseinrichtungen
- Veranstaltungen, zum Teil mit Kostenumlage
- Bei Bedarf ist ein Umzug in eine Pflegeeinrichtung der vhw möglich.

Ausstattung: Die Wohnungen haben Küche, WC und barrierefreie Dusche, Balkon oder Terrasse, Keller, Telefon- und Kabelanschluss, Aufzug.

Miete:

2-Zimmer-Wohnung	ca. 50 bis 58m²	ca. € 485,– bis € 560,–
1 und 2/2 Zimmer-Wohnung	ca. 61 m²	€ 595,–

Nebenkosten und Betreuungszuschlag (€ 44,78) sind in der Miete enthalten.
Betreuungszuschlag für eine zweite Person: € 22,37
Ein §5-Schein ist erforderlich.

Genossenschaftsanteile: Beim Einzug ist eine Aufnahmegebühr von € 55,– zu zahlen. Außerdem müssen Genossenschaftsanteile in Höhe von € 1.976,– bis € 2.444,– erworben werden. Die Höhe ist abhängig von der Wohnungsgröße.

Nahverkehr: U-Bahnhof Merkenstraße, Linie: U2

Lage: Wohngebiet. Kleine Geschäfte in der Nähe

Servicewohnen Luisenhofstieg

Anschrift: Luisenhofstieg 12–16, 22117 Hamburg-Billstedt
Vermietung: Tel.: 040/251 51 20, Vereinigte Hamburger Wohnungsbaugenossenschaft eG (vhw), Hohenfelder Allee 2, 22087 Hamburg, www.vhw-hamburg.de
114 Wohnungen
Wohnen: Mietwohnung mit Betreuung

- Regelmäßige Sprechstunden des Betreuungsdienstes
- Beratung und Vermittlung von Dienstleistungen
- Nutzung der Gemeinschaftseinrichtungen
- Veranstaltungen, zum Teil mit Kostenumlage
- Bei Bedarf ist ein Umzug in eine Pflegeeinrichtung der vhw möglich.

Ausstattung: Die Wohnungen haben Küche, WC und Voll- oder Duschbad, Balkon oder Terrasse, Keller, Telefon- und Kabelanschluss, Aufzug.

Miete:

1-Zimmer-Wohnung	43 m^2	ca. € 475,–
2-Zimmer-Wohnung	56 m^2	ca. € 585,–

Nebenkosten und Betreuungszuschlag (€ 44,78) sind in der Miete enthalten.
Betreuungszuschlag für eine zweite Person: € 22,37
Ein §5-Schein ist erforderlich.

Genossenschaftsanteile: Beim Einzug ist eine Aufnahmegebühr von € 55,– zu zahlen. Außerdem müssen Genossenschaftsanteile in Höhe von € 1.716,– bis € 2.236,– erworben werden. Die Höhe ist abhängig von der Wohnungsgröße.
Nahverkehr: U-Bahnhof Merkenstraße, Linie: U2
Lage: Wohngebiet. Kleines Einkaufszentrum in der Nähe

Haus Süderelbe

Anschrift: Hammer Landstraße 168, 20537 Hamburg-Hamm
Vermietung: Marina Driewer, Tel.: 040/ 70 20 52 33 Wohnungsbaugenossenschaft »Süderelbe« eG, Kleinfeld 86,

21149 Hamburg, www.baugen-suederelbe.de
57 Wohnungen, Pflegeeinrichtung mit 146 Plätzen und 5 Kurzzeitpflegeplätzen

Wohnen: Mietwohnung mit Betreuung

- Notruf rund um die Uhr
- Garten, Gästeappartement, Cafeteria und Gemeinschaftsräume in der Pflegeeinrichtung
- Ausflüge, Theaterbesuche, jahreszeitliche Feste, Seniorengymnastik, Hobbygruppen
- Mahlzeiten in der Pflegeeinrichtung gegen Bezahlung
- Bei Bedarf ist ein Umzug ins angeschlossene Pflegeheim möglich, siehe Seite 311

Ausstattung: Die barrierefreien Wohnungen haben Einbauküche, WC und Dusche, Balkon oder Terrasse, Abstellraum/ -schrank, Telefon-, Internet- und Satellitenanschluss, Keller, Aufzug.

Miete

1,5-Zimmer-Wohnung	ca. 47 m²:	ca. €487,–
2-Zimmer-Wohnung	ca. 53 m²:	ca. €542,–
2,5-Zimmer-Wohnung	ca. 58 m²:	ca. €587,–

Nebenkosten und Betreuungszuschlag (€61,95) sind in der Miete enthalten.
Betreuungszuschlag für eine zweite Person: €22,01
Ein § 5-Schein ist erforderlich.

Genossenschaftsanteile: Beim Eintritt in die Genossenschaft sind die Aufnahmegebühr von € 30,– sowie €450, – für Genossenschaftsanteile zu zahlen. Beim Einzug sind diese Genossenschaftsanteile wie folgt »aufzustocken«:
1,5 Zimmer-Wohnung €1.800, – , 2 und 2,5 Zimmer-Wohnung €2.550, –.
Die Mitglieder erhalten für die Genossenschaftsanteile bis zu 4% Dividende.

Nahverkehr: U-Bahnhof Hammer Kirche, Linie: U2

Lage: Wohngebiet, Hammer Park. Geschäfte in der Nähe

Unser Haus liegt mitten in Hamburg-Hamm in zweiter Baureihe der Hammer Landstraße. Öffentliche Verkehrsmittel, Einkaufsmöglichkeiten und Wohnen in charakteristischen Miethäusern sind in unmittelbarer Nachbarschaft, gleichzeitig können Sie Ihren Balkon und die Außenanlagen in Ruhe genießen.
Als Wohnungsbaugenossenschaft stehen wir für Wohnkomfort. Die Gestaltung einer Lebensatmosphäre der Wertschätzung, Selbstbestimmung, Unterstützung und positiven Einstellung zum Leben und Altern ist unser Auftrag und gemeinsames Ziel. Mit Freizeitangeboten für Körper, Seele und Geist, sowie gemütlichen Treffen, Ausflügen, Pflege von nachbarschaftlichen Beziehungen, der Gestaltung von pflegerischen und hauswirtschaftlichen Leistungen sorgen wir für die Wohlfühlatmosphäre im Haus.

Claudia Saur, Einrichtungsleiterin

Evangelisches Altenwohnheim Billwerder Bucht

Anschrift: Vierländer Damm 292, 20539 Hamburg-Rothenburgsort
Vermietung: Sven Bruns, Tel.: 040/78 08 20, Diakoniestiftung Alt-Hamburg, www.diakoniestiftung.de
56 Wohnungen, Alten- und Pflegeheim mit 54 Plätzen
Wohnen: Mietwohnung mit Betreuung

- Notruf rund um die Uhr
- Ausflüge, jahreszeitliche Feste, Konzerte, Gymnastik- und Tanzgruppe, Gottesdienste und Bibelstunden, Einzelbetreuung

- Mittagessen oder Vollverpflegung gegen Bezahlung
- Speiseraum, Aufenthalts- und Hobbyräume, große Dachterrasse mit Elbblick, Gästezimmer, Sitzgruppen, Raum für private Feiern
- Hilfestellung bei schriftlichen Angelegenheiten
- Bei Bedarf können Sie von uns mit allen Leistungen eines Pflegeheimes in der Wohnung versorgt werden. Dann sind statt der Miete die Kosten für einen Pflegeplatz zu bezahlen, siehe Seite 316.

Ausstattung: Die Wohnungen haben eine eingerichtete Küche, WC und Dusche, Einbauschrank, Balkon, Notruf, Telefon- und Kabelanschluss, Aufzug.

Miete:

1-Zimmer-Wohnung	30 m²	€ 506,81
1,5-Zimmer-Wohnung	37 m²	€ 616,19
2-Zimmer-Wohnung	46 m²	€ 750,05

Notruf, Nebenkosten und Betreuungszuschlag (€ 92,50) sind in der Miete enthalten.

Nahverkehr: Zollvereinsstraße, Bus: 120, 124, 130

Lage: Billwerder Bucht, Elbe, Traunspark. Gemischtwarenladen und Supermarkt in der Nähe

Unser Anliegen ist, dass Sie sich in unserem Haus sicher und geborgen fühlen. Deshalb liegt uns eine persönliche und wohnliche Atmosphäre sehr am Herzen. Unsere Angebote sind in hohem Maß individuell ausgerichtet. Dazu gehört insbesondere, dass Sie alle Pflegeleistungen auch in der eigenen Wohnung erhalten können.

Sven Bruns, Heimleiter

Service-Wohnanlage St. Pauli — Am Elbpark

Anschrift: Zirkusweg 11, 20359 Hamburg-St. Pauli
Vermietung: Tel.: 040/42 666-2700, SAGA GWG Geschäftsstelle Mitte, Königstraße 4a, 22767 Hamburg,

www.saga-gwg.de, Betreuungsleitung Erika Gerhardt, Anja Petersen, Tel.: 040/31 18 22 10
204 Wohnungen

Wohnen: Mietwohnung mit Betreuung

- Betreuung durch die GGAB
- Vermittlung von weitergehenden Hilfen
- Veranstaltungen, Ausfahrten, Sportangebote
- Gemeinschaftsräume, Gästewohnungen, Wintergärten
- Mahlzeiten im hauseigenen Bistro gegen Bezahlung

Ausstattung: Die barrierefreien Wohnungen haben Einbauküche, Duschbad, Balkon oder Loggia, Keller, Telefon- und Kabelanschluss, Aufzug.

Miete:

1,5-Zimmer-Wohnung	ca. 45 m²	ca. € 490,–
2-Zimmer-Wohnung ab 2 Personen	ca. 60 m²	ca. € 569,–

Nebenkosten und Betreuungszuschlag (ca. € 45,–) sind in der Miete enthalten. Betreuungszuschlag für eine zweite Person: ca. € 23,–

Einzugsalter: ab 60 Jahre

Ein §5-Schein bzw. Dringlichkeitsschein ist erforderlich.

Kaution: 2,5 Nettokaltmieten

Nahverkehr: U-Bahnhof St. Pauli, Linie: U3

Lage: Hafen, Reeperbahn, Landungsbrücken. Kiosk im Haus, kleine Geschäfte in der Umgebung

PFLEGEN & WOHNEN WILHELMSBURG

Anschrift: Hermann-Westphal-Straße 9, 21107 Hamburg-Wilhelmsburg

Direktion: Heiner Westphely, www.pflegenundwohnen.de

Kundenservice: Beate Wittkop, Claudia Gatzsche, Tel.: 040/20 22 42 25

32 Wohnungen, Pflegeeinrichtung mit 209 Plätzen und 3 Kurzzeitpflegeplätzen

Wohnen: Mietwohnung mit Service

- Notruf rund um die Uhr gegen Bezahlung
- Hilfe bei persönlichen und behördlichen Angelegenheiten
- Kostenlose Nutzung der Gemeinschaftseinrichtungen der Pflegeeinrichtung
- Teilnahme an Veranstaltungen, zum Teil gegen Bezahlung
- Wohnungsreinigung, Wäschedienst und Fahrdienst gegen Bezahlung
- Mahlzeiten in der Pflegeeinrichtung gegen Bezahlung
- Bei Bedarf ist ein Umzug in die angeschlossene Pflegeeinrichtung möglich, siehe Seite 319.

Ausstattung: Die Wohnungen haben Küche oder Kochnische, WC und Dusche, teilweise Balkon oder Terrasse, Telefon- und Satellitenanschluss, Aufzug.

Miete:

1-Zimmer-Wohnung	21 m^2	ca. € 280,20
2-Zimmer-Wohnung	42 m^2	ca. € 493,01

Nebenkosten und Betreuungszuschlag (€ 42,87) sind in der Miete enthalten. Betreuungszuschlag für eine zweite Person: € 21,44

Kaution: 2 Kaltmieten

Nahverkehr: Adolf-Menge-Platz, Bus: 13, 34, 151, 152, 154

Lage: Wohngebiet, Bürgerhaus. Kleine Geschäfte in der Nähe, Einkaufsfahrten zum Markt

Seniorenwohnungen Wilhelmsburg

Anschrift: Georg-Wilhelm-Straße 164, 21107 Hamburg-Wilhelmsburg

Vermietung: Tel.: 040/251 51 20, Vereinigte Hamburger Wohnungsbaugenossenschaft eG (vhw), Hohenfelder

Allee 2, 22087 Hamburg, www.vhw-hamburg.de
16 Wohnungen

Wohnen: Mietwohnung ohne Betreuung

- Bei Bedarf ist ein Umzug in eine Pflegeeinrichtung der vhw möglich.

Ausstattung: Die Wohnungen haben Küche, WC und Dusche, Balkon oder Terrasse, Keller, Telefon- und Kabelanschluss, Aufzug.

Miete:

1,5-Zimmer-Wohnung	47 m^2	ca. € 480,–
2-Zimmer-Wohnung	61 bis 69 m^2	ca. € 620,– bis € 715,–

Nebenkosten sind in der Miete enthalten.

Genossenschaftsanteile: Beim Einzug sind die Aufnahmegebühr von € 55,– sowie Genossenschaftsanteile, je nach Größe der Wohunung, zwischen € 1.300,– und € 1.404,– zu zahlen.

Nahverkehr: Ziegelerstraße, Bus: 154

Lage: Wohngebiet. Kleine Geschäfte in der Nähe

Service-Wohnanlage Kirchdorfer Damm

Anschrift: Kirchdorfer Damm 1 und 2, 21109 Hamburg-Wilhelmsburg

Vermietung: Tel.: 040/42 666-2300, SAGA GWG Geschäftsstelle Wilhelmsburg, Schwentnerring 6, 21109 Hamburg, www.saga-gwg.de, Betreuungsleitung Sabine Dormeyer,
Tel.: 040/754 53 53
55 Wohnungen

Wohnen: Mietwohnung mit Betreuung

- Betreuung durch das Deutsche Rote Kreuz
- Veranstaltungen, Ausfahrten, Sportangebote

• Gemeinschaftsraum mit Terrasse, Garten

Ausstattung: Die Wohnungen haben Küchenzeile, Duschbad, Balkon, Keller, Telefon- und Kabelanschluss, Aufzug.

Miete:

1-Zimmer-Wohnung	ca. 42 m²	ca. € 430,–
2-Zimmer-Wohnung	ca. 51 m²	ca. € 530,–

Nebenkosten und Betreuungszuschlag (€ 45,–) sind in der Miete enthalten.
Betreuungszuschlag für eine zweite Person: € 23,–
Einzugsalter: ab 60 Jahre
Eine Wohnberechtigungsbescheinigung ist vorteilhaft.

Kaution: 2,5 Nettokaltmieten

Nahverkehr: Karl-Arnold-Ring, Bus: 13, 152, 351; Kirchdorf (Süd), Bus: 34

Lage: Hochhaussiedlung, Wiesengebiet. Einkaufsmöglichkeiten in der Nähe

Servicewohnen Alsterdorf

Anschrift: Alsterdorfer Straße 529, 22337 Hamburg-Alsterdorf

Vermietung: Tel.: 040/251 51 20, Vereinigte Hamburger Wohnungsbaugenossenschaft eG (vhw), Hohenfelder Allee 2, 22087 Hamburg, www.vhw-hamburg.de
35 Wohnungen

Wohnen: Mietwohnung mit Betreuung

- Regelmäßige Sprechstunden des Betreuungsdienstes
- Beratung und Vermittlung von Dienstleistungen
- Nutzung der Gemeinschaftseinrichtungen
- Veranstaltungen, zum Teil mit Kostenumlage
- Bei Bedarf ist ein Umzug in eine Pflegeeinrichtung der vhw möglich.

Ausstattung: Die Wohnungen haben Küche, WC und barrierefreie Dusche, Balkon oder Terrasse, Keller, Telefon- und Kabelanschluss, Aufzug.

Miete:

1,5-Zimmer-Wohnung	ab 42 m^2	ab € 515,–
2-Zimmer-Wohnung	ab 53 m^2	ab € 635,–
2,5-Zimmer-Wohnung	ab 63 m^2	ab € 705,–
3-Zimmer-Wohnung	ab 64 m^2	ab € 705,–

Nebenkosten und Betreuungszuschlag (€ 44,78) sind in der Miete enthalten. Betreuungszuschlag für eine zweite Person: € 22,37

Genossenschaftsanteile: Beim Eintritt in die Genossenschaft ist eine Aufnahmegebühr von € 55,– zu zahlen. Außerdem sind Genossenschaftsanteile in Höhe von € 1.300,– zu erwerben. Beim Einzug sind die Genossenschaftsanteile auf € 2.184,– bis € 3.328,– aufzustocken. Die Höhe ist abhängig von der Wohnungsgröße.

Nahverkehr: U-/S-Bahnhof Ohlsdorf, Linien: U1, S1

Lage: Wohngebiet, Alsterlauf. Kleine Geschäfte in der Nähe

Altenhof der Evangelisch-reformierten Kirche in Hamburg

Anschrift: Winterhuder Weg 98–106, 22085 Hamburg-Barmbek/Süd

Heimleitung: Petra Winkler, Tel.: 040/229 41 10, www.erk-hamburg.de

45 Wohnungen, Pflegeheim mit 118 Plätzen

Wohnen: Mietwohnung mit Betreuung

- Notruf
- Bibliothek, Festsaal, Schwimmbad, Café, Garten, Terrasse, Dachterrasse
- Feste, Basteln, Spaziergänge, Spiele, Musik, Besuchsdienst, Gottesdienst, Gesprächskreis
- Ausflüge und Freizeiten in Ratzeburg gegen Bezahlung
- Mahlzeiten im Altenheim gegen Bezahlung

- Bei Bedarf ist ein Umzug in das angeschlossene Alten- und Pflegeheim möglich, siehe Seite 325.

Ausstattung: Die Wohnungen haben Küche, Dusche und WC, Balkon, Terrasse oder Wintergarten, Keller, Telefon- und Satelliten-TV-Anschluss, Aufzug.

Miete:

1-Zimmer-Wohnung	42,85 bis 51,00 m²	€ 469,99 bis € 545,78
2-Zimmer-Wohnung	44,46 bis 54,49 m²	€ 484,96 bis € 578,24

Nebenkosten und Betreuungszuschlag (€ 71,84) sind in der Miete enthalten. Betreuungszuschlag für eine zweite Person: € 21,57

Kaution: 3 Monatskaltmieten

Nahverkehr: Beethovenstraße, Bus: 25, 172, 173

Lage: Wohngebiet, Geschäfte in der Nähe

Unsere Bewohner im »Betreuten Wohnen« haben ihre eigene kleine abgeschlossene Wohnung in der Nähe zur wunderschönen Alster und zum Einkaufszentrum Hamburger Meile. Die persönliche und liebevolle Betreuung sowohl im

»Betreuten Wohnen« als auch in unserem Haupthaus ist uns als christliches Haus ein Herzensanliegen. Auch das wunderbare Flair der neu gestalteten Grünanlage erfreut Herz und Gemüt. Was dürfen wir Ihnen noch anbieten? Ein sehr gutes und reichhaltiges Essen, wenn Sie mögen, vielfältige Freizeitangebote, ein täglich offenes, beheiztes Schwimmbad und nicht nur einfach wohnen, sondern wie es der bekannte 23. Psalm sinngemäß sagt: »Betreutes Wohnen« als ein wunderbares und sorgenfreies Zuhause mit einer sehr guten Nachbarschaft. Aufgehoben und nicht allein und doch in den eigenen vier Wänden. Überzeugen Sie sich doch bitte selbst, wir freuen uns auf Sie.

Petra Winkler, Heimleiterin

Servicewohnen Kiefhörn

Anschrift: Kiefhörn 1, 22049 Hamburg-Dulsberg
Vermietung: Melanie Pfau,
Tel.: 040/696 80 20 00, Vereinigte Hamburger Wohnungsbaugenossenschaft eG (vhw), www.vhw-hamburg.de
44 Wohnungen, Pflegeeinrichtung mit 125 Plätzen
Wohnen: Mietwohnung mit Betreuungsangebot

- Notruf rund um die Uhr
- Regelmäßige Sprechstunden des Betreuungsdienstes
- Beratung und Vermittlung von Dienstleistungen
- Nutzung der Gemeinschaftseinrichtungen
- Veranstaltungen, zum Teil mit Kostenumlage
- Auf Wunsch Mahlzeiten gegen Entgelt
- Bei Bedarf ist ein Umzug in die angeschlossene Pflegeeinrichtung möglich, siehe Seite 332.

Ausstattung: Die Wohnungen haben Küche, WC und Dusche, Balkon oder Terrasse, Keller, Telefon- und Kabelanschluss, Aufzug.

Miete:

1-Zimmer-Wohnung	28 m²	ca. € 350,–
2-Zimmer-Wohnung	52 m²	ca. € 610,–

Nebenkosten und Betreuungszuschlag (€ 62,68) sind in der Miete enthalten.
Betreuungszuschlag für eine zweite Person: € 22,37
Ein §5-Schein ist erforderlich.

Genossenschaftsanteile: Zum Erwerb der Mitgliedschaft sind 25 Genossenschaftsanteile in Höhe von €1.300,– notwendig, zuzüglich eines einmaligen Eintrittsgeldes von € 55,–. Beim Einzug sind die Anteile auf € 1.820,– bis €3.120,– zu erhöhen. Die Höhe ist abhängig von der Wohnungsgröße.

Nahverkehr: U-Bahn Wandsbek-Gartenstadt, Linien: U1, U3
Lage: Wohngebiet mit Kleingartenverein. Einkaufen am U-Bahnhof

Gerade im Alter ist es angenehm, von Beschwernissen des Alltags entlastet zu werden. In unserem Haus können Sie diesen Lebensabschnitt gestalten. Selbstständig in der eigenen Wohnung leben, aber mit der Sicherheit, dass im benachbarten Pflegeheim rund um die Uhr kompetente Mitarbeiter zur Verfügung stehen – das ist »Servicewohnen« in der Seniorenwohnanlage Kiefhörn. Vielleicht benötigen Sie einmal Rat und Hilfe von den examinierten Pflegekräften, möchten am Essen teilnehmen oder bei Veranstaltungen und Hobbygruppen mitmachen. Wenn nötig, können Sie sich von unserem Ambulanten Dienst in der Wohnung pflegen lassen. Sicher haben Sie vor einer Entscheidung noch viele Fragen, die wir in einem persönlichen Gespräch klären können. Wir freuen uns auf Ihren Besuch.

Marion Stapelfeldt, Leiterin

Stiftung Anscharhöhe

Anschrift: Tarpenbekstraße 107, 20251 Hamburg-Eppendorf
Vermietung: Jeannine Strozynski, Tel.: 040/46 69-311, Homeira Abdul-Samad, Tel.: 040/46 69-444, www.anscharhoehe.de
200 Wohnungen, Pflegeheime mit 260 Plätzen und 2 Kurzzeitpflegeplätzen

Wohnen: Mietwohnung mit Betreuung
- Notruf rund um die Uhr
- Gemeinschafts- und Veranstaltungsräume, »Café im Wintergarten«, Schwimmhalle mit Therapiebad, Gästeappartement
- Ausflüge, jahreszeitliche Feste, Vorträge, Konzerte, töpfern, malen, singen, Spielenachmittage, Gottesdienste, Bibelstunden, gesellige Stunden, Kinderbetreuung
- Mittagessen gegen Bezahlung im hauseigenen Restaurant
- Bei Bedarf ist ein Umzug in ein Pflegeheim der Stiftung möglich, siehe Seite 336.

Ausstattung: Die Wohnungen haben Küche, Einbauschrank, WC und barrierefreie Dusche, Balkon oder Terrasse, Keller, Telefon- und Kabelanschluss, Aufzug.

Miete der §5-Schein-Wohnungen (Nedderfeld):

1,5-Zimmer-Wohnung	ca. 40 m^2	ca. € 406,02
2-Zimmer-Wohnung	ca. 50 m^2	ca. € 481,02

Miete der frei finanzierten Wohnungen (Tarpenbekstraße, Emmaus 1):

1-Zimmer-Wohnung	35 bis 64 m²	€ 326,02 bis € 558,02
1,5-Zimmer-Wohnung	36 bis 44 m²	€ 334,02 bis € 398,02
2-Zimmer-Wohnung	56 bis 86 m²	€ 494,02 bis € 734,02
2,5-Zimmer-Wohnung	64 m²	€ 558,02

Miete der frei finanzierten Wohnungen (Tarpenbekstraße, Emilienstift):

1,5-Zimmer-Wohnung	35 bis 43 m²	€ 466,02 bis € 562,02
2-Zimmer-Wohnung	54 bis 58 m²	€ 694,02 bis € 742,02

Nebenkosten und Betreuungszuschlag (€ 46,02) sind in der Miete enthalten. Betreuungszuschlag für eine zweite Person: € 23,01

Für die Wohnungen Nedderfeld und Emmaus 1 ist jeweils eine Kaution in Höhe von drei Kaltmieten zu zahlen. Für die Wohnungen im Emilienstift ist ein zinsloses Darlehen zwischen € 17.500 und € 29.000 zu hinterlegen.

Nahverkehr: Nedderfeld (Ost), Bus: 34, 281; Frickestraße, Bus: 22, 39

Lage: Wohngebiet, Park. Kiosk mit Lieferservice, Einkaufen am Nedderfeld und in Eppendorf

f & w Betreutes Wohnen für Senioren in Groß Borstel

Anschrift: Borsteler Chaussee 301, 22453 Hamburg-Groß Borstel

Einrichtungsleitung: Sabine Nusser, Tel.: 42 835-2655, f & w fördern und wohnen AöR, www.foerdernundwohnen.de

157 Wohnungen

Wohnen: Mietwohnung mit Betreuung

- Notruf rund um die Uhr

- Vermittlung von Dienstleistungen, sozialpädagogische Beratung
- Festsaal, Café mit Sonnenterrasse, Bücherei, Plaudernischen mit Loggia, Friseur, Fußpflege, Physiotherapeutische Praxis
- Ausfahrten, Konzerte, Gymnastik- und Musikgruppe
- Probewohnen, Gästezimmer
- Mittagessen gegen Bezahlung
- Haustierhaltung möglich

Ausstattung: Die teilweise behindertengerechten Wohnungen haben Küche oder Küchenzeile, Duschbad, Telefon- und Kabelanschluss, Aufzug. Auf der Etage: Pflegebad und Duschen

Miete:

1-Zimmer-Wohnung	25 m²	€ 319,43
1-Zimmer-Wohnung	35 m²	€ 422,13
2-Zimmer-Wohnung	50 m²	€ 576,18

Nebenkosten, Hausnotruf (€ 17,90) und Betreuungszuschlag (€ 44,78) sind in der Miete enthalten.

Betreuungszuschlag für eine zweite Person: € 21,44

Kaution: 3 Kaltmieten
Nahverkehr: Spreenende, Bus: 23, 34, 114
Lage: Wohngebiet mit Einfamilienhäusern, Kleingärten. Kiosk im Haus, kleine Geschäfte in der Nähe

Mit fachkompetenter Unterstützung selbstbestimmt leben…
… können Sie in unserer Wohnanlage für Senioren im gewachsenen Stadtteil Groß Borstel. Gepflegte Grünanlagen umgeben den denkmalgeschützten »Schumacher-Bau«. Wer eine Umgebung mit viel Grün liebt, ist in Groß Borstel genau richtig.
Das Betreute Wohnen hat zum Ziel, soziale Isolation im Alter zu verhüten und einen Heimaufenthalt zu verhindern. Es bietet einen Weg, Selbstständigkeit und selbst bestimmtes Leben längstmöglich zu sichern. Unser Dienstleistungsangebot sowie der Standort der Wohnanlage entsprechen den Zertifizierungsanforderungen der DIN 77800. Mit unserem Mitarbeiterteam garantieren wir eine professionelle Beratung und Unterstützung.

Sabine Nusser, Einrichtungsleiterin

Service-Wohnanlage Schwartauer Straße

Anschrift: Schwartauer Straße 2–6, 22453 Hamburg-Groß Borstel
Vermietung: Tel.: 040/42 666 - 2600, SAGA GWG Geschäftsstelle, Eimsbüttel, Eidelstedter Weg 64, 20255 Hamburg, www.saga-gwg.de, Betreuungsleitung Birgit Hintzer, Tel.: 040/553 59 05
53 Wohnungen

Wohnen: Mietwohnung mit Betreuung

- Vermittlung weitergehender Hilfen
- Begleitung bei Arztbesuchen
- Ausfahrten, Veranstaltungen
- Mittagessen gegen Bezahlung

Ausstattung: Die Wohnungen haben Küche, Duschbad, Terrasse oder Loggia, Keller, Telefon- und Kabelanschluss, Aufzug.

Miete:

1-Zimmer-Wohnung	ca. 42 m²	ca. € 440,–
2-Zimmer-Wohnung	ca. 55 m²	ca. € 550,–

Nebenkosten und Betreuungszuschlag (€ 45,–) sind in der Miete enthalten.
Betreuungszuschlag für eine zweite Person: € 23,–
Einzugsalter: ab 55 Jahre bei Frauen, ab 60 Jahre bei Männern
Eine Wohnberechtigungsbescheinigung ist vorteilhaft.

Kaution: 2,5 Nettokaltmieten
Nahverkehr: Am Licentiatenberg, Bus: 23, 34, 114
Lage: Wohngebiet, Klotzenmoor, Borsteler Moor. Einkaufsdienst, kleine Geschäfte in der Nähe

Seniorenwohnungen Dreyerpfad

Anschrift: Dreyerpfad 13–17, 22415 Hamburg-Langenhorn
Vermietung: Tel.: 040/42 666-3200, SAGA GWG Geschäftsstelle, Langenhorn im Krohnstieg-Center, Krohnstieg 41–43, 22415 Hamburg, www.saga-gwg.de
52 Wohnungen
Wohnen: Mietwohnung ohne Betreuung
Ausstattung: Die Wohnungen haben Küche bzw. teilweise Einbauküche, Duschbad, Balkon oder Terrasse mit kleinem Garten, Keller, Telefon- und Kabelanschluss.
Miete:

1-Zimmer-Wohnung	ca. 40 m²	ca. € 350,–
2-Zimmer-Wohnung	ca. 50 m²	ca. € 390,–

Nebenkosten sind in der Miete enthalten.
Einzugsalter: ab 55 Jahre
Eine Wohnberechtigungsbescheinigung ist vorteilhaft.

Kaution: 2,5 Nettokaltmieten
Nahverkehr: Dreyerpfad, Bus: 292
Lage: Wohngebiet. Einkaufszentrum in der Nähe

Seniorenwohnungen Käkenkamp

Anschrift: Käkenkamp 3, 22419 Hamburg-Langenhorn
Vermietung: Tel.: 040/42 666-3200, SAGA GWG Geschäftsstelle Langenhorn im Krohnstieg-Center, Krohnstieg 41–43, 22415 Hamburg, www.saga-gwg.de
33 Wohnungen
Wohnen: Mietwohnung ohne Betreuung
Ausstattung: Die Wohnungen haben Küchenzeile ohne E-Geräte, Voll- oder Duschbad, Balkon oder Terrasse, Keller oder Dachboden, Telefon- und Kabelanschluss, Aufzug.

Miete:

1-Zimmer-Wohnung	ca. 45 m^2	ca. € 370,–
1,5-Zimmer-Wohnung	ca. 48 bis 50 m^2	ca. € 400,– bis € 450,–
2-Zimmer-Wohnung	ca. 56 bis 60 m^2	ca. € 480,– bis € 520,–

Nebenkosten sind in der Miete enthalten.
Einzugsalter: ab 60 Jahre
Eine Wohnberechtigungsbescheinigung ist vorteilhaft.

Kaution: 2,5 Nettokaltmieten
Nahverkehr: Klinikum Nord, Ochsenzoll, Bus: 292
Lage: Wohngebiet, Grünanlagen, Spazierwege, Kulturhaus Ella. Einkaufszentrum Käkenflur

Servicewohnen Langenhorn

Anschrift: Dortmunder Straße 19–21, 22419 Hamburg-Langenhorn
Vermietung: Angelika Petzinna,
Tel.: 040/537 59 20 00, Vereinigte Hamburger Wohnungsbaugenossenschaft eG (vhw), www.vhw-hamburg.de

91 Wohnungen, Pflegeeinrichtung mit 105 Plätzen

Wohnen: Mietwohnung mit Betreuungsangebot

- Notruf rund um die Uhr
- Regelmäßige Sprechstunden des Betreuungsdienstes
- Beratung und Vermittlung von Dienstleistungen
- Nutzung der Gemeinschaftseinrichtungen
- Veranstaltungen, zum Teil mit Kostenumlage
- Auf Wunsch Mahlzeiten gegen Entgelt
- Bei Bedarf ist ein Umzug in die angeschlossene Pflegeeinrichtung möglich, siehe Seite 341.

Ausstattung: Die Wohnungen haben Küche, WC und Dusche, Wintergarten oder Terrasse, Keller, Telefon- und Kabelanschluss, Aufzug.

Miete:

1-Zimmer-Wohnung	41 m^2	ca. € 520,–
2-Zimmer-Wohnung	56 m^2	ca. € 670,–

Nebenkosten und Betreuungszuschlag (€ 62,85) sind in der Miete enthalten.
Betreuungszuschlag für eine zweite Person: € 22,37
Ein §5-Schein ist erforderlich.

Genossenschaftsanteile: Zum Erwerb der Mitgliedschaft sind 25 Genossenschaftsanteile in Höhe von €1.300,– notwendig, zuzüglich eines einmaligen Eintrittsgeldes von €55,–. Beim Einzug sind die Anteile auf €1.820,– bis €2.496,– zu erhöhen. Die Höhe ist abhängig von der Wohnungsgröße.

Nahverkehr: Dortmunder Straße, Bus: 378

Lage: Wohngebiet, Grünanlagen, Spazierwege. Kiosk im Haus, Einkaufszentrum Käkenflur

Die Seniorenwohnanlage Langenhorn liegt in einem ruhigen, grünen Wohngebiet an der Stadtgrenze zu Norderstedt. Als unser Mitglied im Servicewohnen können Sie selbstständig in Ihrer Wohnung leben und bei Bedarf ein kompeten-

tes Informations- und Beratungsangebot nutzen. Zusätzlich sorgt ein Hausnotrufsystem für schnelle Hilfe im Notfall. Wenn Sie im Alltag mehr Hilfe oder sogar Pflege brauchen, vermitteln wir Ihnen gern die richtigen Ansprechpartner und unterstützen Sie bei Anträgen und Schriftwechsel. Für uns ist es wichtig, dass Sie sich bei uns geborgen fühlen.

Grada Jakobs-van Drie, Leiterin

Seniorenwohnanlage Wohnpark Eichenhöhe

Anschrift: Kirchenhang 29, 21073 Hamburg-Eißendorf, Tel.: 040/790 34 83

Vermietung: Tina Ernst, Tel.: 04164/899 17 30, Andreas Viebrock, Grashofweg 11 b, 21698 Harsefeld

89 Wohnungen

Wohnen: Mietwohnung mit Betreuung

- Betreuung durch das Deutsche Rote Kreuz
- Regelmäßige Sprechstunden
- Unterstützung bei der Bewältigung des Alltags und bei gesundheitlichen Krisensituationen
- Ausflüge, Veranstaltungen, Feste, Spielenachmittage, Gymnastik, Tanz, Theatergruppe
- Gemeinschaftsräume

Ausstattung: Die Wohnungen haben Küche, WC und Dusche, Balkon oder Terrasse, Keller, Telefon- und TV-Anschluss, Aufzug.

Miete:

1,5-Zimmer-Wohnung	42 bis 52 m^2	ca. € 405,50 bis € 470,50
2-Zimmer-Wohnung	60 m^2	ca. € 532,50

Betreuungszuschlag (€ 43,50) ist in der Miete enthalten.
Betreuungszuschlag für eine zweite Person: € 21,75; zuzüglich Nebenkosten für Heizung, Wasser, Strom.
Ein §5-Schein ist erforderlich.

Kaution: 2,5 Nettokaltmieten
Nahverkehr: Lübbersweg, Bus: 14, 143, 146, 443
Lage: Wohngebiet, Harburger Berge, Haakeforst, Göhlbachtal, Wanderweg bis zur Harburger Innenstadt. Einkaufshilfen, Geschäfte in der Eißendorfer Straße und in der Harburger Innenstadt

Seniorenwohnungen Ebelingstraße

Anschrift: Ebelingstraße 3 und 9, 21073 Hamburg-Harburg
Vermietung: Tel.: 040/42 666-2200, SAGA GWG Geschäftsstelle Harburg, Bremer Straße 24, 21073 Hamburg, www.saga-gwg.de, 84 Wohnungen

Wohnen: Mietwohnung ohne Betreuung
• Veranstaltungen, Gemeinschaftsraum

Ausstattung: Die Wohnungen haben Küche, Voll- bzw. Duschbad, Balkon oder Terrasse, Keller, Dachboden oder Abstellraum in der Wohnung, Telefon- und Kabelanschluss, Aufzug, automatische Türöffnung.

Miete:

1-Zimmer-Wohnung	ca. 30 m²	ca. € 250,–
1,5-Zimmer-Wohnung	ca. 42 bis 47 m²	ca. € 360,– bis € 400,–
2-Zimmer-Wohnung	ca. 50 bis 56 m²	ca. € 420,– bis € 480,–

Nebenkosten sind in der Miete enthalten.
Einzugsalter: ab 60 Jahre
Eine Wohnberechtigungsbescheinigung ist vorteilhaft.

Kaution: 2,5 Nettokaltmieten

Nahverkehr: Harburger Ring, Bus: 14, 141, 142, 143, 144, 145, 146, 152, 153, 157, 241, 245, 340, 443

Lage: Harburg Zentrum, Wohn- und Geschäftsgebiet. Einkaufsmöglichkeiten in der Harburger Innenstadt

Service-Wohnanlage Atriumhaus

Anschrift: Gerdauring 25, 21147 Hamburg-Hausbruch

Vermietung: Tel.: 040/42 666-2100, SAGA GWG Geschäftsstelle Süderelbe, Striepenweg 45a, 21147 Hamburg, www.saga-gwg.de, Betreuungsleitung Dirk Ziegler, Tel.: 040/23 84 38 58

40 Wohnungen

Wohnen: Mietwohnung mit Betreuung

- Betreuung durch die GGAB
- Ausflüge, Veranstaltungen, Aktivitäten
- Hobbyraum, Atrium mit transparenter Überdachung, mediterraner Innenhof

Ausstattung: Die Wohnungen sind rollstuhlgerecht, haben Einbauküche, Duschbad, Balkon oder Terrasse, Abstellraum, Telefon- und Kabelanschluss, Aufzug.

Miete:

2-Zimmer-Wohnung	ca. 46 bis 62 m^2	ca. € 398,– bis € 513,–

Nebenkosten (ohne Heizkosten) und Betreuungszuschlag (€ 45,–) sind in der Miete enthalten. Betreuungszuschlag für eine zweite Person: € 23,–
Einzugsalter: ab 60 Jahre
Eine Wohnberechtigungsbescheinigung ist vorteilhaft.

Kaution: 2,5 Nettokaltmieten
Nahverkehr: S-Bahnhof Neuwiedenthal, Linie: S3
Lage: Harburger Berge, Fischbeker Heide, Altes Land. Einkaufszentrum in der Nähe

Service-Wohnanlage Neuwiedenthaler Weitblick

Anschrift: Striepenweg 40, 21147 Hamburg-Hausbruch
Vermietung: Tel.: 040/42 666-2100, SAGA GWG Geschäftsstelle Süderelbe, Striepenweg 45a, 21147 Hamburg, www.saga-gwg.de, Betreuungsleitung Dirk Ziegler, Tel.: 040/70 01 04 81

136 Wohnungen

Wohnen: Mietwohnung mit Betreuung

- Betreuung durch die GGAB
- Wöchentliche Mietersprechstunde
- Ausfahrten, Veranstaltungen, Sportangebote
- Gästewohnung im Haus
- Mieter- und Anwohnertreff »Striepensaal«

Ausstattung: Die Wohnungen haben Einbauküche, Duschbad, verglaste und beheizbare Loggia, teilweise Keller, Telefon- und Kabelanschluss, Aufzug.

Miete:

1-Zimmer-Wohnung	ca. 39 m²	ca. € 415,–
1,5-Zimmer-Wohnung	ca. 48 m²	ca. € 530,–

Nebenkosten und Betreuungszuschlag (€ 45,–) sind in der Miete enthalten.
Betreuungszuschlag für eine zweite Person: € 23,–
Einzugsalter: ab 55 Jahre

Kaution: 3 Nettokaltmieten

Nahverkehr: S-Bahnhof Neuwiedenthal, Linie: S3

Lage: Wohngebiet, Hochhaussiedlung, grüne Umgebung. Geschäfte in der Nähe

Servicewohnen Neuwiedenthal

Anschrift: Rehrstieg 44, 21147 Hamburg-Hausbruch

Vermietung: Gabriele Hentschel, Ursel Meyer,
Tel.: 040/797 03 20 00, Vereinigte Hamburger Wohnungsbaugenossenschaft eG (vhw),
www.vhw-hamburg.de

132 Wohnungen, Pflegeeinrichtung mit 93 Plätzen

Wohnen: Mietwohnung mit Betreuung

- Notruf rund um die Uhr
- Regelmäßige Sprechstunden des Betreuungsdienstes

- Beratung und Vermittlung von Dienstleistungen
- Nutzung der Gemeinschaftseinrichtungen
- Nutzung des Bewegungsbades gegen Entgelt
- Veranstaltungen, zum Teil mit Kostenumlage
- Auf Wunsch Mahlzeiten gegen Entgelt
- Bei Bedarf ist ein Umzug in die angeschlossene Pflegeeinrichtung möglich, siehe Seite 355.

Ausstattung: Die Wohnungen haben Küche, WC und barrierefreie Dusche, Balkon, Keller, Telefon- und Kabelanschluss, Aufzug.

Miete:

1-Zimmer-Wohnung	41 m^2	ca. € 430,–
2-Zimmer-Wohnung	60 m^2	ca. € 610,–

Nebenkosten und Betreuungszuschlag (€ 62,68) sind in der Miete enthalten.
Betreuungszuschlag für eine zweite Person: € 22,37
Ein §5-Schein ist erforderlich.

Genossenschaftsanteile: Zum Erwerb der Mitgliedschaft sind 25 Genossenschaftsanteile in Höhe von €1.300,– notwen-

dig, zuzüglich eines einmaligen Eintrittsgeldes von €55,–. Beim Einzug sind die Anteile auf €2.600,– bis €3.588,– zu erhöhen. Die Höhe ist abhängig von der Wohnungsgröße.
Nahverkehr: S-Bahnhof Neuwiedenthal, Linie: S3; Rehrstieg, Bus: 250, 251, 340
Lage: Harburger Berge, Fischbeker Heide, Altes Land. Einkaufszentrum am S-Bahnhof

Die Seniorenwohnanlage Neuwiedenthal liegt im Süden Hamburgs, »vor den Toren des Alten Landes«. Ein gut und bequem zu erreichendes Wald- und Heidegebiet zum Spazierengehen, Einkaufsmöglichkeiten und Kirchen finden Sie in der näheren Umgebung. Ebenso ist die Hamburger Innenstadt schnell zu erreichen. Unsere Einrichtung bietet Ihnen ein selbstständiges Leben in der eigenen Wohnung, mit der beruhigenden Sicherheit, dass Betreuung und pflegerische Hilfestellung sowie eine Notfallversorgung »rund um die Uhr« für Sie zur Verfügung stehen. Wenn erforderlich, bieten wir Ihnen selbstverständlich fachkundige Pflege in allen Pflegestufen. Ein umfassendes Service- und Betreuungsangebot wird Ihnen das Einleben erleichtern.

Sabine Schirmer, Leiterin

Servicewohnen Rehrstieg

Anschrift: Rehrstieg 46, 21147 Hamburg-Hausbruch
Vermietung: Tel.: 040/251 51 20, Vereinigte Hamburger Wohnungsbaugenossenschaft eG (vhw), Hohenfelder Allee 2, 22087 Hamburg, www.vhw-hamburg.de
103 Wohnungen

Wohnen: Mietwohnung mit Betreuung

- Regelmäßige Sprechstunden des Betreuungsdienstes
- Beratung und Vermittlung von Dienstleistungen
- Nutzung der Gemeinschaftseinrichtungen
- Veranstaltungen, zum Teil mit Kostenumlage
- Auf Wunsch Mahlzeiten gegen Entgelt
- Bei Bedarf ist ein Umzug in eine Pflegeeinrichtung der vhw möglich.

Ausstattung: Die Wohnungen haben Küche, WC und Dusch- oder Vollbad, Balkon oder Terrasse, Keller, Telefon- und Kabelanschluss, Aufzug.

Miete:

1-Zimmer-Wohnung	41 m^2	ca. € 385,–
2-Zimmer-Wohnung	61 m^2	ca. € 505,–
3-Zimmer-Wohnung	82 m^2	ca. € 625,–

Nebenkosten und Betreuungszuschlag (€ 44,78) sind in der Miete enthalten.
Betreuungszuschlag für eine zweite Person: € 22,37
Teilweise ist ein § 5-Schein erforderlich.

Genossenschaftsanteile: Beim Einzug ist eine Aufnahmegebühr von € 55,– zu zahlen. Außerdem müssen Genossenschaftsanteile in Höhe von € 1.300,– bis € 1.664,– erworben werden. Die Höhe ist abhängig von der Wohnungsgröße.
Nahverkehr: S-Bahnhof Neuwiedenthal, Linie: S3; Rehrstieg, Bus: 250, 251, 340
Lage: Harburger Berge, Fischbeker Heide, Altes Land. Einkaufszentrum am S-Bahnhof

Servicewohnen Scharnhorst Höhe

Anschrift: Hans-Dewitz-Ring 1–5, 21075 Hamburg-Heimfeld
Vermietung: Tel.: 040/251 51 20, Vereinigte Hamburger Wohnungsbaugenossenschaft eG (vhw), Hohenfelder Allee 2,

22087 Hamburg, www.vhw-hamburg.de
101 Wohnungen

Wohnen: Mietwohnung mit Betreuung

- Regelmäßige Sprechstunden des Betreuungsdienstes
- Beratung und Vermittlung von Dienstleistungen
- Nutzung der Gemeinschaftseinrichtungen
- Veranstaltungen, zum Teil mit Kostenumlage
- Bei Bedarf ist ein Umzug in eine Pflegeeinrichtung der vhw möglich.

Ausstattung: Die Wohnungen, 10 davon sind rollstuhlgerecht, haben Küche, WC und barrierefreie Dusche, Balkon oder Terrasse, Keller, Telefon- und Kabelanschluss, Aufzug.

Miete:

1,5-Zimmer-Wohnung	47 m²	ca. € 510,–
2-Zimmer-Wohnung	55 m²	ca. € 580,–
2-Zimmer-Wohnung (rollstuhlgerecht)	67 m²	ca. € 690,–
2,5-Zimmer-Wohnung	62 m²	ca. € 670,–

Nebenkosten und Betreuungszuschlag (€ 44,78) sind in der Miete enthalten.
Betreuungszuschlag für eine zweite Person: € 22,37
Teilweise ist ein §5-Schein erforderlich.

Genossenschaftsanteile: Beim Einzug ist eine Aufnahmegebühr von € 55,– zu zahlen. Außerdem müssen Genossenschaftsanteile in Höhe von € 2.444,– bis € 3.484,– erworben werden. Die Höhe ist abhängig von der Wohnungsgröße.

Nahverkehr: Heimfelder Straße, Bus: 142

Lage: Wohngebiet, Harburger Berge. Kleine Geschäfte in der Nähe

Seniorenwohnungen Neugraben

Anschrift: Neugrabener Bahnhofstraße 9, 21149 Hamburg-Neugraben/Fischbek

Vermietung: Tel.: 040/251 51 20, Vereinigte Hamburger Wohnungsbaugenossenschaft eG (vhw), Hohenfelder Allee 2, 22087 Hamburg, www.vhw-hamburg.de

20 Wohnungen

Wohnen: Mietwohnung ohne Betreuung

- Bei Bedarf ist ein Umzug in eine Pflegeeinrichtung der vhw möglich.

Ausstattung: Die Wohnungen haben Küche, WC und Dusche, Balkon oder Terrasse, Keller, Telefon- und Kabelanschluss, Aufzug.

Miete:

1-Zimmer-Wohnung	40 m²	ca. € 410,–
1,5-Zimmer-Wohnung	44 m²	ca. € 450,–
2-Zimmer-Wohnung	55 bis 64 m²	ca. € 560,– bis € 630,–

Nebenkosten sind in der Miete enthalten.

Ein §5-Schein ist erforderlich.

Genossenschaftsanteile: Beim Einzug ist eine Aufnahmegebühr von € 55,– zu zahlen. Außerdem müssen Genossenschaftsanteile in Höhe von € 1.612,– bis € 2.600,– erworben werden. Die Höhe ist abhängig von der Wohnungsgröße.
Nahverkehr: S-Bahnhof Neugraben, Linie: S3
Lage: Wohngebiet. Einkaufszentrum am S-Bahnhof

Seniorenwohnungen Wümmeweg

Anschrift: Wümmeweg 3–5, 21147 Hamburg Neugraben/ Fischbek
Vermietung: Tel.: 040/42 666-2100, SAGA GWG Geschäftsstelle Süderelbe, Striepenweg 45a, 21147 Hamburg, www.saga-gwg.de
44 Wohnungen

Wohnen: Mietwohnung ohne Betreuung
- Gartenanlage mit Beeten zum Bepflanzen

Ausstattung: Die Wohnungen haben Küche, Duschbad, Loggia, Keller, Telefon- und Kabelanschluss.

Miete:

1-Zimmer-Wohnung	ca. 36 m²	ca. € 279,–
2-Zimmer-Wohnung	ca. 51 m²	ca. € 381,–

Nebenkosten sind in der Miete enthalten.
Einzugsalter: ab 60 Jahre
Eine Wohnberechtigungsbescheinigung ist vorteilhaft.

Kaution: 2,5 Nettokaltmieten
Nahverkehr: S-Bahnhof Neuwiedenthal, Linie: S3
Lage: Wohngebiet im Grünen. Einkaufzentrum in der Nähe

Max Brauer Haus

Anschrift: Hohnerredder 23, 22175 Hamburg-Bramfeld
Einrichtungsleitung: Regina Jäck, Tel.: 040/642 15 60
www.alida.de
195 Wohnungen, stationäre Pflegeeinrichtung mit 57 Plätzen und 1 Kurzzeitpflegeplatz
Wohnen: Mietwohnung mit Betreuung
- Notruf rund um die Uhr
- Cafeteria, Gemeinschaftsraum, Bibliothek, Terrasse und Garten
- Ausflüge, Reisen, Feste, Konzerte, Diavorträge, Theater, Freizeitprogramm in Gruppen, Lesungen und Gespräche
- Kostenlose Nutzung der Gemeinschaftseinrichtungen
- Mittagessen gegen Bezahlung
- Hauseigener Pflegedienst
- Bei Bedarf ist ein Umzug in die angeschlossene stationäre Pflegeeinrichtung möglich, siehe Seite 363.

Ausstattung: Die Wohnungen haben Küche, Bad oder barrierefreie Dusche und WC, Notruf, teilweise Balkon oder Terrasse, Keller, Telefon- und Kabelanschluss, Aufzug.

Miete:

1,5-Zimmer-Wohnung	33 und 41,5 m^2	€ 240,50,– bis € 289,50
2-Zimmer-Wohnung	ca. 50,4 bis 55,3 m^2	ca. € 342,50

Betreuungszuschlag (€ 42,50) ist in der Miete enthalten.

Notrufanlage: € 19,20

Betreuungszuschlag für eine zweite Person: € 20,80; zuzüglich Heizungs- und Betriebskosten.

Ein § 5-Schein ist erforderlich.

Mit unserer Wohnanlage bieten wir Ihnen ein individuelles Zuhause. Ihre private, persönliche Umgebung liegt in einem Wohnpark mit alten Bäumen in einer kleinen, ruhigen, familienfreundlichen Wohnsiedlung. Freuen Sie sich auf die nette Gemeinschaft in unserem Haus.

Regina Jäck, Einrichtungsleiterin

Kaution: Einzelperson: € 800,–; Paare: € 1.000,–
Nahverkehr: Fahrenkrön, Bus: 277; Hohnerkamp (Mitte), Bus: 173
Lage: Ruhiges Wohngebiet, kleiner Wald. Kiosk im Haus, Geschäfte in der Nähe

Service-Wohnanlage Am Hegholtplatz

Anschrift: Haldesdorfer Straße 119a, 22179 Hamburg-Bramfeld
Vermietung: Tel.: 040/42 666-3700, SAGA GWG Geschäftsstelle Bramfeld, Mützendorpsteed 14, 22179 Hamburg, www.saga-gwg.de, Betreuungsleitung Helmut Jahn, Tel.: 040/38 68 72 50
65 Wohnungen

Wohnen: Mietwohnung mit Betreuung

- Betreuung durch BSV Servicegesellschaft
- Vermittlung von weitergehenden Hilfen
- Veranstaltungen, Kurse, Sportangebote
- Gemeinschaftsraum mit Internetzugang, Bistro/Café, Fitnessraum mit Sportgeräten

Ausstattung: Die barrierefreien Wohnungen haben Küche, Duschbad, Balkon oder Terrasse, Telefon- und Kabelanschluss, Aufzug.

Miete:

1,5-Zimmer-Wohnung	ca. 50 m²	ca. € 550,–
2-Zimmer-Wohnung	ca. 61 m²	ca. € 664,–
2,5-Zimmer-Wohnung	53 bis 63 m²	€ 582,– bis € 689,–

Nebenkosten (ohne Heizkosten) und Betreuungszuschlag (€ 45,–) sind in der Miete enthalten. Betreuungszuschlag für eine zweite Person: € 23,–

Kaution: 3 Nettokaltmieten

Nahverkehr: Hegholt, Bus: 118

Lage: Wohngebiet, Bramfelder See, Naturschutzgebiet. Geschäfte in der Nähe

Seniorenwohnungen Feldschmiede

Anschrift: Feldschmiede 15c, 22159 Hamburg-Farmsen/Berne

Vermietung: Tel.: 040/42 666 - 3700, SAGA GWG Geschäftsstelle Bramfeld, Mützendorpsteed 14, 22179 Hamburg, www.saga-gwg.de, 19 Wohnungen

Wohnen: Mietwohnung ohne Betreuung

- Seniorentreff im Haus

Ausstattung: Die Wohnungen haben Küche, Duschbad, teilweise Süd-Balkon oder Terrasse, Telefon- und Kabelanschluss.

Miete:

1-Zimmer-Wohnung	ca. 33 m^2	ca. € 350,–

Nebenkosten sind in der Miete enthalten.
Einzugsalter: ab 60 Jahre

Kaution: 3 Nettokaltmieten

Nahverkehr: U-Bahnhof Farmsen, Linie: U1

Lage: Wohngebiet mit vielen Gärten. Einkaufszentrum in der Nähe

Servicewohnen Walddörfer

Anschrift: Berner Allee 3, 22159 Hamburg-Farmsen/Berne

Leitung: Helge Röschmann, Tel.: 040/644 18 20 00, Vereinigte Hamburger Wohnungsbaugenossenschaft eG (vhw), www.vhw-hamburg.de

55 Wohnungen, Pflegeeinrichtung mit 184 Plätzen

Wohnen: Mietwohnung mit Betreuungsangebot

- Notruf rund um die Uhr
- Regelmäßige Sprechstunden des Betreuungsdienstes
- Beratung und Vermittlung von Dienstleistungen

- Nutzung der Gemeinschaftseinrichtungen
- Nutzung des Bewegungsbades gegen Entgelt
- Veranstaltungen, zum Teil mit Kostenumlage
- Auf Wunsch Mahlzeiten gegen Entgelt
- Bei Bedarf ist ein Umzug in die angeschlossene Pflegeeinrichtung möglich, siehe Seite 371.

Ausstattung: Die Wohnungen haben Küche, WC und Dusche, Balkon oder Terrasse, Keller, Telefon- und Kabelanschluss, Aufzug.

Miete:

1-Zimmer-Wohnung	43 m^2	ca. € 580,–
2-Zimmer-Wohnung	53 bis 58 m^2	ca. € 800,–

Nebenkosten und Betreuungszuschlag (€ 62,68) sind in der Miete enthalten.
Betreuungszuschlag für eine zweite Person: € 22,37
Ein §5-Schein ist erforderlich.

Auch im Alter in der eigenen Wohnung leben – wer wünscht sich das nicht? Selbstständig und mit vollem Anschluss an den Pflegebereich. Das vermittelt ein Gefühl der Sicherheit. Das geschulte Personal steht Ihnen in Fragen der Pflege oder der Hauswirtschaft zur Seite. Auf Wunsch versorgt Sie unser ambulanter Dienst in Ihren eigenen vier Wänden.
Alle Angebote und Gemeinschaftseinrichtungen stehen Ihnen zur Verfügung, denn auch als Mieter einer Wohnung sind Sie ein Teil der Gemeinschaft, die die Seniorenwohnanlage Walddörfer ausmacht, und wir freuen uns auf Sie.

Helge Röschmann, Leiterin

Genossenschaftsanteile: Zum Erwerb der Mitgliedschaft sind 25 Genossenschaftsanteile in Höhe von €1.300,– notwendig, zuzüglich eines einmaligen Eintrittsgeldes von €55,–. Beim Einzug sind die Anteile auf €3.120,– bis €3.900,– zu erhöhen. Die Höhe ist abhängig von der Wohnungsgröße.
Nahverkehr: U-Bahnhof Berne, Linie: U1
Lage: Ruhiger Garten, Berner Gutspark. Kiosk im Haus, Geschäfte und Wochenmarkt am U-Bahnhof

Service-Wohnanlage Norbert-Schmid-Platz

Anschrift: Norbert-Schmid-Platz 4 und 12, 22399 Hamburg-Hummelsbüttel
Vermietung: Tel.: 040/42 666-32 00, SAGA GWG Geschäftsstelle Langenhorn im Krohnstieg-Center, Krohnstieg 41–43, 22415 Hamburg, www.saga-gwg.de, Betreuungsleitung Gundula Neumeier, Tel.: 040/39 99 57 45
106 Wohnungen

Wohnen: Mietwohnung mit Betreuung

- Betreuung durch das Deutsche Rote Kreuz
- Regelmäßige Sprechstunden
- Veranstaltungen, Ausfahrten, Kurse
- Gemeinschaftsraum mit Terrasse, Hausbetreuerloge

Ausstattung: Die Wohnungen haben Küche ohne Herd, Voll- oder Duschbad, Balkon oder Terrasse, Keller oder Abstellraum auf der Etage, Telefon- und Kabelanschluss, Aufzug.

Miete:

1,5-Zimmer-Wohnung	ca. 50 m^2	ca. € 465,–
2-Zimmer-Wohnung	ca. 62 m^2	ca. € 560,–

Nebenkosten und Betreuungszuschlag (€ 45,–) sind in der Miete enthalten.
Betreuungszuschlag für eine zweite Person: € 23,–
Einzugsalter: ab 60 Jahre
Eine Wohnberechtigungsbescheinigung ist vorteilhaft.

Kaution: 2,5 Nettokaltmieten

Nahverkehr: Norbert-Schmid-Platz, Bus: 24, 174

Lage: Wohngebiet, Grünanlage, Naherholungsgebiet Alstertal. Geschäfte im Haus

Service-Wohnanlage Oppelner Straße

Anschrift: Oppelner Straße 47–53, 22045 Hamburg-Jenfeld
Vermietung: Tel.: 040/42 666-34 00, SAGA GWG Geschäftsstelle Jenfeld, Coseler Twiete 6, 22045 Hamburg, www.saga-gwg.de, Betreuungsleitung Karin Böttcher, Tel.: 040/653 29 40
122 Wohnungen
Wohnen: Mietwohnung mit Betreuung
- Betreuung durch die Arbeiterwohlfahrt
- Seniorentreff im Haus
- Gemeinschaftsaktivitäten, Ausflüge, Sportangebote, Kurse

Ausstattung: Die Wohnungen haben Küche, Duschbad, Balkon oder Terrasse, Keller, Telefon- und Kabelanschluss, teilweise Aufzug.

Miete:

1-Zimmer-Wohnung	ca. 30 m^2	ca. € 235,–
1,5-Zimmer-Wohnung	40 bis 44 m^2	€ 302,– bis € 329,–
2-Zimmer-Wohnung	ca. 50 m^2	ca. € 370,–

Nebenkosten und Betreuungszuschlag (€ 45,–) sind in der Miete enthalten.
Betreuungszuschlag für eine zweite Person: € 23,–
Einzugsalter: ab 60 Jahre
Eine Wohnberechtigungsbescheinigung ist vorteilhaft.

Kaution: 2,5 Nettokaltmieten
Nahverkehr: Bekkampsweg, Bus: 10
Lage: Ruhiges und grünes Wohngebiet, Feldmark.
Zum Einkaufszentrum ca. 1.000 m

Servicewohnen Charlottenburger Straße

Anschrift: Charlottenburger Straße 3, Jenfelder Straße 254, 22045 Hamburg-Jenfeld
Vermietung: Tel.: 040/251 51 20, Vereinigte Hamburger Wohnungsbaugenossenschaft eG (vhw), Hohenfelder Allee 2, 22087 Hamburg, www.vhw-hamburg.de
124 Wohnungen

Wohnen: Mietwohnung mit Betreuung

- Regelmäßige Sprechstunden des Betreuungsdienstes
- Beratung und Vermittlung von Dienstleistungen
- Nutzung der Gemeinschaftseinrichtungen
- Veranstaltungen, zum Teil mit Kostenumlage
- Bei Bedarf ist ein Umzug in eine Pflegeeinrichtung der vhw möglich.

Ausstattung: Die Wohnungen haben Küche, WC und Dusche, Balkon oder Terrasse, Keller, Telefon- und Kabelanschluss, Aufzug.

Miete:

1-Zimmer-Wohnung	40 m²	ca. € 435,–
2-Zimmer-Wohnung	58 m²	ca. € 565,–

Nebenkosten und Betreuungszuschlag (€ 44,78) sind in der Miete enthalten.
Betreuungszuschlag für eine zweite Person: € 22,37
Ein §5-Schein ist erforderlich.

Genossenschaftsanteile: Beim Einzug ist eine Aufnahmegebühr von € 55,– zu zahlen. Außerdem müssen Genossenschaftsanteile in Höhe von € 1.612,– bis € 2.340,– erworben werden. Die Höhe ist abhängig von der Wohnungsgröße.

Nahverkehr: Jenfelder Straße, Bus: 10, 27, 35, 263

Lage: Wohngebiet. Einkaufszentrum in der Nähe

Hospital zum Heiligen Geist

Anschrift: Hinsbleek 11, 22391 Hamburg-Poppenbüttel

Vermietung: Carola Marquardt, Tel.: 040/60 60 11 18, www.hzhg.de

231 Wohnungen, Alten- und Pflegeheim mit 837 Plätzen und 38 Kurzzeitpflegeplätzen

Wohnen: Mietwohnung mit Service

- Notruf rund um die Uhr
- Schwimmbad, Parkrestaurant, Kegelbahn, Festsaal, Gemeinschaftsräume, Hobbyräume, Freilichtbühne, Bibliothek, Internetcafé, Park, Erlebniswege
- Ausflüge, jahreszeitliche Feste, Chor, singen, vorlesen, Spiele, basteln, Yoga, Handarbeits- und Werkgruppen, Sitztanz, Dia- und Filmvorführungen, Musikabende, Andachten, Gottesdienste, Bibelstunden, Hospizgruppe, Freundeskreis, Hauszeitung, Kulturprogramm
- Mittagessen gegen Bezahlung durch den Menüdienst des Hospitals oder im Parkrestaurant
- Hauseigener Pflegedienst
- Bei Bedarf ist ein Umzug in das angeschlossene Altenheim möglich, siehe Seite 385.

Ausstattung: Die Wohnungen haben Küche, WC und barrierefreie Dusche, Balkon oder Terrasse, Telefon- und Kabelanschluss, Aufzug.

Miete:

1-Zimmer-Wohnung	28 bis 37 m²	€ 548,84 bis € 759,78
2-Zimmer-Wohnung	52 bis 69 m²	€ 998,88 bis € 1.269,86

Nebenkosten und Betreuungszuschlag (€ 170,–) sind in der Miete enthalten. Betreuungszuschlag für eine zweite Person: € 85,–

Kaution: 3 Monatskaltmieten
Nahverkehr: Hinsbleek, Bus: 179; Alte Landstr., Bus: 24, 174
Lage: Wohngebiet mit Ein- und Zweifamilienhäusern, Alsterwanderweg. Krämerladen im Haus, zweimal wöchentlich Buspendeldienst zum Einkaufszentrum

Kleine Stadt für Senioren
Ein Gemeinwesen der Nähe und Nachbarschaft, in dem alles darauf ausgerichtet ist, Senioren den Alltag zu erleichtern – das finden Sie im Hospital zum Heiligen Geist im schönen Alstertal. Sie führen bei uns ein selbstständiges Leben, und wir unterstützen Sie, wenn Sie es wünschen. Kulturveranstaltungen und Gottesdienste, Physiotherapie und Ambulanter Dienst, ein Schwimmbad, das Parkrestaurant, die Bücherei mit Internetcafé und eine Filiale der Haspa: Auf unserem Gelände ist alles schnell erreichbar. Der liebevoll gestaltete Park lädt Bewohner und ihre Gäste zum Spaziergang und Verweilen ein, neue Kontakte knüpfen Sie in Hobbykursen oder beim Klönschnack im Krämerladen. Schauen Sie gerne bei uns herein und informieren Sie sich unverbindlich vor Ort.

Thorsten Schulze, Dorothea Ruhe, Vorstand

Seniorenwohnungen Hauke-Haien-Weg

Anschrift: Hauke-Haien-Weg 10, 22149 Hamburg-Rahlstedt
Vermietung: Tel.: 040/42 666-3300, SAGA GWG Geschäftsstelle Rahlstedt, Rahlstedter Bahnhofstraße 23–25, 22143 Hamburg, www.saga-gwg.de, 24 Wohnungen

Wohnen: Mietwohnung ohne Betreuung

Ausstattung: Die Wohnungen haben Küche, Vollbad, Balkon oder Terrasse, Abstellraum, Telefon- und Kabelanschluss.

Miete:

1-Zimmer-Wohnung	ca. 34 m^2	ca. € 200,–
2-Zimmer-Wohnung	ca. 49 m^2	ca. € 300,–

Nebenkosten (ohne Heizkosten) sind in der Miete enthalten.
Einzugsalter: ab 60 Jahre
Eine Wohnberechtigungsbescheinigung ist vorteilhaft.

Kaution: 2,5 Nettokaltmieten

Nahverkehr: Schimmelreiterweg, Bus: 164; Am Hegen, Bus: 35, 164, 262, E62

Lage: Wohngebiet, Felder, Wiesen, kleines Waldgebiet, Naherholungsgebiet Stapelfelder Moor. Geschäfte in der Nähe

Service-Wohnanlage Deichgrafenhaus

Anschrift: Hauke-Haien-Weg 1–7 und Am Hegen 82a–b, 22149 Hamburg-Rahlstedt

Vermietung: Tel.: 040/42 666-3300, SAGA GWG Geschäftsstelle Rahlstedt, Rahlstedter Bahnhofstraße 23–25, 22143 Hamburg, www.saga-gwg.de, Betreuungsleitung Elke Bubert, Tel.: 040/64 88 14 25

141 Wohnungen

Wohnen: Mietwohnung mit Betreuung

- Betreuung durch die GGAB
- Vermittlung von weitergehenden Hilfen
- Multifunktionsraum, Wintergärten
- Ausfahrten, Veranstaltungen, Kurse, Sportangebote

Ausstattung: Die barrierefreien Wohnungen haben Einbauküche, Duschbad, Balkon oder Terrasse, Keller, Abstellraum, Telefon- und Kabelanschluss, Aufzug.

Miete:

1,5 Zimmer-Wohnung	ca. 51 bis 56 m^2	ca. € 477,– bis ca. € 508,–
2 Zimmer-Wohnung	ca. 61 bis 72 m^2	ca. € 560,– bis ca. € 652,–

Nebenkosten (ohne Heizkosten) und Betreuungszuschlag (ca. € 45,–) sind in der Miete enthalten. Betreuungszuschlag für eine zweite Person: ca. € 23,–
Einzugsalter: ab 60 Jahre
Eine Wohnberechtigungsbescheinigung ist vorteilhaft.
Die Miete ist einkommensabhängig. Mit entsprechender Wohnberechtigungsbescheinigung verringert sich die Miete um € 0,90 bzw. € 1,20 pro m^2.

Kaution: 2,5 Nettokaltmieten
Nahverkehr: Schimmelreiterweg, Bus: 164; Am Hegen, Bus: 35, 164, 262, E62
Lage: Wohngebiet, Naherholungsgebiet Stapelfelder Moor. Geschäfte in der Nähe

Service-Wohnanlage Nordlandweg und Zellerstraße

Anschrift: Nordlandweg 110 und Zellerstraße 17–19, 22145 Hamburg-Rahlstedt
Vermietung: Tel.: 040/42 666-3300, SAGA GWG Geschäftsstelle Rahlstedt, Rahlstedter Bahnhofstraße 23–25, 22143 Hamburg, www.saga-gwg.de, Betreuungsleitung Bärbel Rosenow, Tel.: 040/67 94 48-30/-50, 491 Wohnungen
Wohnen: Mietwohnung mit Betreuung
- Betreuung durch die Deutsche Flutopferstiftung v. 1962
- Notruf rund um die Uhr
- Gemeinschaftsraum, Bücherei, Hobbyraum
- Ausflüge, Bewegungstherapie, Veranstaltungen
- Mittagessen aus eigener Küche gegen Bezahlung

Ausstattung: Die Wohnungen haben Küche, Duschbad, Balkon oder Terrasse, Telefon- und Kabelanschluss, Aufzug.

Miete:

1-Zimmer-Wohnung	ca. 30 m^2	ca. € 360,–
2-Zimmer-Wohnung	ca. 45 m^2	ca. € 495,–

Nebenkosten und Betreuungszuschlag (€ 60,–) sind in der Miete enthalten.
Betreuungszuschlag für eine zweite Person: € 20,–
Einzugsalter: ab 60 Jahre
Eine Wohnberechtigungsbescheinigung ist vorteilhaft.

Kaution: 2,5 Nettokaltmieten
Nahverkehr: Offenbachweg, Bus: 24
Lage: Wohngebiet, Volksdorfer Wald, Stellmoorer Tunneltal. Kiosk im Haus, Geschäfte in der Nähe

Servicewohnen Meiendorf

Anschrift: Spitzbergenweg 12 und Wildschwanbrook 4, 22145 Hamburg-Rahlstedt
Vermietung: Tel.: 040/251 51 20, Vereinigte Hamburger

Wohnungsbaugenossenschaft eG (vhw), Hohenfelder Allee 2, 22087 Hamburg, www.vhw-hamburg.de
102 Wohnungen

Wohnen: Mietwohnung mit Betreuung

- Regelmäßige Sprechstunden des Betreuungsdienstes
- Beratung und Vermittlung von Dienstleistungen
- Nutzung der Gemeinschaftseinrichtungen
- Veranstaltungen, zum Teil mit Kostenumlage
- Bei Bedarf ist ein Umzug in eine Pflegeeinrichtung der vhw möglich.

Ausstattung: Die Wohnungen haben Küche, WC und Dusche, Balkon oder Terrasse, Keller, Telefon- und Kabelanschluss, Aufzug.

Miete:

1-Zimmer-Wohnung	33 bis 41 m²	ab € 305,–
2-Zimmer-Wohnung	56 bis 60 m²	ab. € 495,–

Nebenkosten und Betreuungszuschlag (€ 44,78) sind in der Miete enthalten.
Betreuungszuschlag für eine zweite Person: € 22,37
Ein §5-Schein ist erforderlich.

Genossenschaftsanteile: Beim Einzug ist eine Aufnahmegebühr von € 55,– zu zahlen. Außerdem müssen Genossenschaftsanteile in Höhe von € 1.352,– bis € 2.392,– erworben werden. Die Höhe ist abhängig von der Wohnungsgröße.
Nahverkehr: Wildschwanbrook, Bus: 24, 275
Lage: Wohngebiet. Kleines Einkaufszentrum in der Nähe

Servicewohnen Neu Rahlstedt

Anschrift: Nieritzweg 15 und Stapelfelder Straße 31, 22143 Hamburg-Rahlstedt
Vermietung: Tel.: 040/251 51 20, Vereinigte Hamburger Wohnungsbaugenossenschaft eG (vhw), Hohenfelder Allee 2, 22087 Hamburg, www.vhw-hamburg.de
66 Wohnungen

Wohnen: Mietwohnung mit Betreuung

- Regelmäßige Sprechstunden des Betreuungsdienstes
- Beratung und Vermittlung von Dienstleistungen
- Nutzung der Gemeinschaftseinrichtungen
- Veranstaltungen, zum Teil mit Kostenumlage
- Bei Bedarf ist ein Umzug in eine Pflegeeinrichtung der vhw möglich.

Ausstattung: Die Wohnungen haben Küche, WC und Dusche, Balkon oder Terrasse, Keller oder Dachboden, Telefon- und Kabelanschluss, Aufzug.

Miete für Nieritzweg 15:

1-Zimmer-Wohnung	45 m^2	ca. € 490,–
1,5-Zimmer-Wohnung	53 m^2	ca. € 535,–
2-Zimmer-Wohnung	57 m^2	ca. € 615,–

Miete für Stapelfelder Straße 31:

1-Zimmer-Wohnung	45 m^2	ca. € 465,–
2-Zimmer-Wohnung	55 m^2	ca. € 545,–

Nebenkosten und Betreuungszuschlag (€ 44,78) sind in der Miete enthalten.
Betreuungszuschlag für eine zweite Person: € 22,37
Ein §5-Schein ist erforderlich.

Genossenschaftsanteile: Beim Einzug ist eine Aufnahmegebühr von € 55,– zu zahlen. Außerdem müssen Genossenschaftsanteile in Höhe von € 2.340,– bis € 3.120,– erworben werden. Die Höhe ist abhängig von der Wohnungsgröße.

Nahverkehr: Prehnsweg, Bus: 9, 364

Lage: Wohngebiet. Geschäfte in der Nähe

Servicewohnen Theodor-Storm-Straße

Anschrift: Theodor-Storm-Straße 7–9, 22149 Hamburg-Rahlstedt

Vermietung: Tel.: 040/251 51 20, Vereinigte Hamburger Wohnungsbaugenossenschaft eG (vhw), Hohenfelder Allee 2, 22087 Hamburg, www.vhw-hamburg.de

99 Wohnungen

Wohnen: Mietwohnung mit Betreuung

- Regelmäßige Sprechstunden des Betreuungsdienstes
- Beratung und Vermittlung von Dienstleistungen
- Nutzung der Gemeinschaftseinrichtungen
- Veranstaltungen, zum Teil mit Kostenumlage
- Bei Bedarf ist ein Umzug in eine Pflegeeinrichtung der vhw möglich.

Ausstattung: Die Wohnungen haben Küche, WC und Dusche, Balkon, Keller, Telefon- und Kabelanschluss, Aufzug.

Miete:

1-Zimmer-Wohnung	29 m²	ca. € 305,–
2-Zimmer-Wohnung	55 m²	ca. € 495,–

Nebenkosten und Betreuungszuschlag (€ 44,78) sind in der Miete enthalten.
Betreuungszuschlag für eine zweite Person: € 22,37
Ein §5-Schein ist erforderlich.

Genossenschaftsanteile: Beim Einzug ist eine Aufnahmegebühr von € 55,– zu zahlen. Außerdem müssen Genossenschaftsanteile in Höhe von € 1.300,– bis € 2.184,– erworben werden. Die Höhe ist abhängig von der Wohnungsgröße.

Nahverkehr: Theodor-Storm-Straße, Bus: 162

Lage: Wohngebiet. Kleine Geschäfte in der Nähe

Servicewohnen Bullenkoppel

Anschrift: Bullenkoppel 15 und 19, 22047 Hamburg-Wandsbek

Vermietung: Tel.: 040/251 51 20, Vereinigte Hamburger Wohnungsbaugenossenschaft eG (vhw), Hohenfelder Allee 2, 22087 Hamburg, www.vhw-hamburg.de

83 Wohnungen

Wohnen: Mietwohnung mit Betreuung

- Notruf rund um die Uhr ins Senator-Ernst-Weiß-Haus
- Regelmäßige Sprechstunden des Betreuungsdienstes
- Beratung und Vermittlung von Dienstleistungen
- Nutzung der Gemeinschaftseinrichtungen
- Veranstaltungen, zum Teil mit Kostenumlage
- Auf Wunsch Mahlzeiten gegen Entgelt

- Bei Bedarf ist ein Umzug in eine Pflegeeinrichtung der vhw möglich.

Ausstattung: Die Wohnungen haben Küche, WC und barrierefreie Dusche, Balkon, Keller, Telefon- und Kabelanschluss, Aufzug.

Miete:

2-Zimmer-Wohnung	44 bis 57 m^2	€ 493,– bis € 600,–

Nebenkosten und Betreuungszuschlag (€ 62,68) sind in der Miete enthalten. Ein §5-Schein ist erforderlich.

Genossenschaftsanteile: Beim Einzug ist eine Aufnahmegebühr von € 55,– zu zahlen. Außerdem müssen Genossenschaftsanteile in Höhe von € 2.288,– bis € 2.964,– erworben werden. Die Höhe ist abhängig von der Wohnungsgröße.

Nahverkehr: Bullenkoppel, Bus: 118

Lage: Wohngebiet. Kleines Einkaufszentrum

Servicewohnen Kastanienhof

Anschrift: Wilhelm-Baastrup-Platz 6+8, 21244 Buchholz
Vermietung: Tel.: 040/251 51 20, Vereinigte Hamburger Wohnungsbaugenossenschaft eG (vhw), Hohenfelder Allee 2, 22087 Hamburg, www.vhw-hamburg.de
41 Wohnungen
Wohnen: Mietwohnung mit Betreuung

- Notruf rund um die Uhr
- Regelmäßige Sprechstunden des Betreuungsdienstes
- Beratung und Vermittlung von Dienstleistungen
- Nutzung der Gemeinschaftseinrichtungen
- Veranstaltungen, zum Teil mit Kostenumlage
- Bei Bedarf ist ein Umzug in eine Pflegeeinrichtung der vhw möglich.

Ausstattung: Die Wohnungen haben Küche, WC und barrierefreie Dusche, Balkon oder Terrasse, Keller, Telefon- und Kabelanschluss, Aufzug.

Miete:

1,5-Zimmer-Wohnung	ca. 45 m^2	€ 520,–
2-Zimmer-Wohnung	ca. 46 bis 50 m^2	€ 610,– bis € 560,–
2,5-Zimmer-Wohnung	ca. 64 m^2	€ 710,–
3-Zimmer-Wohnung	ca. 59 m^2	€ 710,–

Nebenkosten und Betreuungszuschlag (€ 60,–) sind in der Miete enthalten.
Betreuungszuschlag für eine zweite Person: € 30,–
Teilweise ist ein §5-Schein erforderlich.
Die Vergabe der 1,5- bis 2,5-Zimmer-Wohnungen erfolgt nach Benennungsrecht der Stadt Buchholz

Genossenschaftsanteile: Beim Einzug ist eine Aufnahmegebühr von € 55,– zu zahlen. Außerdem müssen Genossenschaftsanteile in Höhe von € 1.820,– bis € 2.548,– erworben werden. Die Höhe ist abhängig von der Wohnungsgröße.
Nahverkehr: Neue Straße, Bus: 2; Schützenstraße, Bus: 3
Lage: Wohngebiet, Stadtzentrum. Geschäfte in der Nähe

Seniorenwohnanlage Pöhlshof

Anschrift: Rathausallee 83 a–f und Friedrichsgaber Weg 365 a–b, 22846 Norderstedt
Vermietung: Wolfgang Mahn, Tel.: 040/523 02-166, GSG Norderstedt Mitte GmbH & Co. KG, Ochsenzoller Straße 147, 22848 Norderstedt, www.plambeck.com
86 Wohnungen
Wohnen: Mietwohnung mit Betreuung
- Notruf rund um die Uhr
- Clubraum, Sauna, Fitness- und Hobbyräume, Sonnenterrasse, Grillplatz, Park mit Teich, Gästeapartments
- Jahreszeitliche Feste, Seniorengymnastik, Aquarellmalen, Keramikarbeiten, Dia- und Spieleabende,

Vorführungen und Vorträge, Kurse der Volkshochschule im Haus, hauseigener Kleinbus
- Das Restaurant im Haus bietet Mittagsmenüs an.

Ausstattung: Die Wohnungen haben Einbauküche, WC und teilweise barrierefreie Dusche, überwiegend Balkon oder Terrasse, Telefon- und Kabelanschluss, Keller, Aufzug.

Miete:

1,5-Zimmer-Wohnung	45 bis 55 m²	ca. € 750,– bis € 990,–
2-Zimmer-Wohnung	43 bis 80 m²	ca. € 730,– bis € 1.275,–

Nebenkosten sind in der Miete enthalten. Betreuungsvertrag mit der Elim-Diakonie: Betreuungsentgelt für eine Person: € 160,–
Betreuungsentgelt für zwei Personen: € 200,–

Abwohnbares Darlehn: Mieter können freiwillig ein Darlehen einzahlen, das durch monatliche Verrechnung die Miete reduziert.

Kaution: 3 Monatsmieten

Nahverkehr: U-Bahnhof Norderstedt Mitte, Linie: U1; Friedrichsgaber Weg (Mitte), Bus: 193, 494

Lage: Rantzauer Forst. Moorbekpassage, Einkaufsdienst

Alten- und Pflegeheime

Alten- und Pflegeheime

Eine der schwierigsten Entscheidungen im Leben eines Menschen ist es, seine gewohnte Umgebung aus gesundheitlichen Gründen aufzugeben und in ein Alten- und Pflegeheim umzuziehen. Damit verbunden ist das Eingeständnis, dass die eigenen Kräfte nachlassen. Hauswirtschaft und Pflege sind in den eigenen vier Wänden nicht mehr optimal zu gewährleisten, pflegende Angehörige oft überfordert. Hinzu kommen Ängste vor einer neuen, unbekannten Gemeinschaft und Umgebung.
In einem längeren Beratungsgespräch machte eine ältere Dame ihrem Herzen Luft: »Der liebe Herrgott hat mir meine Gesundheit genommen, nimmt mir jetzt meine Wohnung und meine Kinder. Einen alten Baum verpflanzt man nicht!« Unsere Antwort in diesem Gespräch: »Das ist sehr schwer für Sie. Möglicherweise wird Ihnen aber nicht nur etwas genommen. Sie haben auch eine Chance im Altenheim: Vielleicht gelingt es Ihnen doch, sich in der Gemeinschaft einzuleben. Ihre Kinder verlieren Sie ja auch nicht, vielmehr haben sie dann mehr Zeit für Sie, weil sie sich nicht mehr um das Hauswirtschaftliche kümmern müssen.«

Was bietet ein Alten- und Pflegeheim?

Das Alten- und Pflegeheim bietet Unterkunft, Betreuung und Verpflegung für Menschen, die ihren Haushalt nicht mehr allein führen können oder wollen. Dies bedeutet eine erhebliche Erleichterung, aber auch eine Umstellung: So wird das Zimmer sauber gemacht, die Mahlzeiten werden zubereitet, allerdings müssen sich die neuen Bewohner an andere Zeitabläufe, zum Beispiel feste Essenszeiten, gewöh-

Das gemeinsame Mittagessen ist ein wichtiges Ereignis des Tages.

nen. Die stationäre Pflege (Pflegestufe I, II oder III) kommt bei Bedarf hinzu.

Unterkunft

Im Einzelzimmer haben die Bewohner ihr eigenes Reich, in dem sie sich mit ihren Möbeln, Bildern und lieb gewonnenen Erinnerungsstücken einrichten. Im Doppelzimmer ist dieses Maß an Individualität zwar eingeschränkt, doch dafür besteht Kontakt innerhalb der Zimmergemeinschaft. Im Idealfall gehören zum Zimmer WC und Dusche mit Bodenabfluss. Diese barrierefreien Duschen sind bei Neubauten und nach der Renovierung eines Hauses Standard. Außerdem gehört zur Ausstattung: ein Kühlfach für Lebensmittel und Getränke, Balkon oder Terrasse, Telefon- sowie Radio- und TV-Anschluss. Zusätzlich stehen eine Teeküche und ein Pflegebad auf der Etage zur Verfügung.

Betreuung

Jedes Alten- und Pflegeheim verfügt über ein eigenes Betreuungsangebot, das sich im Lauf der Zeit aus den Wünschen der Bewohner entwickelt hat. So bieten Basteln, Singen, Kartenspiele, Bibelstunden, Gymnastik, Gedächtnistraining, Klönrunden, Vorlesen, Malkreise und Gartenfeste Möglichkeiten, am gemeinschaftlichen Leben teilzuhaben und Hobbys wieder aufleben zu lassen. Besonderen Idealismus zeigen Heime, die Ausflüge und Reisen organisieren und durchführen. Wohlgemerkt: Das sind Angebote. Es wird auch respektiert, wenn ein Bewohner lieber für sich im eigenen Zimmer bleiben und nur hauswirtschaftlich sowie pflegerisch versorgt sein möchte.

Verpflegung

Zur Verpflegung gehören drei Mahlzeiten und Nachmittagskaffee mit Kuchen. Beim Mittagessen stehen häufig verschiedene Menüs zur Auswahl, bei Bedarf Diätkost. Die Mahlzeiten werden im Speisesaal eingenommen. Bei Krankheit ist es möglich, auf dem Zimmer zu essen.

Pflege

Soweit möglich, erfolgt die Pflege im eigenen Zimmer. Bei Schwer- (Pflegestufe II) oder Schwerstpflegebedürftigkeit (Pflegestufe III) gibt es unterschiedliche Ansätze.
In vielen Häusern gibt es keine Pflegestation, die Pflege ist im eigenen Zimmer und damit in der vertrauten Umgebung sichergestellt.
Bei sehr hohem Pflegeaufwand ist jedoch in einigen Heimen ein Umzug in die Pflegestation vorgesehen.

Pflegestation/Pflegeheim

Pflegeheime und Pflegestationen dienen der umfassenden Betreuung chronisch kranker und pflegebedürftiger Menschen. Hier sollen verbliebene Kräfte trainiert und erhalten sowie die Verbesserung des Allgemeinzustandes herbeigeführt werden. Die Ausstattung der Räumlichkeiten sowie der Tagesablauf sind ganz auf die Bedürfnisse der Bewohner ausgerichtet.

Unterkunft in der Pflegestation

Auf den Pflegestationen leben die Bewohner meistens in Doppelzimmern. Das hat einen großen Vorteil: Der Kontakt mit dem Mitbewohner schützt vor dem Alleinsein, vor langen Stunden der Einsamkeit. Das ist besonders wichtig, wenn der pflegebedürftige Mensch nur noch selten das Zimmer verlassen kann und bettlägerig ist.

Lebendigkeit im Doppelzimmer. Lieb gewonnene Erinnerungsstücke schaffen eine persönliche Atmosphäre.

Die Pflegezimmer sind möbliert mit Pflegebett und Nachttisch, Schrank, Tisch und Stühlen. Kleinmöbel und wichtige Erinnerungsstücke sorgen für eine persönliche Atmosphäre. Ein Garten mit Terrasse bietet die Möglichkeit, sonnige Stunden im Freien zu genießen. Telefon, Internet sowie Radio- und TV-Anschluss sorgen für Kontakt zur Außenwelt. Auf der Etage steht ein Pflegebad zur Verfügung.

Betreuung und Therapie

Die Bewohner der Pflegestation können an allen Betreuungsangeboten und gemeinschaftlichen Unternehmungen teilnehmen, die das Altenheim bietet. Auch im Pflegeheim gibt es vergleichbare Aktivitäten. Hinzu kommen spezielle Angebote, die auf die persönlichen Bedürfnisse abgestimmt sind. Krankengymnastik und sportliche Übungen sind darauf ausgerichtet, die Selbstständigkeit so weit und so lange wie möglich zu erhalten: Greifen und körperliche Beweg-

Jung und Alt können viel voneinander lernen.

lichkeit werden trainiert. Weiterhin selbst essen zu können ist ein sehr wichtiges Ziel dieser Arbeit, außerdem wird das Gedächtnis in Schwung gehalten.

Dementenbetreuung

Zur Betreuung altersverwirrter (dementer) Bewohner bieten einige Häuser spezielle Programme an:
Zur besseren Orientierung gehört ein strukturierter Tagesablauf mit immer wiederkehrenden Elementen. Beispiele: das Zubereiten des Frühstücks in der Gemeinschaft, Geschichten und Spiele rund um die Jahreszeiten, Gymnastik mit Bällen und Musikbegleitung. Diese Betreuung hilft den altersverwirrten Menschen, sich besser zurechtzufinden, kontaktfähig zu bleiben und sich wohl zu fühlen. Ob das Betreuungsangebot im normalen Altenheim, im Rahmen der Dementenbetreuung oder sogar in einer geschlossenen Abteilung (siehe Seite 486) im Einzelfall die geeignete Lösung ist, können die Angehörigen nur mit den Fachleuten vor Ort entscheiden.

Haustiere

In vielen Heimen ist das Mitbringen von Haustieren möglich oder wird im Einzelfall gestattet. Vor dem Einzug sind zwei wichtige Punkte zu klären: Welche Tiere sind erlaubt? Und: Wer versorgt den Vogel, die Katze oder den Hund, wenn der Bewohner dazu nicht mehr in der Lage ist? Das bedeutet: Angehörige müssen sich bereit erklären, das Tier in diesem Fall aufzunehmen. Dies gilt insbesondere für Hunde und Katzen. Für herrenlos gewordene Vögel gibt es in einigen Häusern Volieren, in denen Kanarienvögel und Wellensittiche versorgt werden.

Sport, Spiel, Spannung in der Seniorenwohnanlage Lokstedt

Pflegeversicherung

In den Alten- und Pflegeheimen ist ein monatliches Heimentgelt zu zahlen. Die Pflegeversicherung zahlt nur dann monatlich Zuschüsse, wenn Pflegebedürftigkeit vorliegt. Einzelheiten dazu siehe Pflegeversicherung Seite 54.

Beihilfe für Beamte

Beamte erhalten Beihilfe. Dabei werden die Zahlungen der Pflegeversicherung um 50 Prozent gekürzt. Der gekürzte Betrag wird von der Beihilfe voll übernommen.

Selbstverständlichkeiten in Alten- und Pflegeheimen

Neben den für jedes Heim aufgeführten Angaben gibt es eine Reihe von Dingen, die in jedem Haus zum Standard gehören und deshalb nicht einzeln aufgeführt sind:

- Reinigung des Wohnbereiches und der Fenster
- Friseur und Fußpflege
- Gedächtnistraining
- Krankengymnastik
- Aufzug
- Freie Arztwahl: Jeder hat das Recht auf freie Arztwahl. In den Heimen kommen regelmäßig Hausärzte und bei Bedarf auch Fachärzte zur Behandlung.

Im Sinne eines reibungslosen Ablaufs im Haus sowie zur Information von Bewohnern und Angehörigen liegen Kontaktdaten der verschiedenen Ansprechpartner aus: von der Heimaufsicht und dem Medizinischen Dienst der Krankenkassen (MDK) bis zum Heimbeirat und dem Qualitätsbeauftragten. Selbstverständlich können Sie die Mitarbeiter in den Wohnbereichen jederzeit bei Problemen oder Fragen ansprechen. Aber auch ein Lob trägt zum besseren Miteinander bei.

Beim Einzug werden viele Fragen rund um den Beruf und die Familie sowie die Lebens- und Ernährungsgewohnheiten des neuen Bewohners gestellt. Die Mitarbeiter des Altenheims möchten den Neuankömmling kennenlernen, um ihn gut zu betreuen zu können. Das ist besonders bei demenziell erkrankten Menschen wichtig. Damit das Heim für ihn so schnell wie möglich zu einem gemütlichen Zuhause wird, ist die Gestaltung seines Zimmers mit eigenen Bildern, Erinnerungsstücken oder Kleinmöbeln wichtig.

Besuchszeiten am Mittwoch und Sonntag sind von gestern. Die Bewohner können jederzeit Besuch empfangen. Nur in einem Fall müssen sich Freunde und die Familie etwas gedulden: Wenn der pflegebedürftige Angehörige im Doppelzimmer lebt und der Mitbewohner pflegerisch versorgt wird, muss der Besuch – genauso wie im Krankenhaus – warten.

Die Bewohner suchen sich die Kleidung aus, die sie anziehen möchten. Demente Bewohner werden dabei vom Pflegepersonal unterstützt. Wichtig ist, dass man auch bei eingeschränkter Hirnleistung noch etwas selbst entscheiden kann.

Wie finde ich ein gutes Altenheim?

Die notwendigen Informationen über Hamburger Altenheime haben wir in diesem Buch zusammengetragen: von den Freizeitangeboten über die Ausstattung der Apartments bis zu den Preisen. So ergibt sich ein Eindruck von der Gemeinschaft und Atmosphäre in den einzelnen Häusern.

In die Nähe der Kinder ziehen
Jeder bewundert die 90-jährige Dame, die am kulturellen Leben teilnimmt, Freundschaften pflegt, Haus und Garten bewirtschaftet – fit und gesund ist. Doch plötzlich kann alles ganz anders sein! Niemand kann sagen, ob sie einmal an

Auf Weihnachtsmärkten und Basaren verkaufen die Bewohner ihre kleinen Kunstwerke. Von den Erlösen wird neues Material angeschafft.

»Wir sind genauso glücklich wie an unserem Hochzeitstag«, sagen Ilse und Alfred Bichels.

einer schweren Krankheit leiden wird, wie der Pflegebedarf dann aussieht, ob sie in ihrer vertrauten Umgebung bleiben kann oder ins Pflegeheim umziehen muss.

Nicht für jeden Fall kann man Vorsorge treffen. Und angesichts der ungewissen Zukunft ist es verständlich, dass die Menschen am Vertrauten festhalten. Der Satz »Wenn schon ein Umzug, dann wenigstens hier innerhalb des Stadtteils« bringt das zum Ausdruck. Doch was nützt es, zum Beispiel im vertrauten Bramfeld wohnen zu bleiben, wenn die Tochter am anderen Ende der Stadt, in Rissen, wohnt. Wenn schon ein Umzug ins Pflegeheim, dann in die Nähe der Angehörigen. So können die Verwandten schnell mal vorbeischauen, ohne eine lange Anfahrt auf sich nehmen zu müssen. Wer sich über Altenheime informieren möchte, sollte damit also in der Nähe der Angehörigen beginnen.

Es ist eine schöne Vorstellung, in der vertrauten Umgebung alt und auch gepflegt zu werden. Aber es gibt Lebensumstände, bei denen es besser ist, in ein Pflegeheim umzuziehen. Was nützt die geliebte Wohnung im dritten Stock, wenn man die Treppen nicht mehr schafft, den Haushalt nicht mehr selbst organisieren kann und den ganzen Tag allein ist?

Den Zeitpunkt für einen Umzug bestimmt jeder selbst. Welches Haus bei einer möglichen Pflegebedürftigkeit das beste ist, ebenfalls! Dazu ist es hilfreich, sich rechtzeitig vor Ort einen Eindruck zu verschaffen. Wer die Hemmschwelle überwindet und mit mehreren Häusern Kontakt aufnimmt, hat einen großen Schritt getan. Neben einem persönlichen Gespräch mit dem Heimleiter gibt es auch Tage der offenen Tür, Sommerfeste und allgemeine Besichtigungstermine, bei denen kleine Gruppen durch das Haus geführt werden. Es gibt also immer mehrere Möglichkeiten, einen Anknüpfungspunkt zu finden.

Gemeinsam mit einer Freundin ist es leichter, auf Erkundungstour zu gehen. Hinterher kann man über alles reden. Auf den ersten Blick war zwar alles hell und freundlich, doch die vielen kranken Menschen machten zunächst ziemlich traurig: der alte Mann am Gehwagen, die altersverwirrte Frau, die sich in der eigentlich überschaubaren Wohnanlage verlaufen hatte. Auch die Dame, die nach einem Schlaganfall halbseitig gelähmt und auf den Rollstuhl angewiesen ist. Sie lebt gemeinsam mit ihrem Mann hier, der sie liebevoll betreut. Das Ehepaar ist zufrieden: »Schauen Sie, wir sind seit 58 Jahren verheiratet und hatten ein erfülltes Leben. Wir wohnen hier seit einem Jahr, werden ausgezeichnet versorgt und sind nach wie vor sehr glücklich.« Manche Krankheit wirkt auf den ersten Blick schockierend auf Außenstehende, obwohl der Betroffene selbst damit schon lange gut zurechtkommt. »Die Welt der Alten« und dass es einem selbst auch einmal so gehen könnte, wollen eben erst einmal verarbeitet sein.

Wohngruppen im Altenheim

Vor 25 Jahren wagte Maria Höveler einen Neuanfang und zog zu ihrer Cousine ins Betreute Wohnen. Seit damals hat die ehemalige Sekretärin viel unternommen: »Ich war mit dem Auto unterwegs und habe schöne Urlaubsreisen nach Kreta und Teneriffa machen können.« Doch vor drei Jahren hat die heute 93-Jährige lernen müssen, dass sich der Bewegungsradius stark einschränkt, wenn man krank wird. »Ich bin gestürzt und hatte einen Oberschenkelhalsbruch. Es ist zwar alles gut verheilt, doch meine Beine wollen nicht mehr so wie früher.« Die leidenschaftliche Autofahrerin musste ihren geliebten Wagen verkaufen und traut sich Bahn- und Flugreisen nicht mehr zu. »Ich habe Angst, bei den Menschenmassen geschubst zu werden.«
Mit zunehmendem Alter reduziert sich das Leben immer mehr auf die eigenen vier Wände. Maria Höveler ist inzwischen in den Altenheimteil ihrer Seniorenwohnanlage umgezogen. »Ich koche nicht mehr und wenn mir schwindelig

Urlaub an der Ostsee ist bei den Altenheimbewohnern sehr beliebt, wie hier während einer Fahrt mit der Schmalspurbahn Molli in Kühlungsborn.

Morgens liest Maria Höveler (rechts) die Zeitung, während Cousine Marion Petersen (Mitte) Klavier spielt. Zwischendurch trifft man sich mit Nachbarin Hildegard Wandschneider in der gemütlichen Sitzecke.

wird, ist sofort jemand zur Stelle.« Die Cousine ist ebenfalls umgezogen, und so treffen sich die beiden Damen nachmittags, um zu klönen oder eine Runde Kniffel zu spielen.

Der Wohngruppenraum mit großer Küche, Essecke, Klavier und gemütlicher Sitzecke ist für viele Bewohner der Lebensmittelpunkt geworden. Hier trifft man sich, trinkt zusammen Kaffee, kocht gemeinsam oder liest in der Zeitung. Das ist eine Gemeinschaft, die sich viele alleinlebende Senioren wünschen, denen in ihrer vertrauten Häuslichkeit mitunter die Decke auf den Kopf fällt. Die unterschiedlichen Wohngruppen in den Altenheimen – ob nun für Demenzkranke oder für die ausdrücklich nicht-pflegebedürftigen Senioren, die eine neue Gemeinschaft suchen – sind eine Möglichkeit, altersgerecht zu wohnen.

Im 3. Lehrjahr als angehende Altenpflegerin

Stefanie Sellhusen hat Freude an ihrer Arbeit

Stefanie Sellhusen absolviert eine Ausbildung zur Altenpflegerin in der Seniorenwohnanlage Kiefhörn bei der Vereinigten Hamburger Wohnungsbaugenossenschaft eG (vhw). Im August hat ihr drittes Lehrjahr begonnen. Nach dem Abschluss an der Höheren Handelsschule wusste die heute 22-Jährige nicht recht, welche berufliche Laufbahn sie einschlagen sollte und entschied sich, ein Freiwilliges Soziales Jahr im Altenheim abzuleisten. Die praktische Arbeit, der Umgang mit den Bewohnern und die Team-

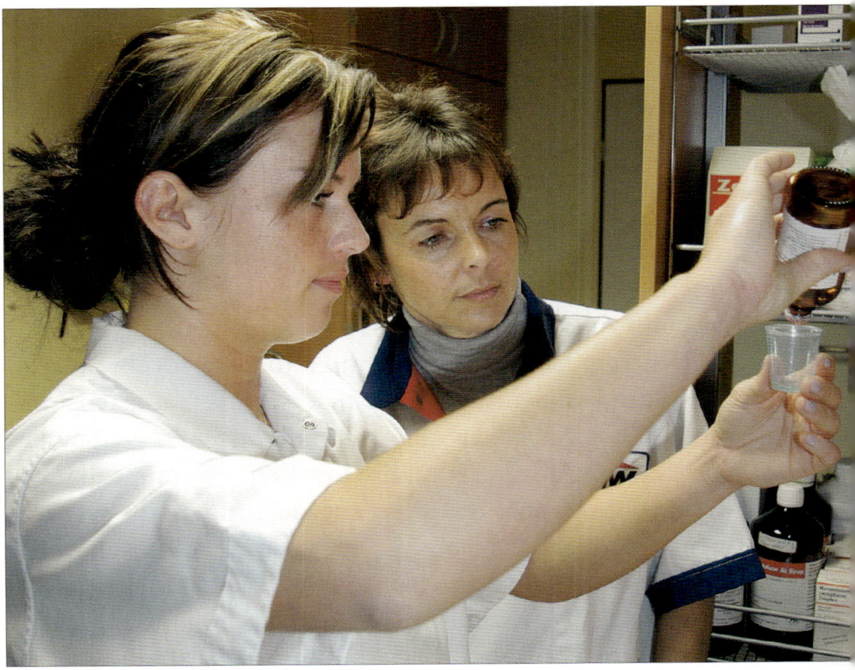

Stefanie Sellhusen trägt eine große Verantwortung. »Es ist wichtiger gründlich als schnell zu arbeiten«, erklärt Praxisanleiterin Angela Hahn.

arbeit gefielen ihr so gut, dass sie sich entschloss, diesen Beruf von Grund auf zu erlernen.

Von vielen Auszubildenden werden die Anforderungen der Tätigkeit zunächst unterschätzt. Der anfänglichen Begeisterung folgt oft Ernüchterung. »Vor zwei Jahren hatte meine Klasse in der Altenpflegeschule 28 Schüler. Die Hälfte von ihnen hat mittlerweile die Ausbildung abgebrochen.« Stefanie Sellhusen aber machen die Arbeit und das Lernen viel Freude. Sie hat hervorragende Zeugnisse. »Das, was wir in der Schule lernen, können wir sofort praktisch anwenden.« Die Belastungen aufgrund von Schicht- und Wochenenddiensten sind kein Problem für sie. Auch Rückenschmerzen durch die körperlich harte Tätigkeit halten sich in Grenzen, weil an der Berufsschule rückenschonendes Arbeiten unterrichtet wird. Für acht Bewohner ist die angehende Altenpflegerin bereits verantwortlich, kennt deren Lebensgeschichten und Gewohnheiten. Wenn jemand verstirbt, ist das für junge Mitarbeiter schwierig. »Natürlich bin ich traurig, aber ich sage mir dann: Wir haben uns rund um diesen Lebensabschnitt im Pflegeheim viel Mühe gegeben, und es ging den Menschen bei uns gut – bis zuletzt. Das hilft mir, mit dem Tod fertig zu werden.«

Seit Kurzem hat Stefanie Sellhusen mit einer Kontaktallergie an den Händen zu kämpfen. »Ich probiere nun ein anderes Desinfektionsmittel aus. Der Hautausschlag geht bereits zurück.« Im Anschluss an ihre Berufsausbildung will sie an der Fachhochschule »Pflegeentwicklung und -management« studieren. »Nach Abschluss des Studiums kann ich zum Beispiel Wohnbereichsleiterin werden.« Doch zunächst freut sich die Auszubildende über die höhere Vergütung zum dritten Lehrjahr. Mit 882,32 Euro brutto und ca. 700 Euro netto ist dann wieder etwas mehr Geld im Portemonnaie.

Alten- und Pflegeheime im Überblick

PFLEGEN & WOHNEN ALTONA

Anschrift: Thadenstraße 118A, 22767 Hamburg-Altona/ Altstadt
Direktion: Dr. Hans-Jürgen Wilhelm, www.pflegenundwohnen.de
Kundenservice: Oliver Illert, Tel.: 040/20 22-20 24
Pflegeeinrichtung mit 198 Plätzen und 2 Kurzzeitpflegeplätzen

Wohnen: Pflegeeinrichtung

- Unterkunft in Einzel- und Doppelzimmern
- Verpflegung mit 3 Mahlzeiten, nachmittags Kaffee
- Speiseräume, Festsaal, Bibliothek, Café, Teeküche auf der Etage, Freizeiträume, Garten
- Sommerfeste, Grillfeste, Malen und Gestalten, Spielgruppen, Chor, Ausfahrten gegen Bezahlung, Vorlesen, Gottesdienste, Konzerte und Musikveranstaltungen, Einzelbetreuung, ehrenamtliche Helfer
- Demenz: Betreuung im Rahmen einer Tagesstruktur

Pflegenoten:

Pflege	Demenz	Betreuung	Wohnen	**Gesamt**	Bewohner
1,4	1,3	1,3	1,0	**1,3**	1,3

Ausstattung: Die Zimmer haben Pflegebett, Nachttisch, Sitzmöbel, Einbauschrank, WC und barrierefreie Dusche, Balkon oder Terrasse, Notruf, Telefon- und Kabelanschluss. Auf der Etage: Pflegebad. Kleinmöbel können nach Absprache mitgebracht werden.

Monatliches Heimentgelt:

	Stufe 0	Stufe I	Stufe II	Stufe III
Heimentgelt:	1.595,22	2.151,91	2.734,45	3.312,13
Pflegekasse:	0,00	–1.023,00	–1.279,00	–1.510,00
Zu zahlen:	**1.595,22**	**1.128,91**	**1.455,45**	**1.802,13**

Zuschlag: Dementenbetreuung monatlich bis zu € 620,86

Nahverkehr: Bernstorffstraße, Bus: 3; Sternbrücke, Bus: 15

Lage: Wohngebiet. Café, Einkaufsmöglichkeiten in der Nähe

PFLEGEN & WOHNEN ALTONA – ... so bunt wie das Leben, liegt als kleine grüne Oase zwischen Dom, Neuer Flora und Hafen. Wir gehören zum Stadtteil. Für unsere pflegebedürftigen Bewohner ist unsere Einrichtung ein neues Zuhause. Deshalb legen wir großen Wert darauf, ihnen eine gemütliche und persönliche Wohnatmosphäre zu schaffen. Selbstverständlich setzen wir moderne Pflegetechniken und Pflegehilfsmittel ein.
Freude und Abwechslung machen das Leben lebenswert. Dafür gestaltet unsere Freizeitbegleiterin ein vielseitiges Programm mit Musiknachmittagen, Spiel- und Gesprächskreisen und Ausfahrten mit dem Bus.
Unser gemütliches Senioren-Café hat dreimal die Woche geöffnet, auch für unsere Nachbarschaft.

Dr. Hans-Jürgen Wilhelm, Direktor

Parkdomizil Am Bahrenfelder See

Anschrift: Theodorstraße 30, 22761 Hamburg-Bahrenfeld
Direktion: Petra Tiedemann, Tel.: 040/89 95 70, www.parkdomizil.de
Vermietung: Angela Gutknecht, Tel.: 040/970 70 970
Seniorenpflegeeinrichtung mit 104 Plätzen
Wohnen: Seniorenpflegeeinrichtung

- Unterkunft in Einzel- und Doppelappartements
- Verpflegung mit 4 Mahlzeiten
- Lobby, Restaurant, Therapieräume, Klönecken, Garten
- Bewohnerurlaub, Ausflüge, jahreszeitliche Feste, Andachten, Live-Musik, Filmvorführungen, Singen
- Demenz: Betreuung im Rahmen einer Tagesstruktur

Ausstattung: Die Appartements haben Pflegebett, Einbauschrank, Nachttisch, Tisch und Stühle, barrierefreies Bad mit WC, Balkon oder Terrasse, Notruf, Telefon- und Kabelanschluss. Kleinmöbel können mitgebracht werden.

Monatliches Heimentgelt:

	Stufe I	Stufe II	Stufe III
Heimentgelt:	2.582,97	3.165,21	3.747,14
Pflegekasse:	–1.023,00	–1.279,00	–1.510,00
Zu zahlen:	**1.559,97**	**1.886,21**	**2.237,14**

Zuschlag: Für besondere Komfortleistungen (z.B. zusätzliche Wohnfläche) wird ein Zuschlag von € 250,– bis € 575,55 erhoben.

Nahverkehr: August-Kirch-Straße, Bus: 2, 3; Osdorfer Weg, Bus: 37, 283

Lage: Wohngebiet mit Ein- und Zweifamilienhäusern, Bahrenfelder See, Volkspark. Begleitung zum Einkaufen

Aktiv sein ist die beste Methode, um jung zu bleiben: Dazu bietet das Parkdomizil hervorragende Voraussetzungen. Unser Haus grenzt an den schön gelegenen Bonnepark. Die gute Anbindung an das öffentliche Verkehrsnetz ermöglichen Bummel im Elbe-Einkaufszentrum oder in der Innenstadt, sowie Spaziergänge am Elbstrand. Wir leisten mit unseren Angeboten einen wichtigen Beitrag zur pflegerischen und sozial-betreuerischen Versorgung, indem wir die Teilnahme der Menschen am gesellschaftlichen und kulturellen Leben fördern. Einen besonderen Stellenwert nimmt bei uns die Dementenbetreuung ein. Unser Haus ist geprägt durch eine konsequente Bewohnerorientierung und Offenheit. Dies bewirkt viel Lebendigkeit und Lebensfreude. Der Veranstaltungsplan lädt alle Bewohner ein und fördert die Gemeinschaft innerhalb des Hauses.

Petra Tiedemann, Direktorin

PFLEGEN & WOHNEN LUTHERPARK

Anschrift: Holstenkamp 119, 22525 Hamburg-Bahrenfeld
Direktion: Gerd-Rüdiger Kollien, www.pflegenundwohnen.de
Kundenservice: Susanne Martens, Andreas Haß, Tel.: 040/20 22 28 16
Pflegeeinrichtung mit 210 Plätzen und 4 Kurzzeitpflegeplätzen
Wohnen: Pflegeeinrichtung
- Unterkunft in Einzel- und Doppelzimmern
- Verpflegung mit 3 Mahlzeiten, nachmittags Kaffee

- Festhalle, Hobby- und Freizeiträume, Parkcafé, Teeküche auf der Etage, parkähnliches Gelände
- Ausflüge, jahreszeitliche Feste, Basar, Flohmarkt, Tanztee, Gottesdienste, Kirchenausfahrten, Vorlesen, Fahrdienst, Hobbyfindung: Seidenmalerei, Sticken, Rundweben, Singen
- Demenz: Betreuung im Rahmen einer Tagesstruktur

Ausstattung: Die Zimmer haben Pflegebett, Nachttisch, Sitzmöbel, Einbauschrank, WC und barrierefreie Dusche, Balkon oder Terrasse, Notruf, Telefon- und Kabelanschluss. Auf der Etage: Pflegebad. Kleinmöbel können mitgebracht werden.

Monatliches Heimentgelt:

	Stufe 0	Stufe I	Stufe II	Stufe III
Heimentgelt:	1.574,54	2.128,18	2.707,99	3.283,23
Pflegekasse:	0,00	–1.023,00	–1.279,00	–1.510,00
Zu zahlen:	**1.574,54**	**1.105,18**	**1.428,99**	**1.773,23**

Zuschlag: Dementenbetreuung monatlich bis zu € 567,34
Nahverkehr: Pflegezentrum Bahrenfeld, Bus: 288; Von-Sauer-Straße, Bus: 2, 3
Lage: Wohn- und Gewerbegebiet, Kleingärten, Lutherpark. Kiosk im Haus, kleine Geschäfte in der Von-Sauer-Straße

PFLEGEN & WOHNEN LUTHERPARK –
Mein Zuhause im Grünen

Seit über 80 Jahren sind hier Menschen für andere Menschen da. Wir fühlen uns einer langen Tradition verpflichtet und sind gleichzeitig offen für Neues. »Eden-Alternative« lautet das Konzept der Einrichtung. Egal ob jung oder alt, Menschen brauchen einen ganz normalen Alltag. Beibehaltung des gewohnten Tagesablaufs und die gewohnte Natur – gerade im Alter – das ist die Idee der Eden-Alternative. Die lieb gewordenen Haustiere (z.B. Hunde, Katzen, Vögel), das Sammeln von Puppen, Büchern oder Schallplatten, die Liebe zur Gartenarbeit und weitere Aktivitäten, ebenso wie Besuche aus Schulen und Kindergärten sowie gemeinschaftliche Veranstaltungen und Aktionen vermitteln unseren Bewohnern Verantwortung, Beschäftigung, Abwechslung und Geselligkeit. Das Haus wurde 2007 umfangreich saniert.

Gerd-Rüdiger Kollien, Direktor

Seniorenresidenz in Othmarschen – Maack

Anschrift: Rosenhagenstraße 56, 22607 Hamburg-Groß Flottbek
Heimleitung: Eveline Maack, Tel.: 040/89 08 90
Alten- und Pflegeheim mit 100 Plätzen
Wohnen: Alten- und Pflegeheim

- Unterkunft in Einzel- und Doppel-Appartements
- Verpflegung mit 4 Mahlzeiten
- Speise- und Aufenthaltsraum, Bibliothek, Garten
- Veranstaltungen, Spiele, Feste

Ausstattung: Die Appartements haben Einbauschrank, teilweise Pantry, WC und barrierefreie Dusche, Balkon oder Terrasse, Notruf, Telefon- und Kabelanschluss. Auf der

Etage: Pflegebad. Die Bewohner richten sich mit eigenen Möbeln ein.

Monatliches Heimentgelt:

	Stufe 0	Stufe I	Stufe II	Stufe III
Heimentgelt:	1.892,67	2.420,45	2.970,75	3.524,70
Pflegekasse:	0,00	–1.023,00	–1.279,00	–1.510,00
Zu zahlen:	**1.892,67**	**1.397,45**	**1.691,75**	**2.014,70**

Zuschlag für eine zweite Person (Familienangehöriger) im Appartement (beide Pflegestufe 0): € 307,–

Nahverkehr: S-Bahnhof Othmarschen, Linie: S1
Lage: Wohngebiet mit Ein- und Mehrfamilienhäusern, Villengegend. Einkaufen in der Waitzstraße am S-Bahnhof

Die Seniorenresidenz Maack in Othmarschen liegt in ruhiger und dennoch verkehrsgünstiger Lage. Unweit vom Beseler Platz mit seinen schönen Grünanlagen und der belebten Waitzstraße mit ihren vielfältigen Einkaufsmöglichkeiten hat unser Haus einen wirklich idealen Standort. Ein Spaziergang die Parkstraße hinunter – und man ist an der Elbe und kann auf dem Uferweg promenieren. Die S-Bahn verbindet Sie mit der City, und die Bushaltestelle am Beseler Platz bietet sich an für Fahrten innerhalb Othmarschens.

Eveline Maack, Heimleiterin

TABEA Leben bei Freunden

Anschrift: Luruper Hauptstraße 119, 22547 Hamburg-Lurup
Heimleitung: Jörg Kienast, Tel.: 040/840 52 30, www.tabea.de
Alten- und Pflegeheim mit 94 Plätzen, Tagespflege mit 18 Plätzen
Wohnen: Pflegewohngemeinschaften

- Unterkunft in Einzel- und Doppelzimmern
- Verpflegung mit 3 Mahlzeiten aus eigener Zubereitung, nachmittags Kaffee
- Wohnküchen, Aufenthaltsräume, Festsaal, Dachterrasse, Garten mit Hochbeeten
- Ausflüge, jahreszeitliche Feste, Malen, Spielen, gemeinsames Singen, Vorlesen aus der Zeitung, Andachten
- Demenz: Betreuung im Rahmen einer Tagesstruktur

Pflegenoten:

Pflege	Demenz	Betreuung	Wohnen	**Gesamt**	Bewohner
2,1	1,1	1,0	1,0	**1,4**	1,5

Ausstattung: Die Zimmer haben Pflegebett, Nachttisch, Schrank, Tisch und Stuhl, WC und barrierefreie Dusche, Notruf, Telefon und Kabelanschluss. Im Haus: Pflegebäder. Kleinmöbel können mitgebracht werden.

Monatliches Heimentgelt:

	Stufe 0	Stufe I	Stufe II	Stufe III
Heimentgelt:	2.067,04	2.637,11	3.231,52	3.829,88
Pflegekasse:	0,00	–1.023,00	–1.279,00	–1.510,00
Zu zahlen	**2.067,04**	**1.614,11**	**1.952,52**	**2.319,88**

Nahverkehr: Rugenbarg (Nord), Bus: 2, 22, 39, 186
Lage: Wohngebiet, Volkspark. Geschäfte in der Nähe

Nicht allein, aber nach eigenen Wünschen leben: So organisiert TABEA – Leben bei Freunden sein modernes Senioren- und Pflegeheim. Sie können wählen – zwischen dem Wohnen in einer Seniorenwohngruppe und der reinen Betreuung als Tagespflegegast. Das Besondere: Die Tagesstrukturen sind ähnlich wie in einer Familie. Zwischenmenschliche Nähe wird bei uns groß geschrieben. Sie sollen sich wohl und geborgen fühlen. Das Herz der Wohngruppen ist eine gemütlich eingerichtete Wohnküche, in der Sie individuell zubereitete Mahlzeiten einnehmen. Beim Kochen Ihrer Lieblingsgerichte oder anderen Aktivitäten können Sie gerne mithelfen. Im Zentrum stehen Sicherheit, Geborgenheit und Alltagsnormalität. Eine Wohngruppe für türkische ältere Menschen befindet sich im Aufbau.

Jörg Kienast, Heimleiter

Haus Sieberling

Anschrift: Sieberlingstraße 10, 22609 Hamburg-Nienstedten
Leitung: Marius Klein, Tel.: 040/82 58 58
www.stubbenhof.de
Alten- und Pflegeheim mit 27 Plätzen
Wohnen: Alten- und Pflegeheim

- Unterkunft in Einzel-Appartements mit 1, 1,5 und 2 Zimmern
- Verpflegung mit 3 Mahlzeiten sowie Kaffee, Kuchen, Obst oder Joghurt
- Speisesaal, Gymnastikraum
- Ausflüge, Veranstaltungen, Therapieangebote

Pflegenoten:

Pflege	Demenz	Betreuung	Wohnen	**Gesamt**	Bewohner
1,4	1,4	2,7	1,0	**1,5**	1,1

Ausstattung: Die Appartements haben WC und Dusche, teilweise Balkon, Dachboden, Notruf, Telefon- und TV-Anschluss. Die Bewohner richten sich mit eigenen Möbeln ein.

Monatliches Heimentgelt für ein Appartement bis 20 m²:

	Stufe 0	Stufe I	Stufe II	Stufe III
Heimentgelt:	2.000,11	2.541,28	3.105,88	3.674,12
Pflegekasse:	0,00	-1.023,00	–1.279,00	–1.510,00
Zu zahlen:	**2.000,11**	**1.518,28**	**1.826,88**	**2.164,12**

Je nach Appartementgröße und Ausstattung erhöht sich das monatliche Heimentgelt um bis zu € 308,–.

Nahverkehr: Sieberlingstraße, Bus: 36, 39, 286
Lage: Dorfkern von Nienstedten, Elbe, Nienstedtener Kirche. Geschäfte in der Nähe

Haus Sieberling liegt inmitten des Elbvorortes Nienstedten und lässt seine Bewohner unmittelbar am Leben dieses Stadtteils teilhaben. Jeweils wenige Meter entfernt befinden sich der Marktplatz, der Elbuferweg und die Nienstedtener Kirche. Ihnen steht ein großer Tagesraum mit der nach Süden vorgelagerten Veranda und ein wunderschön angelegter Südgarten zur Verfügung. Im Tagesraum können Sie an unserem reichhaltigen Veranstaltungsprogramm teilnehmen.
Ebenso wie Haus Sieberling den intimen Charakter eines privaten Wohngebäudes vermittelt, betreuen wir unsere Bewohner persönlich und individuell.

Marius Klein, Leiter

TABEA – Leben in Geborgenheit

Anschrift: Am Isfeld 19, 22589 Hamburg-Osdorf
Heimleitung: Ludger Langen, Tel.: 040/80 92-11 12, www.tabea.de
124 Wohnungen, 85 Appartements im Altenheim, 115 Pflegewohnungen und Pflegeheim mit 100 Plätzen
Wohnen: Altenheim, Pflegewohnungen und Pflegeheim

- Unterkunft in Einzelappartements oder Pflegewohnungen
- Appartements mit Mittagessen oder Vollverpflegung oder: Pflegewohnung mit 4 Mahlzeiten aus der eigenen Küche, Menüwahl
- Café, Bibliothek, Festsaal, Garten
- Ausflüge, Bibelgespräch, Konzerte, Film, Erzählcafé, Gesprächskreise
- Die stationäre Pflege erfolgt im Appartement beziehungsweise in der Pflegewohnung. Bei Bedarf ist ein Umzug in das Pflegeheim möglich.
- Demenz: Betreuung im Rahmen einer Tagesstruktur

Pflegenoten:

Pflege	Demenz	Betreuung	Wohnen	**Gesamt**	Bewohner
2,0	1,9	1,9	1,0	**1,8**	1,0

Ausstattung: Die Appartements beziehungsweise die Pflegewohnungen haben WC und Dusche, teilweise Balkon oder Terrasse, Notruf, Telefon- und Satelliten-TV-Anschluss. Die Bewohner richten sich mit eigenen Möbeln ein.

Pflegewohnbereich: Unterkunft in Einzel- und Doppelzimmern. Die Pflegezimmer haben Pflegebett, WC und Dusche, Balkon oder Terrasse, Notruf, Telefon- und Satelliten-TV-Anschluss. Auf der Etage: Dusche und Pflegebad. Etagenwohnzimmer. Kleinmöbel können mitgebracht werden.

Monatliches Heimentgelt:

	Stufe 0	Stufe I	Stufe II	Stufe III
Heimentgelt:	1.798,73	2.374,28	2.974,77	3.579,22
Pflegekasse:	0,00	–1.023,00	–1.279,00	–1.510,00
Zu zahlen:	**1.798,73**	**1.351,28**	**1.695,77**	**2.069,22**

Nahverkehr: Am Isfeld, Bus: 22; Isfeldkamp, Bus: 1

Lage: gemischtes Wohngebiet, Jenischpark, Teufelsbrück. Laden im Haus, Geschäfte in der Nähe

Wir versuchen, mit Umsicht und Einfühlungsvermögen bei unseren Bewohnern Lebensfreude zu erhalten oder wiederzugewinnen – trotz schwerster Krankheit und seelischer Leiden, die sie zu bewältigen haben. Pflege bei Tabea soll die Selbsthilfe fördern, Krisenzeiten überwinden helfen, und sie soll die moderne Medizin und den Pflegealltag zusammenbringen.

Auch Schwerstpflegebedürftige sollen ein Zuhause-Gefühl erleben können. Psycho-soziale und seelsorgerische Betreuung unterstützen dieses Bemühen.

Ludger Langen, Heimleiter

Haus Wittenbergen

Anschrift: Rissener Ufer 15, 22559 Hamburg-Rissen
Heimleitung: Ute Haats, Tel.: 040/81 23 25, www.haus-wittenbergen.net
Alten- und Pflegeheim mit 66 Plätzen und 2 Kurzzeitpflegeplätzen
Wohnen: Alten- und Pflegeheim
- Unterkunft in Ein- und Zweibettzimmern
- Verpflegung mit 6 Mahlzeiten, hauseigene Küche, morgens und abends Buffet
- Gemeinschaftsraum, Wintergärten, Garten mit Sonnenterrasse
- Ausflüge, Basteln, Singkreis, Vorträge, Gottesdienste, Sitztanz, Feste, Familienfeste

Ausstattung: Die Zimmer haben Pflegebett, WC und barrierefreie Dusche, Balkon oder Terrasse, Notruf, Telefon- und Satelliten-TV-Anschluss. Auf der Etage: Pflegebad. Im Einzelzimmer richten sich die Bewohner mit eigenen Möbeln ein, ansonsten können Kleinmöbel mitgebracht werden.

Monatliches Heimentgelt:

	Stufe 0	Stufe I	Stufe II	Stufe III
Heimentgelt:	1.855,31	2.359,07	2.874,38	3.400,04
Pflegekasse:	0,00	–1.023,00	–1.279,00	–1.510,00
Zu zahlen:	**1.855,31**	**1.336,07**	**1.595,38**	**1.890,04**

Nahverkehr: Tinsdaler Kirchenweg, Bus: 189, 286

Lage: Naturschutzgebiet direkt an der Elbe.

Unser Haus liegt direkt am Elbstrand. Von den Zimmern genießen Sie einen wunderschönen unverbauten Ausblick auf die Elbe und das Naturschutzgebiet, von dem wir umgeben sind. Die Zimmer können individuell eingerichtet werden. Bringen Sie doch ein Stück »Zuhause« mit. Fehlt etwas? Dafür sorgen wir. Ein vielfältiges Programm unseres Ergotherapeuten sowie unserer Altentherapeutin begleitet Sie durch den Tag. Auch Kurzzeitpflege ist bei uns möglich. Lassen Sie sich ihren Lebensabend durch uns versüßen.

Ute Haats, Heimleiterin

Stiftung Hanna Reemtsma Haus Wohnen im Park

Anschrift: Kriemhildstraße 15-17, 22559 Hamburg-Rissen

Leitung: Christoph Nemitz, Tel.: 040/81 95 80

58 Wohnungen, Wohnpflegehaus mit 3 stationären Wohngemeinschaften mit 42 Plätzen,

www.hanna-reemtsma-haus.de

Wohnen: Alten- und Pflegeheim

- Unterkunft in Einzelapartments
- Wohngruppen, Sinnesgarten direkt am Haus
- Die Mahlzeiten werden in den Küchen der Wohngruppen zubereitet. Die Bewohner können sich an den hauswirtschaftlichen Aktivitäten beteiligen.
- Jahreszeitliche Feste, Ergotherapie, Andachten, Konzerte, Kindergarten, Gesellschaftsveranstaltungen
- Demenz: Betreuung im Rahmen einer Tagesstruktur innerhalb der Wohngemeinschaft

Ausstattung: Die Apartments haben Pflegebett bei Bedarf, Einbauschrank, WC und barrierefreie Dusche, Balkon oder Terrasse, Notruf, Telefon- und TV-Anschluss. Auf der Etage: Pflegebad. Eigene Möbel sind erwünscht.

Monatliches Heimentgelt:

	Stufe I	Stufe II	Stufe III
Heimentgelt:	2.328,65	2.885,95	3.441,72
Pflegekasse:	–1.023,00	–1.279,00	–1.510,00
Zu zahlen:	**1.305,65**	**1.606,95**	**1.931,72**

Nahverkehr: S-Bahnhof Rissen, Linie: S1
Lage: Wohn- und Waldgebiet Klövensteen. Ein Shuttlebus fährt zum Ortszentrum Rissen und zum S-Bahnhof.

Unser modernes Wohnpflegehaus wird durch ein zentrales Tages- und Servicezentrum mit Gesellschaftsräumen z. B. Lounge, Restaurant, Konzert- und Andachtsraum, Medienräume, Physiotherapie, Kosmetik, Wellness und zahlreiche Dienstleistungsangebote ergänzt. Die Fünf-Villen sind unterirdisch mit einer Tiefgarage und Funktionsgebäuden verbunden. Unsere drei stationären Wohngruppen verfügen über Wohnküchen und mehrere Rückzugsbereiche. Alle Bewohner können sich an den hauswirtschaftlichen Aktivitäten beteiligen und auch das umfangreiche Beschäftigungsangebot wahrnehmen. Direkt am Haus finden sie einen Sinnesgarten und eine gepflegte große Parkanlage mit Sommerhaus und Teich. Für demente Bewohner bieten wir spezielle Betreuungsangebote.

Christoph Nemitz, Leiter

Schanzenresidenz Elisabeth Alten- und Pflegeheim der Freimaurer

Anschrift: Kleiner Schäferkamp 43, 20357 Hamburg-Sternschanze
Leitung: Helge Rodewald, Sybille Kröber (Pflegedienstleitung), Tel.: 040/44 18 08-0, www.schanzenresidenz.de
Alten- und Pflegeheim mit 174 Plätzen
Wohnen: Alten- und Pflegeheim
- Unterkunft in Einzel- und Doppel-Apartments

- Verpflegung mit 4 Mahlzeiten, mittags 2 Menüs zur Wahl, morgens und abends Buffet, nachmittags Kaffee
- Restaurant, Café, Musikzimmer, Speise- und Aufenthaltsräume auf den Etagen, Bibliothek, Andachtsraum, Gästezimmer, Wintergärten, Dachterassen, Garten
- Ausflüge, jahreszeitliche Feste, Konzerte, Filmclub am Donnerstag, Kulturelle Motivabende, »Bettenparties«, Kunst-, Musik-, Bewegungs-, Bastel-, Koch- und Backgruppen, ökumenische Gottesdienste, Freundeskreis
- Demenz: Betreuung im Rahmen einer Tagesstruktur

Ausstattung: Die Apartments haben Pflegebett, Nachttisch, Schrank, Tisch und Stühle, WC und barrierefreie Dusche, teilweise Balkon, Notruf, Telefon- und TV-Satellitenanschluss. Auf der Etage: Pflegebad. Auf Wunsch können eigene Möbel mitgebracht werden.

Monatliches Heimentgelt:

	Stufe 0	Stufe I	Stufe II	Stufe III
Heimentgelt:	2.016,54	2.548,89	3.104,06	3.663,18
Pflegekasse:	0,00	–1.023,00	–1.279,00	–1.510,00
Zu zahlen:	**2.016,54**	**1.525,89**	**1.825,06**	**2.153,18**

Nahverkehr: U-Bahnhof Schlump, Linien: U2, U3; S-Bahnhof Sternschanze, Linien: S11, S21, S31

Lage: Wohngebiet, Schanzenpark. Geschäfte in der Nähe, Einkaufsdienst, Begleitung zum Einkaufen

»Humanität zu üben, ist die oberste Pflicht eines Freimaurers. Im Jahre 1795 wurde diese Pflicht zur Tat.« Mit diesen Worten wurde 1795 das damalige Freimaurerkrankenhaus durch die fünf vereinigten hamburgischen Freimaurerlogen seiner Bestimmung übergeben. Bis heute hat sich daran nichts geändert. Die Schanzenresidenz fühlt sich dem Bekenntnis der Freimaurer zur Humanität verbunden. Im Jahr 1987 wurde das denkmalgeschützte Haus zu einem der schönsten Alten- und Pflegeheime umgebaut. Zur Schanzenresidenz wurde die Einrichtung mit einem Anbau von weiteren 64 Pflegeapartments. Die Schanzenresidenz bietet ein wirkliches Zuhause für ältere pflegebedürftige Menschen aller Glaubensrichtungen.

Helge Rodewald, Heimleiter

Stadtdomizil Altenpflege-Zentrum

Anschrift: Lippmannstraße 21, 22769 Hamburg-Sternschanze

Direktion: Sabine Riediger, Tel.: 040/43 28 10

Vermietung: Angela Gutknecht, Tel.: 040/970 70 970, www.stadtdomizil.de

Seniorenpflegeeinrichtung mit 179 Plätzen und 19 Kurzzeitpflegeplätzen

Wohnen: Seniorenpflegeeinrichtung

- Unterkunft in Einzel- und Doppel-Apartments
- Verpflegung mit 4 Mahlzeiten aus eigener Küche, Menüwahl
- Restaurant, Foyer, Dachterrasse, Gymnastik-, Snoezelen- und Beschäftigungsräume, Wohnzimmer, Garten
- Kunst- und Beschäftigungstherapie, Snoezelen, Medita-

tion, Tierempathie-Therapie, Basale Stimulation, Wassertreten, Wohlfühlbäder, Shiatsu
- Demenz: Betreuung im Rahmen einer Tagesstruktur

Pflegenoten:

Pflege	Demenz	Betreuung	Wohnen	**Gesamt**	Bewohner
1,8	1,2	1,0	1,0	**1,3**	1,0

Ausstattung: Die Apartments haben Pflegebett, Nachttisch, Tisch und Stühle, Schrank, WC und barrierefreie Dusche, teilweise Balkon, Notruf, Telefon-, Internet- und Kabelanschluss. Kleinmöbel können mitgebracht werden.

Monatliches Heimentgelt:

	Stufe I	Stufe II	Stufe III
Heimentgelt:	2.680,00	3.287,79	3.899,84
Pflegekasse:	–1.023,00	–1.279,00	–1.510,00
Zu zahlen:	**1.657,00**	**2.008,79**	**2.389,84**

Zuschlag für besondere Komfortleistungen (z. B. zusätzliche Wohnfläche) zwischen € 110,– und € 540,–

Nahverkehr: Bernstorffstraße, Bus: 3

Lage: Citylage, Wohngebiet. Kiosk im Haus, kleine Geschäfte in der Nähe

Unser Motto lautet: »Mitten im Leben«. Unser Seniorenpflegedomizil mit Aussicht auf Hamburg ist nicht nur durch den hohen Einzelzimmeranteil hochmodern. Die interessante Architektur und das Farbkonzept bieten eine warme und geschützte Atmosphäre. Zwei Wohnbereiche sind spezialisiert auf die Betreuung demenziell erkrankter Menschen. Unsere kulturellen Veranstaltungen finden einmal wöchentlich statt. Verschiedene Beschäftigungsangebote bieten wir täglich an.

Wir haben überdurchschnittlich viele Fachkräfte und hoch motivierte Mitarbeiter. Unser Haus ist geprägt durch Bewohnerorientierung und Offenheit. Dies bewirkt Lebendigkeit und Lebensfreude. Wir beraten Sie gern, auch am Wochenende.

Sabine Riediger, Direktorin

Altenpension Familie Philipps

Anschrift: Wentorfer Straße 70, 21029 Hamburg-Bergedorf
Inhaber: Stephan Philipps, Tel.: 040/721 94 05,
www.altenpension-philipps.eu
Alten- und Pflegeheim mit 45 Plätzen

Wohnen: Alten- und Pflegeheim

- Unterkunft in Einzel-Apartments und Einzelzimmern
- Verpflegung mit 5 Mahlzeiten
- Speise- und Aufenthaltsraum, Bibliothek, Schwimmbad, Teeküche, Sonnenterrasse, Garten
- Veranstaltungen, Vorlesen, Diavorträge, Stammtisch, Bibelstunde, Feste
- Demenz: Betreuung im Rahmen einer Tagesstruktur

Ausstattung: Die Apartments haben WC und Dusche, Notruf, Telefon- und Kabelanschluss. Die Zimmer haben Notruf, Telefon- und Kabelanschluss, Waschbecken. Auf der Etage: WC, Dusche und Pflegebad. Die Bewohner richten sich mit eigenen Möbeln ein.

Monatliches Heimentgelt:

	Stufe I	Stufe II	Stufe III
Heimentgelt:	2.392,23	2.966,56	3.544,85
Pflegekasse:	–1.023,00	–1.279,00	–1.510,00
Zu zahlen:	**1.369,23**	**1.687,56**	**2.034,85**

Soweit ein Bewohner nicht pflegebedürftig ist (Pflegestufe 0), wird ein Pensionspreis zwischen € 1.600,– und € 1.995,– berechnet.

Nahverkehr: Pfingstberg, Bus: 135, 235

Lage: Wohngebiet mit Ein- und Mehrfamilienhäusern. Einkaufen am Sachsentor

CURA Seniorencentrum Bergedorf

Anschrift: Gojenbergsweg 30, 21029 Hamburg-Bergedorf

Leitung: Isa Woltmann-Kaschube, Tel.: 040/89 72 560, www.cura-ag.com

65 Wohnungen und Pflegewohnbereich mit 131 Plätzen

Wohnen: Alten- und Pflegeheim

- Unterkunft in Einzel- und Doppelzimmern
- Verpflegung mit 4 Mahlzeiten aus eigener Küche, Menüwahl, Salatbuffet, nachmittags Kaffee
- Cafeteria, Gemeinschaftsraum, Bibliothek, Park
- Feste zu jeder Jahreszeit, Singkreis, Basteln und Gestalten, Lese- und Gesprächskreise, Tanzveranstaltungen
- Demenz: Betreuung im Rahmen einer Tagesstruktur – mit einem Garten der Sinne und Hochbeet

Pflegenoten:

Pflege	Demenz	Betreuung	Wohnen	**Gesamt**	Bewohner
1,6	1,0	1,3	1,0	**1,3**	1,2

Ausstattung: Die Zimmer haben Pflegebett, Nachttisch, Kleiderschrank, WC und barrierefreie Dusche, Notruf, Telefon- und Kabelanschluss. Auf der Etage: Pflegebad. Kleinmöbel können mitgebracht werden.

Monatliches Heimentgelt:

	Stufe 0	Stufe I	Stufe II	Stufe III
Heimentgelt:	2.021,10	2.569,27	3.140,87	3.716,41
Pflegekasse:	0,00	–1.023,00	–1.279,00	– 1.510,00
Zu zahlen:	**2.021,10**	**1.546,27**	**1.861,87**	**2.206,41**

Zuschlag für Selbstzahler: im Doppelzimmer monatlich € 619,96.

Nahverkehr: Reimboldsweg, Bus: 135, 335
Lage: Wohngebiet. Kiosk im Haus, kleine Geschäfte in der Nähe

Umgeben von einem weitläufigen Park liegt das CURA Seniorencentrum ruhig und doch direkt am Bergedorfer Zentrum. Unsere 103 Einzelzimmer laden Sie ein, sich Ihr eigenes Zuhause zu schaffen. Mit einer auf Ihre individuellen Bedürfnisse und Gewohnheiten zugeschnittenen Pflege leben Sie selbstbestimmt, sicher und geborgen. Ein neues Modell der fachärztlichen Versorgung bietet ein einmaliges Netz an ärztlicher Betreuung. Auf die Bedürfnisse dementer Menschen, die in einem eigenen Bereich leben, sind wir spezialisiert. In unserem Haus können Sie für sich bleiben, aber ebenso neue Kontakte knüpfen. Treffen Sie sich in unserem Café oder nehmen Sie an unseren zahlreichen Veranstaltungen teil. Wir laden Sie herzlich ein, einen Kaffee mit uns zu trinken oder an unseren Veranstaltungen teilzunehmen.

Isa Woltmann-Kaschube, Einrichtungsleiterin

ELIM Seniorencentrum Bergedorf

Anschrift: Am Güterbahnhof 9, 21035 Hamburg-Bergedorf
Heimleitung: Jens Jokisch, Tel.: 040/69 20 70-0, www.elim-diakonie.de
Stiftung Freie evangelische Gemeinde in Norddeutschland
Seniorencentrum mit 128 Plätzen

Wohnen: Seniorencentrum

- Unterkunft in Einzel- und Doppelzimmern
- Verpflegung mit 4 Mahlzeiten
- Speise- und Aufenthaltsräume, Café, Garten, Dachterrasse
- Ausflüge, Feste, Beschäftigungstherapie, regelmäßige Andachten
- Demenz: Betreuung im Rahmen einer Tagesstruktur

Pflegenoten:

Pflege	Demenz	Betreuung	Wohnen	**Gesamt**	Bewohner
1,5	1,0	1,0	1,0	**1,2**	1,0

Ausstattung: Die Zimmer haben Pflegebett, Nachttisch, Kleiderschrank, WC und barrierefreie Dusche, Notruf, Telefon und TV-Anschluss, auf Wunsch Internetanschluss. Persönliche Möbel können mitgebracht werden.

Monatliches Heimentgelt:

	Stufe 0	Stufe I	Stufe II	Stufe III
Heimentgelt:	1.995,86	2.546,46	3.120,18	3.697,86
Pflegekasse:	0,00	–1.023,00	–1.279,00	–1.510,00
Zu zahlen:	**1.995,86**	**1.523,46**	**1.841,18**	**2.187,86**

Zuschlag: für Dementenwohngruppe € 440,00
Nahverkehr: S-Bahnhof Bergedorf, Linien: S2, S21; Am Güterbahnhof, Bus: 227, 235-West
Lage: Wohngebiet, Bergedorfer Schloss. Geschäfte in wenigen Gehminuten in der Innenstadt

»Ich will euch tragen bis ins hohe Alter und bis ihr grau werdet (Jesaja 46,4)«. Unser Haus hat 116 Einzelzimmer (21 bis 23 qm) und sechs Doppelzimmer (30 qm) und liegt im Herzen des neuen Stadtquartiers »Am Güterbahnhof«. Teil des Centrums sind auch zwei Wohngruppen für jeweils 12 Menschen mit Demenzerkrankungen. Sie leben in Einzelzimmern, die rund um einen Gemeinschaftsraum mit Wohn- und Essbereich sowie eigener Küche liegen. »Alltagsbegleiter« unterstützen sie darin, sich an den Arbeiten des täglichen Lebens zu beteiligen und so ihren Alltag zu strukturieren. Sie können sicher sein, von unseren 80 Mitarbeitern menschlich und pflegerisch bestens umsorgt zu werden. Bilden Sie sich ein eigenes Urteil und besuchen Sie uns gerne. In einem Gespräch finden wir gemeinsam die richtige Lösung für Sie. Wir betreiben in Hamburg noch zwei weitere stationäre Pflegeeinrichtungen sowie zwei ambulante Pflegedienste und mehrere Servicebüros in Seniorenwohnanlagen. Bei uns finden Sie ein breit gefächertes Angebot an Dienstleistungen.

Pastor Jens Jokisch, Einrichtungsleiter

PFLEGEN & WOHNEN MOOSBERG

Anschrift: Moosberg 3, 21033 Hamburg-Lohbrügge
Direktion: Kerstin Jaffé,
www.pflegenundwohnen.de
Kundenservice: Anja Schäper, Tel.: 040/20 22 27 52
Pflegeeinrichtung mit 226 Plätzen und 1 Kurzzeitpflegeplatz

Wohnen: Pflegeeinrichtung

- Unterkunft in Einzel- und Doppelzimmern
- Verpflegung mit 3 Mahlzeiten, nachmittags Kaffee
- Speise- und Gemeinschaftsraum, Café-Pavillion, Hobby- und Freizeiträume, Park
- Ausflüge, jahreszeitliche Feste, gemeinsame Theaterbesuche, Singen, Gottesdienste, Vorlesen, Tanznachmittage, Basar
- Demenz: Betreuung im Rahmen einer Tagesstruktur

Pflegenoten:

Pflege	Demenz	Betreuung	Wohnen	**Gesamt**	Bewohner
1,3	1,0	1,0	1,0	**1,2**	1,1

Ausstattung: Die Zimmer haben Pflegebett, Nachttisch, Sitzmöbel, Einbauschrank, WC und barrierefreie Dusche, Balkon oder Terrasse, Notruf, Telefon- und Kabelanschluss. Auf der Etage: Pflegebad. Kleinmöbel können mitgebracht werden.

Monatliches Heimentgelt:

	Stufe 0	Stufe I	Stufe II	Stufe III
Heimentgelt:	1.687,00	2.228,26	2.794,99	3.357,15
Pflegekasse:	0,00	–1.023,00	–1.279,00	–1.510,00
Zu zahlen:	**1.687,00**	**1.205,26**	**1.515,99**	**1.847,15**

Zuschlag: Dementenbetreuung monatlich bis zu € 594,72
Nahverkehr: Moosberg, Bus: 234
Lage: Wohngebiet, Boberger Dünen, Bachlauf der Bille. Kiosk im Haus, Begleitung beim Einkaufen, Einkaufsfahrten

PFLEGEN & WOHNEN MOOSBERG – zu Hause in guten Händen. Eine Einrichtung mit langer Tradition, in der Senioren seit vielen Jahrzehnten ein sicheres Zuhause finden. Der besondere Wohnbereich für Menschen mit Demenz hat einen direkten Zugang zum geschützten Garten. Hier genießen unsere Bewohner schon im Frühling die ersten Sonnenstrahlen im Strandkorb. Im Café-Pavillon finden rund ums Jahr viele Veranstaltungen statt. Häufig in Zusammenarbeit mit unserem aktiven Freundeskreis, der sich seit einem Vierteljahrhundert für die Einrichtung und ihre Bewohner engagiert. Auch Kinder kommen regelmäßig ins Haus, um mit den Senioren gemeinsam zu feiern, zu spielen, zu singen und zu basteln. Bei uns ist jeder willkommen!

Kerstin Jaffé, Direktorin

Stiftung Altenheim St. Johannis St. Nikolai

Anschrift: Mittelweg 106, 20149 Hamburg-Harvestehude
Leitung: Uwe Koch, Tel.: 040/41 44 90,
www.altenheim-stjohannis-stnikolai.de
Alten- und Pflegeheim mit 121 Plätzen
Wohnen: Alten- und Pflegeheim

- Unterkunft in Ein- und Zwei-Zimmer-Appartements
- Verpflegung mit 3 Mahlzeiten und Nachmittagskaffee, morgens und abends Buffet. Persönliche Vorlieben werden berücksichtigt.
- Speise-, Gemeinschafts- und Therapieräume, Café con Takt, Bibliothek
- Ausflüge, Begehen kirchlicher und jahreszeitlicher Feste, Seelsorgeangebote, Andachten, Gottesdienste, Kurse der Seniorenakademie St. Nikolai, Konzerte, Vorträge
- Diakonie-Siegel-Pflege
- Demenz: Betreuung im Rahmen einer Tagesstruktur

Pflegenoten:

Pflege	Demenz	Betreuung	Wohnen	**Gesamt**	Bewohner
2,3	3,5	1,0	1,4	**2,1**	1,2

Ausstattung: Die Appartements haben Küchenzeile, teilweise Einbauschränke, WC und barrierefreie Dusche, Balkon oder Terrasse, Notruf, Telefon- und Kabelanschluss, Abstellschränke. Die Bewohner richten sich mit eigenen Möbeln ein.

Monatliches Heimentgelt:

	Stufe 0	Stufe I	Stufe II	Stufe III
Heimentgelt:	1.890,91	2.471,63	3.076,98	3.686,91
Pflegekasse:	0,00	–1.023,00	–1.279,00	–1.510,00
Zu zahlen:	**1.890,91**	**1.448,63**	**1.797,98**	**2.176,91**

Je nach Ausstattung und Größe (bis zu 69 m^2) des Appartements ist monatlich ein Zuschlag zwischen € 154,– und € 1.000,– zu zahlen.

Nahverkehr: Sophienterrasse, Bus: 109; U-Bahnhof Hallerstraße, Linie: U1

Lage: Wohngebiet, Alsterpark. Geschäfte in der Nähe, Wochenmarkt, Getränkeverkauf im Haus, Einkaufshilfen

Unser Haus zeichnet sich durch eine warme, offene und individuelle Atmosphäre aus. Wir betreuen Sie ganzheitlich: Körper, Seele und Geist werden gleichermaßen bedacht. Für uns bedeutet aktivierende Pflege, die Selbsthilfekräfte jedes Einzelnen zu fördern, zu erhalten und – wenn möglich – wiederherzustellen. Wir bieten Ihnen umfassende Hilfen und Veranstaltungen an, unter anderem Literatur- und Konzertnachmittage im Café con Takt, Englischkurse, Gymnastik. Die Seelsorgeangebote stehen bei uns natürlich im Mittelpunkt. Ein Besucher- und ein Förderkreis unterstützen unsere Arbeit. Wenn Sie unser Haus näher kennenlernen möchten, darf ich Ihnen unseren Mittagstisch anbieten. Wir freuen uns auf Ihren Anruf und beraten Sie gern.

Uwe Koch, Leiter

Pro Seniore Residenz Hamburg

Anschrift: Gazellenkamp 38, 22529 Hamburg-Lokstedt
Residenzleitung: Marcel Kubacki, www.pro-seniore.de
Residenzberatung: Thomas Zimmermann,
Tel.: 040/41 92 54 83

Alten- und Pflegeheim mit 147 Plätzen und 12 Kurzzeitpflegeplätzen, Abteilung für Wachkoma-Patienten und Heimbeatmung

Wohnen: Alten- und Pflegeheim

- Unterkunft in Einzel- und Doppelzimmern
- Verpflegung mit 4 Mahlzeiten, mittags Menü, morgens und abends Buffet
- Speiseraum und Gemeinschaftsküche auf der Etage, Café »Elbperle«, Hobby- und Therapieräume, Garten
- Ausflüge, jahreszeitliche Feste, Konzerte, Vorträge, Seidenmalerei, Holz- und Tonarbeiten, Vorlesen aus der Zeitung, Singkreis, Andachten, regelmäßige Angehörigentreffen
- Demenz: Betreuung im Rahmen einer Tagesstruktur

Ausstattung: Die Zimmer haben Pflegebett, Nachttisch, Schrank, Kommode, Tisch und Sessel, WC und barrierefreie Dusche, Notruf, Telefon- und Kabelanschluss. Auf der Etage: Pflegebad. Im Einzelzimmer können sich die Bewohner mit eigenen Möbeln einrichten. Im Doppelzimmer können Kleinmöbel mitgebracht werden.

Monatliches Heimentgelt:

	Stufe 0	Stufe I	Stufe II	Stufe III
Heimentgelt:	1.968,49	2.492,93	3.039,58	3.591,70
Pflegekasse:	0,00	–1.023,00	–1.279,00	–1.510,00
Zu zahlen:	**1.968,49**	**1.469,93**	**1.760,58**	**2.081,70**

Zuschlag: Für die Nutzung eines Doppelzimmers als Einzelzimmer wird ein monatlicher Zuschlag von € 466,60 berechnet.

Nahverkehr: Oddernskamp, Bus: 22, 39, 281

Lage: Hagenbecks Tierpark, Niendorfer Gehege. Geschäfte in der Grelckstraße

Wir begleiten unsere Bewohner mit Liebe und Verständnis in ihrem Alltag, schaffen Lebensqualität und Lebensfreude. Pflege verstehen wir als Hilfe zur Selbsthilfe, denn jeder noch so kleine Schritt in die Selbstständigkeit gibt unseren Bewohnern Stolz, Selbstvertrauen und Mut. In der behüteten Pflege gestalten wir vor allem den von Demenz betroffenen und hinlaufgefährdeten Bewohnern den Alltag abwechslungsreicher und damit lebenswerter. In unserem Vital-Centrum wollen wir Senioren zum Beispiel im Anschluss an einen Krankenhausaufenthalt beim Erlernen verloren gegangener Kompetenzen unterstützen. Hier können wir auch Wachkoma-Patienten und Menschen, die auf »Heimbeatmung« angewiesen sind, versorgen.

Marcel Kubacki, Residenzleiter

Seniorenwohnanlage Lokstedt

Anschrift: Julius-Vosseler-Straße 10, 22527 Hamburg-Lokstedt

Leitung: Oliver Langpaap, Tel.: 040/5 60 84 20 00, Vereinigte Hamburger Wohnungsbaugenossenschaft eG (vhw), www.vhw-hamburg.de

110 Wohnungen, Pflegeeinrichtung mit 117 Plätzen

Wohnen: Pflegeeinrichtung

- Unterkunft in Einzel- und Doppelzimmern/Apartments
- Verpflegung mit 4 Mahlzeiten
- Speisesaal, Café, Gemeinschaftsräume, Bewegungsbad, Sauna, Parkanlage, Bibliothek, Gemeinschaftsküche auf der Etage
- Ausflüge, Veranstaltungen, Therapieangebote, jahres-

zeitliche Feste, Vorlesen, Spielenachmittage, Sitzgymnastik, Dia- und Filmvorführungen, Gottesdienste, Heimzeitung, therapeutisches Essen für demente Bewohner

Pflegenoten:

Pflege	Demenz	Betreuung	Wohnen	**Gesamt**	Bewohner
1,2	1,5	1,0	1,0	**1,2**	1,1

Ausstattung: Die Zimmer haben Pflegebett, Nachttisch, Einbauschrank, WC und Dusche, Balkon oder Terrasse, Notruf, Telefon- und Kabelanschluss. Auf der Etage: Pflegebad. Die Bewohner richten sich mit eigenen Möbeln ein. Im Doppelzimmer können Kleinmöbel mitgebracht werden.

Monatliches Heimentgelt im Doppelzimmer:

	Stufe 0	Stufe I	Stufe II	Stufe III
Heimentgelt:	1.775,62	2.320,44	2.888,68	3.460,88
Pflegekasse:	0,00	–1.023,00	–1.279,00	–1.510,00
Zu zahlen:	**1.775,62**	**1.297,44**	**1.609,68**	**1.950,88**

Je nach Art und Größe des Apartments steigt das Heimentgelt zwischen € 15,21 und € 54,76.

Genossenschaftsanteile: Zum Erwerb der Mitgliedschaft sind 25 Genossenschaftsanteile in Höhe von €1.300,– notwendig, zuzüglich eines einmaligen Eintrittsgeldes von €55,–. Beim Einzug sind die Anteile auf bis zu € 1.456,– zu erhöhen. Die Höhe ist abhängig von der Zimmergröße.

Nahverkehr: Oddernskamp, Bus: 22, 39, 281

Lage: Hagenbecks Tierpark, Niendorfer Gehege. Geschäfte in der Grelckstraße

Die Seniorenwohnanlage Lokstedt bietet verschiedene altersgerechte Wohnformen an. Die 1985 erbaute und im Jahr 2010 vollständig modernisierte Einrichtung befindet sich am Straßendreieck Gazellenkamp/Oddernskamp/Julius-Vosseler-Straße, in der Nähe zum NDR. Hagenbecks Tierpark und das Niendorfer Gehege sind beliebte Ausflugsziele. Die Bushaltestelle direkt vor der Tür bietet eine gute Verkehrsanbindung. Mit unserem umfassenden Service und Betreuungsangebot sind wir bemüht, den vielfältigen Wünschen und Bedürfnissen unserer Bewohner Rechnung zu tragen. Neben einer professionellen Pflege durch examinierte Mitarbeiter sollen Ihnen Ausfahrten, Veranstaltungen und ein gutes gastronomisches Angebot das Leben in unserer Gemeinschaft angenehm machen und einen sicheren und schönen Lebensabend bereiten.

Oliver Langpaap, Leiter

ELIM Seniorencentrum Niendorf

Anschrift: Bondenwald 50, 22459 Hamburg-Niendorf
Einrichtungsleitung: Ulrich Reiser, Tel.: 040/55 42 50, Stiftung Freie evangelische Gemeinde in Norddeutschland, www.elim-diakonie.de
Alten- und Pflegeheim mit 115 Plätzen
Wohnen: Alten- und Pflegeheim
- Unterkunft in Einzel- und Doppelzimmern
- Verpflegung mit 5 Mahlzeiten
- Speisesaal, Aufenthalts- und Therapieräume, weitläufiges Parkgelände, Terrasse, Gottesdienst- und Mehrzweckraum
- Ausflüge, jahreszeitliche Feste, Beschäftigungstherapie, tägliche Andachten, Bibelarbeiten
- Demenz: Betreuung im Rahmen einer Tagesstruktur

Pflegenoten:

Pflege	Demenz	Betreuung	Wohnen	**Gesamt**	Bewohner
1,1	1,3	1,0	1,0	**1,1**	1,0

Ausstattung: Die Zimmer haben Pflegebett und Nachttisch, Einbauschrank, WC und barrierefreie Dusche, Balkon oder

Terrasse, Notruf, Telefon- und TV-Anschluss. Auf der Etage: Pflegebad.
Im Einzelzimmer richten sich die Bewohner mit eigenen Möbeln ein. Im Doppelzimmer können Kleinmöbel mitgebracht werden.

Monatliches Heimentgelt:

	Stufe 0	Stufe I	Stufe II	Stufe III
Heimentgelt:	1.807,86	2.367,89	2.951,95	3.539,97
Pflegekasse:	0,00	–1.023,00	–1.279,00	–1.510,00
Zu zahlen:	**1.807,86**	**1.344,89**	**1.672,95**	**2.029,97**

Nahverkehr: U-Bahnhof Niendorf Markt, Linie: U2
Lage: Wohngebiet, Niendorfer Gehege. Kiosk im Haus, einmal wöchentlich Einkaufsfahrten, 800 Meter bis zum Einkaufszentrum

ELIM, für ein würdevolles Zuhause im Alter. Das Altenzentrum Elim liegt idyllisch inmitten eines Landschaftsschutzgebietes am Rande des Niendorfer Geheges. Bei uns finden Sie ein breit gefächertes Angebot an hauswirtschaftlichen, betreuenden und pflegerischen Dienstleistungen, die wir Ihren persönlichen Wünschen und Lebenslagen anpassen. Sie können sicher sein, von uns jederzeit bestens umsorgt zu werden. Speziell für unsere dementen Bewohner stellen wir ein besonderes Betreuungsprogramm zusammen. Bilden Sie sich ein eigenes Urteil oder besser: Besuchen Sie uns. Im persönlichen Gespräch werden wir gemeinsam die richtige Lösung für Sie finden. Vereinbaren Sie einfach einen Termin.

Ulrich Reiser, Einrichtungsleiter

Diesterweg-Stiftung

Anschrift: Tierparkallee 30, 22527 Hamburg-Stellingen
Heimleitung: Susanne Haller, Tel.: 040/540 70 24,
www.diesterweg-stiftung.de
Seniorenpflegeeinrichtung mit 100 Plätzen
Wohnen: Seniorenpflegeeinrichtung

- Unterkunft in Ein- und Zwei-Zimmer-Apartments
- Verpflegung mit 3 Mahlzeiten aus eigener Küche, Nachmittagskaffee
- Speisesaal, großzügiges Foyer mit Flügel als Treffpunkt für musikalische Veranstaltungen, Bibliothek, Bewegungsraum, Garten, Gartenhaus für Familienfeiern
- Ausflüge, Feste, Konzerte, Vorträge, Gesprächskreise, Singen, Vorlesen, Basteln, Verkaufsveranstaltungen

- Mitglied der Qualitätsgemeinschaft Pflege im Paritätischen

Pflegenoten:

Pflege	Demenz	Betreuung	Wohnen	**Gesamt**	Bewohner
1,4	1,9	1,0	1,0	**1,3**	1,7

Ausstattung: Die Apartments haben eine kleine Küchenzeile, WC, teilweise Dusche und Bad, Loggia. Die Bewohner richten sich mit eigenen Möbeln ein.
Pflegewohnbereich: Unterkunft in Einzel- und Doppelzimmern mit Terrasse. Die Zimmer haben Pflegebett, Nachttisch, Tisch und Stühle, Bücherbord, Einbauschrank.
Wohnbereich Erdgeschoss: Kleinmöbel können mitgebracht werden. Auf jedem Stockwerk befindet sich ein Sanitärbereich. Notruf, Telefon- und Kabelanschluss sind für jeden Bewohner vorhanden.

Monatliches Heimentgelt:

	Stufe 0	Stufe I	Stufe II	Stufe III
Heimentgelt:	1.634,77	2.189,02	2.766,70	3.348,83
Pflegekasse:	0,00	–1.023,00	–1.279,00	–1.510,00
Zu zahlen:	**1.634,77**	**1.166,02**	**1.487,70**	**1.838,83**

Nahverkehr: Rathaus Stellingen, Bus: 22, 39, 281
Lage: Hagenbecks Tierpark, Niendorfer Gehege. Einkaufen am U-Bahnhof und an der Kieler Straße

Die Diesterweg-Stiftung verfügt über Einzel- und Doppelzimmer-Apartments. Wir bieten gesunde, altersgerechte Ernährung in einem modernen und doch behaglichen Speisesaal an. Auch Kurzzeitpflege ist bei uns möglich. Einen wesentlichen Raum im Zusammenleben nimmt das umfangreiche kulturelle Angebot ein. Dieses Haus soll kein Hotel, sondern ein behagliches Heim sein, in dem uns die Selbstständigkeit unserer Bewohner besonders am Herzen liegt. Der Kreis langjähriger Mitarbeiter aller Fachbereiche ist stets um freundliche Hinwendung zu den Bewohnern bemüht. Die enge, gute Zusammenarbeit mit dem engagierten Heimbeirat wird besonders gepflegt.

Susanne Haller, Heimleiterin

Senioren-Wohnanlage Mümmelmannsberg

Anschrift: Oskar-Schlemmer-Straße 25, 22115 Hamburg-Billstedt
Vermietung: Maren Klinger, Tel.: 040/716 02 20, Gemeinnützige Gesellschaft für Alten- und Behindertenhilfe m.b.H. (GGAB), www.ggab.de
Alten- und Pflegeheim mit 155 Plätzen und 4 Kurzzeitpflegeplätzen

Wohnen: Alten- und Pflegeheim

- Unterkunft in Einzelzimmern oder Apartments
- Verpflegung mit 3 Mahlzeiten, Menüwahl, nachmittags Kaffee
- Restaurant, Foyer mit Bibliothek, Gesellschaftsraum, Dachterrasse
- Ausflüge, jahreszeitliche Feste, Gottesdienste, Spaziergänge, Basteln, Bingo, Theater- und Musikveranstaltungen
- Demenz: Betreuung im Rahmen einer Tagesstruktur
- Mitglied der Gütegemeinschaft Pflege im Paritätischen

Pflegenoten:

Pflege	Demenz	Betreuung	Wohnen	**Gesamt**	Bewohner
2,8	3,0	1,0	1,4	**2,2**	1,2

Ausstattung: Die Zimmer haben Pflegebett und Nachttisch, WC und barrierefreie Dusche, Balkon, Notruf, Telefon- und Kabelanschluss. Die Apartments haben zusätzlich eine Küchenzeile. Auf der Etage: Pflegebad. Die Bewohner richten sich mit eigenen Möbeln ein.

Monatliches Heimentgelt:

	Stufe 0	Stufe I	Stufe II	Stufe III
Heimentgelt:	1.940,79	2.506,91	3.097,06	3.691,47
Pflegekasse:	0,00	–1.023,00	–1.279,00	–1.510,00
Zu zahlen:	**1.940,79**	**1.483,91**	**1.818,06**	**2.181,47**

Nahverkehr: U-Bahnhof Mümmelmannsberg, Linie: U2

Lage: Wohngebiet, Glinder Au. Einkaufszentrum

Schon seit mehr als 30 Jahren bieten wir mitten im Stadtteil Mümmelmannsberg älteren Menschen ein Zuhause. Gleichzeitig steht unser Haus auch als Treffpunkt für ältere Bewohner des Stadtteils und für Gäste offen, die zum Bei-

spiel am gemeinsamen Mittagessen teilnehmen können. Die Senioren-Wohnanlage wurde im Jahr 2000 aufwändig modernisiert und dabei erweitert und neu gestaltet.
Das Gespräch mit den Bewohnern und Angehörigen prägt in besonderer Weise unser Selbstverständnis und ermöglicht individuelle Pflege.
Unsere Arbeit ist getragen von Vertrauen, Sensibilität und Toleranz gegenüber allen Menschen, gleich welcher Religion und Herkunft. Unsere Mitarbeiter haben die fachliche sowie die menschliche Kompetenz, um auf Bedürfnisse, Wünsche und Gewohnheiten der älteren Menschen einzugehen, die gerade in diesem Lebensabschnitt ein Höchstmaß an Zuwendung verdienen.

Peter Eck, Leiter

Bodemann-Heim Finkenwerder

Anschrift: Norderschulweg 11, 21129 Hamburg-Finkenwerder
Heimleitung: Heinz-Günther Winkler,
Tel.: 040/74 21 76 22, Diakoniestiftung Alt-Hamburg, www.diakoniestiftung.de
Alten- und Pflegeheim mit 104 Plätzen
Wohnen: Alten- und Pflegeheim

- Unterkunft in Einzel- und Doppelapartments
- Verpflegung mit 3 Mahlzeiten, Salatbuffet, nachmittags Kaffee und Kuchen, morgens und abends Buffet
- Gemeinschafts- und Speisesaal, Veranda, Garten, Café mit Terrasse
- Freundeskreis, Spiele- und Klönnachmittage, jahreszeit-

liche Feste, Singen, Musikveranstaltungen, Basteln

- Demenz: Betreuung im Rahmen einer Tagesstruktur

Ausstattung: Die Zimmer haben Pflegebett, Nachttisch, WC und barrierefreie Dusche, Erker, Notruf, Telefon- und Kabelanschluss. Auf der Etage: Wohnküche und Pflegebad. Die Bewohner können sich mit eigenen Möbeln einrichten.

Monatliches Heimentgelt:

	Stufe 0	Stufe I	Stufe II	Stufe III
Heimentgelt:	1.987,64	2.574,14	3.185,89	3.801,59
Pflegekasse:	0,00	–1.023,00	–1.279,00	–1.510,00
Zu zahlen:	**1.987,64**	**1.551,14**	**1.906,89**	**2.291,59**

Nahverkehr: Norderschulweg, Bus: 150, 251; Finkenwerder Landungsbrücke, Fähre: 62, 64

Lage: Elbe, Ortskern Finkenwerder. Kiosk im Haus, Einkaufsstraße, Wochenmarkt

Das im Jahr 2002 fertiggestellte attraktive Bodemann-Heim der Diakoniestiftung Alt-Hamburg ist das evangelische Alten- und Pflegeheim in Finkenwerder. Es liegt zentral in Finkenwerder, im Norderschulweg und trotzdem in einer absolut ruhigen wie grünen Umgebung. In unserem Haus wird den Bewohnern ein Höchstmaß an Wohnqualität geboten. Das tägliche Leben bietet jedem Bewohner die Möglichkeit, auch im hohen Alter ein weitgehend selbstbestimmtes Leben zu führen. Fachgerechte Pflege durch engagiertes, qualifiziertes Personal sichert in enger Zusammenarbeit mit dem Arzt eigener Wahl die persönliche Gesundheitsbetreuung. Der abwechslungsreiche Speiseplan unserer Küche wird selbstverständlich von den Bewohnern mitgestaltet. Sie sollen sich in unserem Heim rundum wohlfühlen, ganz im Sinne unseres Mottos: Hier bin ick to Huus!

Heinz-Günther Winkler, Heimleiter

Haus Süderelbe

Anschrift: Hammer Landstraße 168, 20537 Hamburg-Hamm
Einrichtungsleitung: Claudia Saur, Träger: Wohnungsbaugenossenschaft »Süderelbe« eG, Kleinfeld 86, 21149 Hamburg, www.baugen-suederelbe.de
Beratung: Mandy Ehlert, Telefon 040/80 60 8-105 und Christine Baumgärtner, Telefon 040/80 60 8-104
57 Wohnungen, Pflegeeinrichtung mit 146 Plätzen und 5 Kurzzeitpflegeplätzen
Wohnen: Pflegeeinrichtung
• Unterkunft in Einzelzimmern

- Verpflegung mit 3 Mahlzeiten, nachmittags Kaffee und Gebäck, morgens und abends Buffet, Zwischenmahlzeiten, mittags 3 Menüs zur Auswahl
- Cafeteria, Gemeinschafts- und Speisesaal, Dachterrasse, Gästeappartement, Garten
- Ausflüge, Freundeskreis, Spiele- und Klönnachmittage, Gottesdienste, jahreszeitliche Feste, Kerzenscheinabende, Singen, Musikveranstaltungen, Gymnastik, Gedächtnistraining

Ausstattung: Die Zimmer haben Pflegebett, Schrank und Nachttisch, WC und barrierefreie Dusche, Balkon oder Terrasse, Notruf, Telefon-, Internet- und Satellitenanschluss. Auf der Etage: Pflegebad. Die Bewohner richten sich mit eigenen Möbeln ein.

Monatliches Heimentgelt:

	Stufe 0	Stufe I	Stufe II	Stufe III
Heimentgelt:	1.899,13	2.456,12	3.037,14	3.621,81
Pflegekasse:	0,00	–1.023,00	–1.279,00	–1.510,00
Zu zahlen:	**1.899,13**	**1.433,12**	**1.758,14**	**2.111,81**

Genossenschaftsanteile: Beim Eintritt in die Genossenschaft ist eine Aufnahmegebühr von € 30,– zu zahlen. Beim Einzug sind Genossenschaftsanteile in Höhe von max. € 2.250,– zu erwerben. Die Mitglieder erhalten für die Genossenschaftsanteile bis zu 4% Dividende.

Nahverkehr: U-Bahnhof Hammer Kirche, Linie: U2; Hübbesweg, Bus: 116

Lage: Wohngebiet, Hammer Park. Geschäfte in der Nähe

Unser Haus liegt mitten in Hamburg-Hamm in zweiter Baureihe der Hammer Landstraße. Öffentliche Verkehrsmittel, Einkaufsmöglichkeiten und Wohnen in charakteristischen Miethäusern sind in unmittelbarer Nachbarschaft, gleichzeitig können Sie ihren Balkon und die Außenanlagen in Ruhe genießen.

Als Wohnungsbaugenossenschaft stehen wir für Wohnkomfort. Die Gestaltung einer Lebensatmosphäre der Wertschätzung, Selbstbestimmung, Unterstützung und positiven Einstellung zum Leben und Altern ist unser Auftrag und gemeinsames Ziel.

Mit Freizeitangeboten für Körper, Seele und Geist, sowie gemütlichen Treffen, Ausflügen, Pflege von nachbarschaftlichen Beziehungen, der Gestaltung von pflegerischen und hauswirtschaftlichen Leistungen sorgen wir für die Wohlfühlatmosphäre im Haus.

Claudia Saur, Einrichtungsleiterin

Aktuell im Internet

www.umsorgt-wohnen.de

PFLEGEN & WOHNEN HORN

Anschrift: Bauerberg 10, 22111 Hamburg-Horn
Direktion: Witold Lesner, www.pflegenundwohnen.de
Kundenservice: Susanne Fabian, Tel.: 040/20 22-46 31
Pflegeeinrichtung mit 193 Plätzen und 1 Kurzzeitpflegeplatz

Wohnen: Pflegeeinrichtung

- Unterkunft in Einzel- und Doppelzimmern
- Verpflegung mit 3 Mahlzeiten, nachmittags Kaffee, vegetarische Kost, an einigen Tagen Auswahlessen
- Festsaal, Café »Klönschnack«, Tagesräume mit Teeküche, Sitzecken, Garten
- Ausflüge, jahreszeitliche Feste, Singkreis, Tanztee, Gottesdienste, Vorlesen, Diavorträge, Musikveranstaltungen, »Freundeskreis Pflegezentrum Horn e.V.« und ehrenamtliche Helfer

Pflegenoten:

Pflege	Demenz	Betreuung	Wohnen	**Gesamt**	Bewohner
1,3	1,1	1,0	1,0	**1,1**	1,1

Ausstattung: Die Zimmer haben Pflegebett, Nachttisch, Sitzmöbel, Einbauschrank, WC und teilweise barrierefreie Dusche, Balkon oder Terrasse, Notruf, Telefonanschluss. Auf der Etage: Dusche und Pflegebad. Kleinmöbel können mitgebracht werden.

Monatliches Heimentgelt:

	Stufe 0	Stufe I	Stufe II	Stufe III
Heimentgelt:	1.533,47	2.074,34	2.641,07	3.202,92
Pflegekasse:	0,00	–1.023,00	–1.279,00	–1.510,00
Zu zahlen:	**1.533,47**	**1.051,34**	**1.362,07**	**1.692,92**

Nahverkehr: Bauerberg, Bus: 31, 116,
U-Bahnhof Horner Rennbahn, Linie: U2
Lage: Wohngebiet. Kiosk im Haus, kleine Geschäfte in der Nähe

PFLEGEN & WOHNEN HORN – Leben unter Freunden. Unser Haus ist ein richtiger Treffpunkt für die Nachbarschaft. Bei uns kommen Familienmitglieder zusammen, viele haben sogar mehrere Angehörige, die hier leben. Alles, was man für die Gesundheit und zum Wohlfühlen braucht, kommt direkt ins Haus. Die Ärzte kennen ihre Patienten, Therapeuten haben ihre eigenen Räume. Und auch der Friseur, das Café Klönschnack sowie unser Restaurant mit Mittagstisch für Gäste gehören zur Einrichtung dazu. Regelmäßige Angehörigengespräche fördern den Austausch und das Miteinander. Im Festsaal finden regelmäßig große Veranstaltungen statt. Für die Bewohner und natürlich für unsere Nachbarn.

Witold Lesner, Direktor

Evangelisches Altenwohnheim Billwerder Bucht

Anschrift: Vierländer Damm 292, 20539 Hamburg-Rothenburgsort
Heimleitung: Sven Bruns, Tel.: 040/78 08 20,
Diakoniestiftung Alt-Hamburg, www.diakoniestiftung.de
56 Wohnungen, Alten- und Pflegeheim mit 54 Plätzen
Wohnen: Alten- und Pflegeheim

- Unterkunft in Einzel- und Doppelzimmern
- Verpflegung mit 3 Mahlzeiten, Salatbuffet, nachmittags Kaffee und Kuchen
- Speiseraum, Aufenthalts- und Hobbyräume, Dachterrasse mit Elbblick, Gästezimmer, Sitzgruppen
- Ausflüge, jahreszeitliche Feste, Konzerte, Tanzgruppe, Gottesdienste und Bibelstunden, Einzelbetreuung
- Demenz: Betreuung im Rahmen einer Tagesstruktur

Ausstattung: Die Zimmer haben Pflegebett, Nachttisch, Schrank, überwiegend WC und Dusche, Balkon oder Terrasse, Notruf, Telefon- und Kabelanschluss. Auf der Etage: Dusche und Pflegebad. Die Bewohner richten sich mit eigenen Möbeln ein.

Monatliches Heimentgelt:

	Stufe 0	Stufe I	Stufe II	Stufe III
Heimentgelt:	1.765,88	2.325,61	2.909,37	3.497,08
Pflegekasse:	0,00	–1.023,00	–1.279,00	–1.510,00
Zu zahlen:	**1.765,88**	**1.302,61**	**1.630,37**	**1.987,08**

Nahverkehr: Zollvereinsstraße, Bus: 120, 124, 130
Lage: Billwerder Bucht, Elbe, Traunspark. Gemischtwarenladen und Supermarkt in der Nähe

Unser Anliegen ist, dass Sie sich in unserem Haus sicher und geborgen fühlen. Deshalb liegt uns eine persönliche und wohnliche Atmosphäre sehr am Herzen. Wir möchten, dass Sie bei uns Ihre alltäglichen Gewohnheiten beibehalten können. Unsere Angebote und Hilfestellungen sind deshalb in einem hohen Maß individuell ausgerichtet.

Sven Bruns, Heimleiter

Heinrich-Sengelmann-Haus

Anschrift: Stiftstraße 50, 20099 Hamburg-St. Georg
Heimleitung: Norbert Ruttorf, Tel.: 040/284 05 60, Diakoniestiftung Alt-Hamburg, www.diakoniestiftung.de
Alten- und Pflegeheim mit 95 Plätzen
Wohnen: Alten- und Pflegeheim
- Unterkunft in Einzel- und Doppelzimmern

- Verpflegung mit 4 Mahlzeiten
- Gemeinschaftsräume, Wintergarten mit Terrasse, Dachterrasse, Innenhof
- Veranstaltungen und Therapieangebote
- Demenz: Betreuung im Rahmen einer Tagesstruktur

Ausstattung: Die Zimmer haben Pflegebett, Nachttisch, WC und barrierefreie Dusche, Notruf, Telefon- und Kabelanschluss. Auf der Etage: Pflegebad. Die Bewohner richten sich mit eigenen Möbeln ein. Möbel können auch gestellt werden.

Monatliches Heimentgelt:

	Stufe 0	Stufe I	Stufe II	Stufe III
Heimentgelt:	1.903,08	2.468,89	3.058,74	3.652,84
Pflegekasse:	0,00	–1.023,00	–1.279,00	–1.510,00
Zu zahlen:	**1.903,08**	**1.445,89**	**1.779,74**	**2.142,84**

Nahverkehr: U-Bahnhof Lohmühlenstraße, Linie: U1
Lage: Citylage. Einkaufsmöglichkeiten in der Nähe

Das Heinrich-Sengelmann-Haus befindet sich im Norden des Stadtteils St. Georg in einem ruhigen Wohngebiet. Das Haus hat überwiegend Einzelzimmer und erfüllt alle Bedingungen und Anforderungen einer guten und personengerechten Versorgung und Pflege. Die individuelle Gestaltung Ihres Lebensabends ist nicht nur möglich, sie wird auch gewünscht.

Norbert Ruttorf, Heimleiter

PFLEGEN & WOHNEN WILHELMSBURG

Anschrift: Hermann-Westphal-Straße 9, 21107 Hamburg-Wilhelmsburg
Direktion: Heiner Westphely, www.pflegenundwohnen.de
Kundenservice: Beate Wittkop, Claudia Gatzsche, Tel.: 040/20 22 42 25
32 Wohnungen, Pflegeeinrichtung mit 209 Plätzen und 3 Kurzzeitpflegeplätzen, Abteilung für Wachkoma-Patienten
Wohnen: Pflegeeinrichtung

- Unterkunft in Einzel- und Doppelzimmern
- Verpflegung mit 3 Mahlzeiten, Nachmittagskaffee, Menüwahl
- Speise- und Aufenthaltsräume, Hobby-, Freizeit-, Gemeinschaftsräume, Café, Teeküche auf der Etage, Park
- Ausflüge, Kurzurlaube, jahreszeitliche Feste, gemeinsame

Theaterbesuche, Singen, Fahrdienst, Gottesdienste, Vorlesen, Tanznachmittage, Handarbeitskreis, Kegelgruppe
- Demenz: Betreuung im Rahmen einer Tagesstruktur

Ausstattung: Die Zimmer haben Pflegebett, Nachttisch, Sitzmöbel, Einbauschrank, WC und barrierefreie Dusche, Wintergarten, Balkon oder Terrasse, Notruf, Telefon- und Satellitenanschluss. Auf der Etage: Pflegebad. Kleinmöbel können mitgebracht werden.

Monatliches Heimentgelt:

	Stufe 0	Stufe I	Stufe II	Stufe III
Heimentgelt:	1.721,16	2.300,97	2.907,54	3.509,86
Pflegekasse:	0,00	–1.023,00	–1.279,00	–1.510,00
Zu zahlen:	**1.721,16**	**1.277,97**	**1.628,54**	**1.999,86**

Zuschlag: Dementenbetreuung monatlich bis zu € 503,76, Wachkoma-Betreuung monatlich bis zu € 871,22
Nahverkehr: Adolf-Menge-Platz, Bus: 13, 34, 151, 152, 154
Lage: Wohngebiet, Bürgerhaus. Kleine Geschäfte in der Nähe, Einkaufsfahrten zum Markt

PFLEGEN & WOHNEN WILHELMSBURG
Gemeinsam auf der Elbinsel.
Eingebunden in diesen vielgestaltigen Stadtteil mit einem ausgeprägten Zusammengehörigkeitsgefühl, befindet sich unsere Einrichtung in einer Parkanlage direkt neben dem Bürgerhaus. Mit der großen Angebotspalette erfüllt die Einrichtung die Voraussetzung, den Wünschen vieler älterer Menschen nach pflegerischer Betreuung, privater Atmosphäre und Wohnen im Alter gerecht zu werden. Mit dem Angebot einer offenen, modellhaften Dementen- und Wachkoma-Betreuung verfügen wir über zwei Besonderheiten in der pflegerischen Versorgung.

Heiner Westphely, Direktor

PFLEGEN & WOHNEN ALSTERBERG

Anschrift: Maienweg 145, 22297 Hamburg-Alsterdorf
Direktion: Sandra Rachowitz, www.pflegenundwohnen.de
Kundenservice: Petra Eskin, Tel.: 040/20 22-39 00
Pflegeeinrichtung mit 233 Plätzen und 2 Kurzzeitpflegeplätzen, Abteilung für Demenzbewohner, jüngere Menschen, Wachkoma-Patienten und Heimbeatmung

Wohnen: Pflegeeinrichtung

- Unterkunft in Einzel- und Doppelzimmern
- Verpflegung mit 3 Mahlzeiten, nachmittags Kaffee, Menüwahl
- Restaurant, öffentliches Café, Rezeption, Wohnküche, Balkons und Dachterrassen, Gärten und Innenhöfe
- Ausflüge, jahreszeitliche Feste, gemeinsame Theaterbesuche, Singen, Gottesdienste, Vorlesen, Tanznachmittage, Töpfern, Musikveranstaltungen, Fahrdienst, Seidenmalerei, Sticken, Basar, Flohmärkte, Musiktherapie
- Demenz: Betreuung im Rahmen einer Tagesstruktur

Pflegenoten:

Pflege	Demenz	Betreuung	Wohnen	**Gesamt**	Bewohner
1,3	1,1	1,0	1,0	**1,2**	1,3

Ausstattung: Die Zimmer haben Pflegebett, Nachttisch, Sitzmöbel, Schrank, WC und barrierefreie Dusche, Notruf, Telefon- und Kabelanschluss. Auf der Etage: Pflegebad. Kleinmöbel können mitgebracht werden.

Monatliches Heimentgelt:

	Stufe 0	Stufe I	Stufe II	Stufe III
Heimentgelt:	2.013,50	2.565,62	3.143,91	3.717,63
Pflegekasse:	0,00	–1.023,00	–1.279,00	–1.510,00
Zu zahlen:	**2.013,50**	**1.542,62**	**1.864,91**	**2.207,63**

Zuschlag: Dementenbetreuung monatlich bis zu € 503,15
Nahverkehr: Suhrenkamp, Bus: 26, 174
Lage: Wohngebiet. Kleine Geschäfte in der Nähe, Begleitung beim Einkaufen, Einkaufsfahrten

PFLEGEN & WOHNEN ALSTERBERG – Aktiv am Alsterberg. Wir bieten Pflege und Betreuung für jeden, der sie benötigt – ganz gleich, wie alt er ist und aus welchen Gründen er pflegebedürftig geworden ist. Auch spezielle Schwerstpflege ist bei uns möglich, zum Beispiel für Wachkoma-Patienten oder für Menschen, die auf »Heimbeatmung« angewiesen sind. Viele unserer Mitarbeiterinnen und Mitarbeiter sind schon sehr lange hier tätig. Das liegt an der freundlichen Atmosphäre in unserem Haus, die wir in den Neubau mitgenommen haben. Unsere Bewohnerinnen und Bewohner gestalten ihren Alltag mit – unser Motto lautet: »Aktiv am Alsterberg«.

Sandra Rachowitz, Direktorin

Hesse-Diederichsen-Heim

Anschrift: Lämmersieth 75, 22305 Hamburg-Barmbek/Nord
Heimleitung: Felicitas Stempell, Tel.: 040/611 84 10,

www.hesse-diederichsen-heim.de
Pflegeheim mit 155 Plätzen

Wohnen: Pflegeheim

- Unterkunft in Einzel- und Doppelzimmern
- Verpflegung mit 4 Mahlzeiten aus eigener Küche
- Speise- und Veranstaltungssaal, Kino, Café, Therapieräume, Garten
- Ausfahrten, jahreszeitliche Feste, Andachten, Theater, musikalische Unterhaltung, Angehörigenstammtisch
- Demenz: Betreuung im Rahmen einer Tagesstruktur
- Mitglied der Qualitätsgemeinschaft Pflege im Paritätischen

Pflegenoten:

Pflege	Demenz	Betreuung	Wohnen	**Gesamt**	Bewohner
1,8	1,9	1,9	1,4	**1,8**	1,0

Ausstattung: Die Zimmer haben Pflegebett, Nachttisch, Tisch und Sessel, Einbauschrank, Notruf, Telefon- und Kabelanschluss. Auf der Etage: WC, barrierefreie Dusche und Pflegebad. Im Einzelzimmer können nach Absprache Kleinmöbel mitgebracht werden.

Monatliches Heimentgelt:

	Stufe 0	Stufe I	Stufe II	Stufe III
Heimentgelt:	1.658,49	2.221,26	2.808,07	3.399,13
Pflegekasse:	0,00	–1.023,00	–1.279,00	–1.510,00
Zu zahlen:	**1.658,49**	**1.198,26**	**1.529,07**	**1.889,13**

Das monatliche Heimentgelt in einem großen Zimmer oder im Einzelzimmer erhöht sich um € 45,53, im Neubau um € 77,25.

Nahverkehr: U-Bahnhof Alter Teichweg, Linie: U1

Lage: Wohngebiet. Verkaufswagen, kleines Geschäft in der Nähe

Das Haus ist für hilfsbedürftige alte Menschen geeignet. Sie sind der Mittelpunkt, um sie hat sich alles zu drehen. Alles, was das Leben der Bewohner in vernünftiger Weise erleichtern und verbessern kann, soll ermöglicht werden. Aktivierung von Körper und Geist ist von der Pflegeaufgabe nicht zu trennen. Eine noch so perfekte Pflege ist lückenhaft, wenn sie nicht mit menschlicher Zuwendung verbunden ist.

Felicitas Stempell, Heimleiterin

Altenhof der Evangelisch-reformierten Kirche in Hamburg

Anschrift: Winterhuder Weg 98–106, 22085 Hamburg-Barmbek/Süd

Heimleitung: Petra Winkler, Tel.: 040/229 41 10, www.erk-hamburg.de

45 Wohnungen, Pflegeheim mit 118 Plätzen

Wohnen: Pflegeheim

- Unterkunft in Einzel- und Doppelzimmern
- Verpflegung mit 5 Mahlzeiten aus eigener Küche, morgens und abends Buffet
- Speisesaal, Gemeinschaftsraum, Schwimmbad, Café, Erlebnisbad, Garten, Terrasse, Dachterrasse
- Ausflüge in unser Freizeithaus in Ratzeburg, Feste, Basteln, Spaziergänge, Spiele, Musik, Besuchsdienst, Gottesdienst, Gesprächskreis
- Demenz: Betreuung im Rahmen einer Tagesstruktur

Pflegenoten:

Pflege	Demenz	Betreuung	Wohnen	**Gesamt**	Bewohner
2,3	2,0	1,3	1,4	**1,9**	1,1

Ausstattung: Die Zimmer haben Pflegebett, Teeküche, WC und barrierefreie Dusche, Notruf, Telefon- und Kabelanschluss. Im Einzelzimmer richten sich die Bewohner mit eigenen Möbeln ein, im Doppelzimmer können Kleinmöbel mitgebracht werden.

Monatliches Heimentgelt:

	Stufe 0	Stufe I	Stufe II	Stufe III
Heimentgelt:	2.050,61	2.633,76	3.242,16	3.854,52
Pflegekasse:	0,00	–1.023,00	–1.279,00	–1.510,00
Zu zahlen:	**2.050,61**	**1.610,76**	**1.963,16**	**2.344,52**

Zuschlag: Dementenbetreuung monatlich bis zu € 578,29
Nahverkehr: Beethovenstraße, Bus: 25, 172, 173
Lage: Wohngebiet, Geschäfte in der Nähe

Unser »Altenhof« hat rundherum ein sehr schönes neues Gesicht bekommen, denn wir haben auch für Sie neu- und umgebaut. Sie werden begeistert sein! Unsere »Tür« ist für jeden älteren Menschen offen, egal welcher Herkunft. Und da wir ein Haus mit christlichem Bekenntnis sind, möchten wir ganz bewusst die persönliche und liebevolle Betreuung jeder Bewohnerin und jedes Bewohners hervorheben. Wie es der 23. Psalm sagt, so werden Sie unseren »Altenhof« tatsächlich erleben, zum einen als ein neues Zuhause mit menschlicher Wärme und Nähe und als einen Ort der Geborgenheit, Freude sowie Zufriedenheit und zum anderen mit wunderbarem Flair, ganz modernen Zimmern, wirklich sehr guter Küche, vielfältigen Freizeitangeboten, einem beheizten Schwimmbad und …
Schauen Sie doch mal vorbei, wir freuen uns auf Sie.

Petra Winkler, Heimleiterin

Senioren- und Pflegezentrum Am Barmbeker Markt

Anschrift: Stückenstraße 1-3, 22081 Hamburg-Barmbek/Süd

Hausleitung: Sebastian Thieswald, Tel.: 040/20 00 38-10, www.senvital.de

Pflegeheim mit 147 Plätzen und 2 Kurzzeitpflegeplätzen

Wohnen: Alten- und Pflegeheim

- Unterkunft in Einzel- und Doppelzimmern
- Verpflegung mit 4 Mahlzeiten aus eigener Küche, morgens und abends Buffet, mittags 3 Menüs zur Auswahl
- Restaurant/Veranstaltungssaal, Therapieräume, Gruppenräume mit Einbauküchen auf den Etagen, Dachterrassen
- Ausflüge, jahreszeitliche Feste, Andachten, Basteln, Filmvorführungen, Diavorträge, Konzerte, Singen, Angehörigentreffen, ehrenamtliche Mitarbeiter

- Demenz: Betreuung im Rahmen einer Tagesstruktur
- Separate Etage für junge Pflegebedürftige

Ausstattung: Die Zimmer haben Pflegebett, Nachttisch, Schrank, Tisch und Stühle, Notruf, Telefon- und Kabelanschluss, WC und barrierefreie Dusche. Auf der Etage: Pflegebad. Im Einzelzimmer richten sich die Bewohner mit eigenen Möbeln ein, im Doppelzimmer können Kleinmöbel mitgebracht werden.

Monatliches Heimentgelt:

	Stufe 0	Stufe I	Stufe II	Stufe III
Heimentgelt:	1.982,17	2.538,85	3.117,44	3.695,73
Pflegekasse:	0,00	–1.023,00	–1.279,00	–1.510,00
Zu zahlen:	**1.982,17**	**1.515,85**	**1.838,44**	**2.185,73**

Nahverkehr: U-Bahnhof Dehnhaide, Linie: U3

Lage: Wohngebiet. Supermarkt am Haus. Einkaufszentrum in der Nähe

Das SenVital Senioren- und Pflegezentrum »Am Barmbeker Markt« liegt in einer beliebten Wohngegend und in der Nähe zum Einkaufszentrum Hamburger Meile. Pflege und Betreuung richten sich nach individuellen Bedürfnissen, Einschränkungen, aber auch Ressourcen. Neben der Versorgung somatisch Erkrankter, widmen wir uns insbesondere der Begleitung demenziell erkrankter Menschen, aber auch die Pflege jüngerer Erwachsener hat unsere besondere Aufmerksamkeit. Der Anspruch an hohe Fachlichkeit wird ergänzt durch die hotelartige Ausstattung und Serviceleistungen, wie in allen Einrichtungen der SenVital. Täglich frische Speisen aus der hauseigenen Küche, Frühstück- und

Abendbuffet, Menüwahl am Mittag, serviert im Restaurant oder im Wohnbereich sowie zahlreiche Möglichkeiten zu Geselligkeit und Kommunikation in den Treffpunkten oder auf den großzügigen Dachterrassen runden das Angebot ab. Über 90 % Einzelzimmer.

Sebastian Thieswald, Hausleiter

St. Gertrud Gemeindepflege Alten- und Pflegeheim

Anschrift: Schubertstraße 16, 22083 Hamburg-Barmbek/Süd
Heimleitung: Irmtraut Voss, Tel.: 040/22 72 37 50
Diakoniestiftung Alt-Hamburg, www.diakoniestiftung.de
Alten- und Pflegeheim mit 114 Plätzen
Wohnen: Alten- und Pflegeheim

- Unterkunft in Einzel- und Doppelzimmern / Apartments
- Verpflegung mit 4 Mahlzeiten aus eigener Küche und Zwischenmahlzeiten, Menüwahl, Frühstücksbuffet
- Speise- und Veranstaltungssaal, Teeküche, Kapelle, Garten, Gruppen- und Aufenthaltsräume
- Ausfahrten, jahreszeitliche und monatliche Feste, Gottesdienste, seelsorgerische Betreuung, Betreuungsangebote wie Sitzgymnastik
- Demenz: Betreuung im Rahmen einer Tagesstruktur

Ausstattung: Die Zimmer und Apartments haben Pflegebett, Nachtschrank, auf Wunsch Kleiderschrank und Gardinen, WC und barrierefreies Duschbad, Notruf, Telefon- und Kabelanschluss. Auf der Etage: Pflegebad. Kleinmöbel können mitgebracht werden.

Monatliches Heimentgelt:

	Stufe 0	Stufe I	Stufe II	Stufe III
Heimentgelt:	2.069,47	2.666,01	3.287,79	3.914,14
Pflegekasse:	0,00	–1.023,00	–1.279,00	–1.510,00
Zu zahlen:	**2.069,47**	**1.643,01**	**2.008,79**	**2.404,14**

Zuschlag: für besondere Komfortleistungen € 201,05 bis € 360,25 pro Monat.

Nahverkehr: Schumannstraße, Bus: 172, 173

Lage: Wohngebiet. Einkaufszentrum, Geschäfte in der Nähe

Schon beim Betreten des Foyers fällt Ihr Blick in unseren Garten im Innenhof mit der weit über 100 Jahre alten Blutbuche, dem kleinen Bachlauf und den ansprechenden Grünanlagen. Lernen Sie unser Haus in Ihrem Stadtteil kennen, indem Sie als Senioren unseren Mittagstisch für Gäste nut-

zen oder testen Sie unsere Pflege und Betreuungsleistungen während eines Probewohnens oder einer Kurzzeitpflege. Für einen Besuch mit einem Beratungsgespräch stehen wir gern zur Verfügung.

Irmtraut Voss, Heimleiterin

Seniorenwohnanlage Kiefhörn

Anschrift: Kiefhörn 1, 22049 Hamburg-Dulsberg
Leitung: Marion Stapelfeldt, Tel.: 040/696 80 20 00, Vereinigte Hamburger Wohnungsbaugenossenschaft eG (vhw), www.vhw-hamburg.de
44 Wohnungen, Pflegeeinrichtung mit 125 Plätzen
Wohnen: Pflegeheim

- Unterkunft in Einzel- und Doppelzimmern/Apartments
- Verpflegung mit 4 Mahlzeiten und Nachmittagskaffee
- Garten, Speise- und Veranstaltungssaal, Gemeinschafts-

räume, Gemeinschaftsküche auf der Etage
- Ausflüge, Einkaufsfahrten, Feste, Flohmärkte, Töpfern, Therapieangebote

Ausstattung: Die Zimmer haben Pflegebett, Nachttisch, Einbauschrank, WC und teilweise Dusche, Balkon oder Terrasse, Notruf, Telefon- und Kabelanschluss. Auf der Etage: Dusche und Pflegebad. Die Bewohner richten sich mit eigenen Möbeln ein. Im Doppelzimmer können Kleinmöbel mitgebracht werden.

Monatliches Heimentgelt im Doppelzimmer:

	Stufe 0	Stufe I	Stufe II	Stufe III
Heimentgelt:	1.606,78	2.142,78	2.701,60	3.264,06
Pflegekasse:	0,00	–1.023,00	–1.279,00	–1.510,00
Zu zahlen:	**1.606,78**	**1.119,78**	**1.422,60**	**1.754,06**

Je nach Art und Größe des Apartments steigt das Heimentgelt zwischen € 36,81 und € 90,66.

Genossenschaftsanteile: Zum Erwerb der Mitgliedschaft sind 25 Genossenschaftsanteile in Höhe von €1.300,– notwendig, zuzüglich eines einmaligen Eintrittsgeldes von €55,–. Beim Einzug sind die Anteile auf bis zu € 3.328,– zu erhöhen. Die Höhe ist abhängig von der Zimmergröße und der Lage.

Nahverkehr: U-Bahn Wandsbek-Gartenstadt,
Linien: U1, U3

Lage: Wohngebiet, Kleingärten. Einkaufen am U-Bahnhof

Gerade im Alter ist es angenehm, von so mancherlei Beschwernissen des Alltags entlastet zu werden. In unserem Haus können Sie bei umfassendem Service und professio-

neller Betreuung diesen Lebensabschnitt gestalten. Viele Feste, Veranstaltungen und Hobbyangebote, vor allem aber die freundliche Atmosphäre am Kiefhörn, werden Ihnen den Eingewöhnungsprozess erleichtern. Wenn erforderlich, bieten wir Ihnen selbstverständlich fachmännische Pflege unter Berücksichtigung der individuellen Pflegesituation.

Marion Stapelfeldt, Leiterin

ELIM Seniorencentrum Eppendorf

Anschrift: Frickestraße 22, 20251 Hamburg-Eppendorf
Heimleitung: Claudia Schwill, Tel.: 040/46 06 34 11,
Stiftung Freie evangelische Gemeinde in Norddeutschland,
www.elim-diakonie.de
Alten- und Pflegeheim mit 60 Plätzen

Wohnen: Alten- und Pflegeheim

- Unterkunft in Einzel- und Doppelzimmern
- Verpflegung mit 4 Mahlzeiten
- Speisesaal, Mehrzweckraum, Andachtsraum, Atriumbalkon, Garten, Terrasse
- Veranstaltungen, Therapieangebote, tägliche Andachten, einmal in der Woche Gottesdienst

Pflegenoten:

Pflege	Demenz	Betreuung	Wohnen	**Gesamt**	Bewohner
2,5	1,1	1,0	1,0	**1,6**	1,2

Ausstattung: Die Zimmer haben Pflegebett und Nachttisch, WC und barrierefreie Dusche, Notruf, Telefon- und TV-Anschluss. Die Bewohner richten sich mit eigenen Möbeln ein.

Monatliches Heimentgelt:

	Stufe 0	Stufe I	Stufe II	Stufe III
Heimentgelt:	1.807,56	2.359,68	2.935,23	3.515,03
Pflegekasse:	0,00	–1.023,00	–1.279,00	–1.510,00
Zu zahlen:	**1.807,56**	**1.336,68**	**1.656,23**	**2.005,03**

Nahverkehr: Eppendorfer Park, Bus: 20, 25

Lage: Eppendorfer Park. Einkaufen am Eppendorfer Markt, Hoheluftchaussee

Das ELIM Seniorencentrum Eppendorf ist eine Einrichtung der Stiftung »Freie evangelische Gemeinde in Norddeutschland«, die in Hamburg drei Alten- und Pflegeheime, fünf Altenwohnanlagen und zwei ambulante Pflegedienste betreibt. Elim steht für über 100 Jahre Pflegeerfahrung.

Claudia Schwill, Heimleiterin

Stiftung Anscharhöhe
Carl-Ninck-Haus

Anschrift: Tarpenbekstraße 107, 20251 Hamburg-Eppendorf

Vermietung: Angelika Rott, Tel.: 040/46 69-307, Christine Seipelt, Tel.: 040/46 69-411, www.anscharhoehe.de

200 Wohnungen, Pflegeheim mit 160 Plätzen

Wohnen: Pflegeheim

- Unterkunft in Einzelzimmern
- Verpflegung mit 4 Mahlzeiten, mittags 3 Menüs zur Wahl, eigene Küche
- Tages- und Speiseräume auf der Etage, Bibliothek, »Café im Wintergarten«, Schwimmhalle mit Therapiebad, Gästeappartements
- Ausflüge, jahreszeitliche Feste, Vorträge, Konzerte, Töpfern, Malen, Singen, Spielenachmittage, Gottes-

dienste, Bibelstunden, gesellige Stunden, Fahrdienst, zum Teil gegen Bezahlung
- Demenz: Betreuung im Rahmen einer Tagesstruktur

Ausstattung: Die Zimmer haben Pflegebett, Nachttisch, Einbauschrank, WC und barrierefreie Dusche, Notruf, Telefon- und Kabelanschluss. Möbel können mitgebracht werden.

Monatliches Heimentgelt:

	Stufe I	Stufe II	Stufe III
Heimentgelt:	2.401,66	2.999,11	3.601,12
Pflegekasse:	–1.023,00	–1.279,00	–1.510,00
Zu zahlen:	**1.378,66**	**1.720,11**	**2.091,12**

Zuschlag: Dementenbetreuung monatlich € 565,81
Zusatzleistung: Zimmerservice monatlich € 76,05
Nahverkehr: Nedderfeld (Ost), Bus: 34, 281; Frickestraße, Bus: 22, 39
Lage: Wohngebiet, Park, Kiosk, Einkaufen am Nedderfeld und in Eppendorf

Stiftung Anscharhöhe
Haus Nedderfeld

Anschrift: Tarpenbekstraße 107, 20251 Hamburg-Eppendorf
Vermietung: Angelika Rott, Tel.: 040/46 69-307, Christine Seipelt, Tel.: 040/46 69-411, www.anscharhoehe.de
200 Wohnungen, Pflegeheim mit 102 Plätzen und 2 Kurzzeitpflegeplätzen

Wohnen: Pflegeheim

- Unterkunft in Einzel- und Doppelzimmern
- Verpflegung mit 4 Mahlzeiten aus eigener Küche, mittags 3 Menüs zur Wahl
- Tages- und Speiseräume auf der Etage, Bibliothek, »Café im Wintergarten«, Pflegebad, Gästeappartement
- Ausflüge, jahreszeitliche Feste, Vorträge, Konzerte, töpfern, malen, singen, Spielenachmittage, Gottesdienste, Bibelstunden, gesellige Stunden, Fahrdienst, zum Teil gegen Bezahlung
- Bei einer besonderen demenziellen Erkrankung ist ein Umzug in den Dementenwohnbereich des Carl-Ninck-Hauses möglich, siehe Seite 336.

Ausstattung: Die Zimmer haben Pflegebett, Nachttisch, Einbauschrank, WC und barrierefreie Dusche, Notruf, Telefon- und Kabelanschluss. Kleinmöbel können mitgebracht werden.

Monatliches Heimentgelt:

	Stufe I	Stufe II	Stufe III
Heimentgelt:	2.482,58	3.058,73	3.638,84
Pflegekasse:	–1.023,00	–1.279,00	–1.510,00
Zu zahlen:	**1.459,58**	**1.779,73**	**2.128,84**

Nahverkehr: Nedderfeld (Ost), Bus: 34, 281; Frickestraße, Bus: 22, 39

Lage: Wohngebiet, Park. Kiosk, Einkaufen am Nedderfeld und in Eppendorf

Altenzentrum Ansgar

Anschrift: Reekamp 49–51, 22415 Hamburg-Langenhorn

Leitung: Wolfgang Grunwald, Tel.: 040/530 47 40

Diakoniestiftung Alt-Hamburg, www.diakoniestiftung.de

Alten- und Pflegeheim mit 142 Plätzen

Wohnen: Alten- und Pflegeheim

- Unterkunft in Einzel- und Doppelzimmern
- Verpflegung mit 3 Mahlzeiten, nachmittags Kaffee, Menüwahl
- Gemeinschafts- und Speiseräume, Festsaal, Therapieräume, »Geburtstagszimmer«, Terrasse, Garten
- Ausflüge, Bibelstunden, Andachten, Gottesdienste, Mittwochsveranstaltungen, Diavorträge, Filme, Konzerte, ergotherapeutische Angebote, Literaturnachmittage, Angehörigentreffen, Förderverein, Seelsorgegruppe, ehrenamtliche Mitarbeiter, eigenes Fernsehprogramm

Ausstattung: Die Zimmer haben Pflegebett, Nachttisch, WC und barrierefreie Dusche, Notruf, Telefon- und Satellitenanschluss, Erker. Auf der Etage: Pflegebad. Die Bewohner richten sich mit eigenen Möbeln ein.

Monatliches Heimentgelt:

	Stufe 0	Stufe I	Stufe II	Stufe III
Heimentgelt:	1.933,49	2.522,12	3.136,00	3.753,83
Pflegekasse:	0,00	–1.023,00	–1.279,00	–1.510,00
Zu zahlen:	**1.933,49**	**1.499,12**	**1.857,00**	**2.243,83**

Nahverkehr: U-Bahnhof Langenhorner Markt, Linie: U1; Dreyerpfad, Bus: 292

Lage: Wohngebiet, Ansgar-Kirche. Kiosk im Haus, Einkaufszentrum Langenhorn Markt

Bei uns werden Sie Ihren Bedürfnissen entsprechend gefördert, begleitet, betreut und gepflegt. Sie können Ihr Zimmer mit Ihren Möbeln und nach Ihrem Geschmack einrichten, so dass Sie sich von Anfang an zu Hause fühlen können. Unsere Einrichtung ist behindertengerecht ausgestattet – dies bedeutet eine erhebliche Erleichterung und mehr Selbstständigkeit im Alltag. Durch das Engagement unserer ehrenamtlichen Helfer können wir Ihnen ein Mehr an individueller Betreuung anbieten. Unser Förderverein unterstützt unsere Arbeit in vielfältiger Weise.

Wolfgang Grunwald, Leiter

Seniorenwohnanlage Langenhorn

Anschrift: Dortmunder Straße 19–21, 22419 Hamburg-Langenhorn

Leitung: Grada Jakobs-van Drie, Tel.: 040/537 59 20 00, Vereinigte Hamburger Wohnungsbaugenossenschaft eG (vhw), www.vhw-hamburg.de

91 Wohnungen, Pflegeeinrichtung mit 105 Plätzen

Wohnen: Pflegeheim

- Unterkunft in Einzel- und Doppelzimmern/Apartments
- Verpflegung mit 4 Mahlzeiten, Menüwahl, Salatbuffet
- Café »Rosenstübchen«, Hobbyräume, Restaurant
- Ausflüge, Beschäftigungsangebote, jahreszeitliche Feste

Pflegenoten:

Pflege	Demenz	Betreuung	Wohnen	**Gesamt**	Bewohner
2,4	3,4	1,0	1,4	**2,1**	1,1

Ausstattung: Die Zimmer haben Pflegebett, Nachttisch, Einbauschrank, WC und Dusche, Wintergarten oder Terrasse, Notruf, Telefon- und Kabelanschluss. Auf der Etage: Pflegebad. Die Bewohner richten sich mit eigenen Möbeln ein. Im Doppelzimmer können Kleinmöbel mitgebracht werden.

Monatliches Heimentgelt im Doppelzimmer:

	Stufe 0	Stufe I	Stufe II	Stufe III
Heimentgelt:	1.761,32	2.297,32	2.856,13	3.418,60
Pflegekasse:	0,00	–1.023,00	–1.279,00	–1.510,00
Zu zahlen:	**1.761,32**	**1.274,32**	**1.577,13**	**1.908,60**

Je nach Art und Größe des Apartments steigt das Heimentgelt zwischen € 18,55 und € 48,67.

Genossenschaftsanteile: Zum Erwerb der Mitgliedschaft sind 25 Genossenschaftsanteile in Höhe von €1.300,– notwendig, zuzüglich eines einmaligen Eintrittsgeldes von €55,–. Beim Einzug sind die Anteile auf €1.456,– bis €1.976,– zu erhöhen. Die Höhe ist abhängig von der Zimmergröße.

Nahverkehr: Dortmunder Straße, Bus: 378

Lage: Wohngebiet, Grünanlagen, Spazierwege. Kiosk im Haus, Einkaufszentrum Käkenflur

Die Seniorenwohnanlage Langenhorn liegt in einem ruhigen, grünen Wohngebiet an der Stadtgrenze zu Norderstedt. Wir bieten unseren Bewohnern und Kurzzeitgästen neben einer fachkundigen, individuellen aktivierenden Pflege umfassende Beschäftigungs- und Veranstaltungsangebote. Aber auch palliativpflegerische Versorgungsangebote liegen uns am Herzen. Besuch von Angehörigen und Bekannten haben für unsere Bewohner einen hohen Stellenwert, daher sind sie uns jederzeit willkommen.

Grada Jakobs-van Drie, Leiterin

Haus Alstertal Seniorenpflegedomizil

Anschrift: Wellingsbütteler Landstraße 217, 22337 Hamburg-Ohlsdorf
Direktion: Günter Kassühlke, Tel.: 040/50 71 50
Vermietung: Angela Gutknecht, Tel.: 040/970 70 970, www.haus-alstertal.de

Seniorenpflegeeinrichtung mit 145 Plätzen

Wohnen: Seniorenpflegeeinrichtung

- Unterkunft in Einzel- und Doppel-Apartments
- Verpflegung mit 4 Mahlzeiten aus eigener Küche, Menüwahl
- Restaurant, Foyer, Festsaal, Dachterrasse, Gymnastik- und Beschäftigungsräume, eigener Park an der Alster
- Ausflüge, Singen, Spielen, Gottesdienste, Live-Musik, Kino, Snoezelen
- Demenz: Betreuung im Rahmen einer Tagesstruktur

Pflegenoten:

Pflege	Demenz	Betreuung	Wohnen	**Gesamt**	Bewohner
1,2	1,0	1,0	1,0	**1,1**	1,0

Ausstattung: Die Apartments haben Pflegebett, Nachttisch, Tisch und Stühle, Schrank, WC und Dusche, teilweise Balkon oder Terrasse, Notruf, Telefon- und Kabelanschluss. Kleinmöbel können mitgebracht werden.

Monatliches Heimentgelt:

	Stufe I	Stufe II	Stufe III
Heimentgelt:	2.685,18	3.279,59	3.877,95
Pflegekasse:	–1.023,00	–1.279,00	–1.510,00
Zu zahlen:	**1.662,18**	**2.000,59**	**2.367,95**

Für besondere Komfortleistungen (z. B. zusätzliche Wohnfläche) wird ein Zuschlag von € 110,– bis € 540,– erhoben.

Nahverkehr: S-Bahnhof Kornweg, Linie: S1

Lage: Wohngebiet mit Ein- und Zweifamilienhäusern. Kiosk im Haus, kleine Geschäfte am S-Bahnhof

Das Seniorenpflegedomizil Haus Alstertal liegt in beschaulicher Lage direkt am Alsterlauf. Die wunderschön angelegte

Gartenanlage mit Springbrunnen, Fasanerie und vielen Sitzgelegenheiten ist ein idealer Ort, um Ruhe und Erholung zu finden. Im Haus Alstertal ist der Bewohner Kunde, und der Kunde ist König. Die Tochter einer Bewohnerin hat uns mit einen Leserbrief im Hamburger Abendblatt so beschrieben: »Ich habe mich für das Haus Alstertal entschieden und es nicht bereut. Überall spürt man die fröhliche und liebevolle Atmosphäre. Die alten Herrschaften behalten, auch wenn sie noch so pflegebedürftig sind, ihre Würde. Meine Mutter fühlt sich dort sehr wohl und ich kann berufstätig bleiben, denn ich weiß, sie ist in sehr guten Händen. Dafür bin ich dankbar.« Besuchen Sie uns oder rufen Sie an – wir beraten Sie gerne und freuen uns auf Sie.

Günter Kassühlke, Direktor

PFLEGEN & WOHNEN FINKENAU

Anschrift: Finkenau 11, 22081 Hamburg-Uhlenhorst
Direktion: Frank Haesloop, www.pflegenundwohnen.de
Kundenservice: Stefanie Dünhardt, Tel.: 040/20 22 34 45
Pflegeeinrichtung mit 250 Plätzen und 1 Kurzzeitpflegeplatz sowie Palliativpflege
Wohnen: Pflegeeinrichtung

- Unterkunft in Einzel- und Doppelzimmern
- Verpflegung mit 3 Mahlzeiten, Menüwahl, nachmittags Kaffee
- Fest- und Speisesaal, Rezeption, öffentliches Café, Wohnküche und Tagesräume, Terrassen und Balkone, Garten

- Ausflüge, kulturelle Veranstaltungen, Gottesdienste, Vorlesen, Singen, Fahrdienst, Freundeskreis
- Palliative Pflege: Palliative Care-Fachkräfte und ehrenamtliche, ausgebildete Hospitzbegleiter
- Demenz: Betreuung im Rahmen einer Tagesstruktur, beschützter eigener Garten

Pflegenoten:

Pflege	Demenz	Betreuung	Wohnen	**Gesamt**	Bewohner
1,2	1,0	1,0	1,0	**1,1**	1,2

Ausstattung: Die Zimmer haben Pflegebett, Nachttisch, Sitzmöbel, Einbauschrank, WC und barrierefreie Dusche, Notruf, TV-Anschluss, teilweise Telefonanschluss. Auf der Etage: Pflegebad. Kleinmöbel können mitgebracht werden.

Monatliches Heimentgelt:

	Stufe 0	Stufe I	Stufe II	Stufe III
Heimentgelt:	2.003,16	2.576,57	3.177,06	3.772,38
Pflegekasse:	0,00	–1.023,00	–1.279,00	–1.510,00
Zu zahlen:	**2.003,16**	**1.553,57**	**1.898,06**	**2.262,38**

Zuschlag: Dementenbetreuung monatlich bis zu € 509,84
Nahverkehr: U-Bahnhof Mundsburg, Linie: U3; Finkenau, Bus: 37
Lage: Wohngebiet. Begleitung zum Einkaufen

PFLEGEN & WOHNEN FINKENAU
Ihr Zuhause mit Kultur.
Unser Haus ist eine der ältesten Pflegeeinrichtungen Hamburgs. Sie befindet sich zentral im Stadtteil, eingebettet in eine Parkanlage, in der ein Familienquartier entsteht.
Wir sehen es als unsere Aufgabe, Tradition und moderne Altenpflege zu verbinden. Der Neubau mit 180 Einzel- und 35 Doppelzimmern, direkt an der Finkenau bietet ein Ambiente, das den heutigen Bedürfnissen unserer Bewohner entspricht. Neben der adäquaten pflegerischen Versorgung durch Fachkräfte ist es unser Ziel, den Senioren ihre Selbstständigkeit solange wie möglich zu erhalten. So werden vielfältige Beschäftigungsmöglichkeiten, Veranstaltungen sowie therapeutische Hilfen angeboten.

Frank Haesloop, Direktor

PFLEGEN & WOHNEN UHLENHORST

Anschrift: Heinrich-Hertz-Straße 90, 22085 Hamburg-Uhlenhorst
Direktion: Sabine Wirtz, www.pflegenundwohnen.de
Kundenservice: Anja Kutzleb, Tel.: 040/2 02 21-43 06
Pflegeeinrichtung mit 200 Plätzen und 1 Kurzzeitpflegeplatz
Wohnen: Pflegeeinrichtung

- Unterkunft in Einzel- und Doppelzimmern
- Verpflegung mit 3 Mahlzeiten, nachmittags Kaffee, Menüwahl
- Speise- und Aufenthaltsräume auf allen Wohnebenen, Restaurant mit Bühne, Terrasse
- Ausfahrten, Literaturkreis, Sing- und Malkreise, Theater- und Musikaufführungen, Tanztee, Spiele, Gottesdienste, Freundeskreis Oberaltenallee

Pflegenoten:

Pflege	Demenz	Betreuung	Wohnen	**Gesamt**	Bewohner
2,1	2,0	1,0	1,0	**1,6**	1,2

Ausstattung: Die Zimmer haben Pflegebett, Nachttisch, Sitzecke mit Tisch und Sessel, Einbauschrank, WC und barrierefreie Dusche, Balkon oder Dachterrasse, Notruf, Telefon- und Kabelanschluss. Auf der Wohnebene: Pflegebad. Nach Absprache können die Zimmer gern mit persönlichen Möbelstücken ergänzt werden.

Monatliches Heimentgelt:

	Stufe 0	Stufe I	Stufe II	Stufe III
Heimentgelt:	1.895,47	2.449,11	3.028,92	3.604,16
Pflegekasse:	0,00	–1.023,00	–1.279,00	–1.510,00
Zu zahlen:	**1.895,47**	**1.426,11**	**1.749,92**	**2.094,16**

Nahverkehr: U-Bahnhof Mundsburg, Linie: U3
Lage: Wohngebiet, Parkanlage. Kiosk im Haus, Einkaufszentrum

Das Epiphanienhaus in Winterhude

Anschrift: Jarrestraße 75, 22303 Hamburg-Winterhude
Heimleitung: Lothar Lepold, Tel.: 040/27 84 45,
Diakoniestiftung Alt-Hamburg, www.diakoniestiftung.de
Alten- und Pflegeheim mit 115 Plätzen und 2 Kurzzeitpflegeplätzen
Wohnen: Alten- und Pflegeheim

- Unterkunft in Einzel- und Doppel-Apartments
- Verpflegung mit 4 Mahlzeiten, Menüwahl, nachmittags Kaffee, abends Buffet
- Speisesaal, Aufenthaltsräume, Veranstaltungsraum, Wintergärten, Schwimmbad, Bibliothek, Café, Teeküche auf der Etage
- Urlaubsreisen, Ausflüge, jahreszeitliche Feste, Gottesdienste, Musikveranstaltungen, Diavorträge, Vorlesen, Kreativgruppe, Heimzeitung
- Diakonie-Siegel-Pflege

Ausstattung: Die Apartments haben WC und Dusche, teilweise Balkon oder Terrasse, Notruf, Telefon- und Kabelanschluss. Auf der Etage: Pflegebad. Die Bewohner richten sich mit eigenen Möbeln ein.
Pflegebereich: Unterkunft in Einzel- und Doppelzimmern. Die Pflegezimmer haben Pflegebett, WC und barrierefreie Dusche, Notruf, Telefon- und Kabelanschluss. Auf der Etage: Pflegebad. Kleinmöbel können mitgebracht werden.
Monatliches Heimentgelt:

	Stufe 0	Stufe I	Stufe II	Stufe III
Heimentgelt:	1.754,93	2.326,22	2.922,15	3.522,03
Pflegekasse:	0,00	–1.023,00	–1.279,00	–1.510,00
Zu zahlen:	**1.754,93**	**1.303,22**	**1.643,15**	**2.012,03**

Nahverkehr: U-Bahnhof Saarlandstraße, Linie: U3
Lage: Wohngebiet, Stadtpark. Kiosk im Haus, Geschäfte in der Nähe

Eigenständig und doch geborgen!
Eines Tages – ganz unbemerkt – spricht man von seinem Zuhause und meint Epiphanien! Wir bauen Ihnen eine sichere Brücke zu Ihrem neuen Lebensabschnitt, so dass auch Sie das Epiphanienhaus bald Ihr Zuhause nennen können. Mittendrin in der lebendigen Jarrestadt bieten wir Ihnen eine zugewandte und sorgsame Pflege und Versorgung. Für Unterhaltung und ein abwechslungsreiches Programm ist ebenfalls gesorgt. Wir begrüßen Sie gern in unserer Informationsstunde immer am Mittwoch von 10.00 bis 11.00 Uhr oder am Donnerstag von 17.00 bis 18.00 Uhr.

Lothar Lepold, Heimleiter

Haus Winterhude

Anschrift: Willistraße 1, 22299 Hamburg-Winterhude
Leitung: Carl-Heinz Wawrzik, Tel.: 040/480 24 92, www.stubbenhof.de
Alten- und Pflegeheim mit 32 Plätzen
Wohnen: Alten- und Pflegeheim

- Unterkunft in Einzel-Appartements mit 1 und 2 Zimmern
- Verpflegung mit 3 Mahlzeiten sowie Kaffee, Kuchen, Obst oder Joghurt
- Speise- und Gymnastikraum, Terrasse und Garten, Kamin
- Ausflüge, Spiele, Diavorträge, Spaziergänge

Ausstattung: Die Appartements haben WC und Dusche, teilweise Balkon, Notruf, Telefon- und Kabelanschluss. Die Bewohner richten sich mit eigenen Möbeln ein.

Monatliches Heimentgelt für ein Appartement bis 28 m²:

	Stufe 0	Stufe I	Stufe II	Stufe III
Heimentgelt:	1.951,41	2.462,66	2.995,62	3.531,92
Pflegekasse:	0,00	–1.023,00	–1.279,00	–1.510,00
Zu zahlen:	**1.951,41**	**1.439,66**	**1.716,62**	**2.021,92**

Je nach Appartementgröße und Ausstattung erhöht sich das monatliche Heimentgelt um bis zu € 480,–.

Nahverkehr: U-Bahnhof Sierichstraße, Linie: U3; Maria-Louisen-Straße, Bus: 109
Lage: Leinpfadkanal. Einkaufen in der Sierichstraße

Die ehemalige Kaufmannsvilla liegt direkt am Leinpfadkanal mit eigenem Bootssteg und großem Garten. Die individuelle Betreuung der Bewohner steht bei uns an erster Stelle, so dass sich alle Aktivitäten nach deren Bedürfnissen richten. Unsere Senioren- und Pflegepension bietet mit ihren 32 Appartements einen privaten Wohnbereich, in dem jeder Bewohner – egal, welcher Pflegestufe – individuell betreut wird.
Unser Motto lautet: Wir verstehen die Bedürfnisse der Menschen – darum pflegen wir!

Carl-Heinz Wawrzik, Leiter

Seniorenhaus Matthäus

Anschrift: Maria-Louisen-Straße 30, 22301 Hamburg-Winterhude
Leitung: Rainer Gropp, Telefon: 040/46 85 30, Diakoniestiftung Alt-Hamburg, www.diakoniestiftung.de

Alten- und Pflegeheim mit 122 Plätzen

Wohnen: Alten- und Pflegeheim

- Unterkunft in Einzel- und Doppelzimmern
- Verpflegung mit 5 Mahlzeiten, morgens und abends Buffet, Menüwahl
- Speise- und Aufenthaltsräume, Wintergarten und Garten am Leinpfadkanal
- Ausflüge, Gesprächskreise, Andachten und Gottesdienste
- Demenz: Betreuung im Rahmen einer Tagesstruktur

Ausstattung: Die Zimmer haben WC und barrierefreie Dusche, teilweise Balkon, Notruf, Telefon- und Kabelanschluss. Auf der Etage: Pflegebad. Die Bewohner richten sich mit eigenen Möbeln ein.

Monatliches Heimentgelt:

	Stufe I	Stufe II	Stufe III
Heimentgelt:	2.709,21	3.313,65	3.921,75
Pflegekasse:	–1.023,00	–1.279,00	–1.510,00
Zu zahlen:	**1.686,21**	**2.034,65**	**2.411,75**

Nahverkehr: U-Bahnhof Sierichstraße, Linie: U3; Maria-Louisen-Straße, Bus: 109
Lage: Wohngebiet, das Haus liegt direkt am Leinpfadkanal. Einkaufen in der Sierichstraße und Maria-Louisen-Straße

Das Seniorenhaus befindet sich im Stadtteil Winterhude direkt an der Alsterkehre zum Rondeel und zum Leinpfadkanal, an den auch unser schöner Garten grenzt. Das Haus hat einen wirklich idealen Standort für Spaziergänge, denn die Alster ist nur einige Gehminuten entfernt.
Drei Dinge sind uns wichtig, damit man sich auch innerhalb des Hauses geborgen fühlt: Wir versorgen unsere Bewohner nach neuesten wissenschaftlichen Pflegeerkenntnissen, außerdem legen wir sowohl auf die menschliche als auch die seelsorgerische Zuwendung großen Wert.

Rainer Gropp, Leiter

Seniorenwohnanlage Neuwiedenthal

Anschrift: Rehrstieg 44, 21147 Hamburg-Hausbruch
Leitung: Sabine Schirmer, Tel.: 040/797 03 20 00
Vereinigte Hamburger Wohnungsbaugenossenschaft eG (vhw), www.vhw-hamburg.de

132 Wohnungen, Pflegeeinrichtung mit 93 Plätzen

Wohnen: Pflegeheim

- Unterkunft in Einzel- und Doppelzimmern/Apartments
- Verpflegung mit 4 Mahlzeiten
- Gemeinschaftsräume, Bewegungsbad
- Ausflüge, Veranstaltungen, Therapieangebote

Ausstattung: Die Zimmer haben Pflegebett, Nachttisch, Einbauschrank, WC und barrierefreie Dusche, Balkon oder Terrasse, Keller, Notruf, Telefon- und Kabelanschluss. Auf der Etage: Pflegebad. Die Bewohner richten sich mit eigenen Möbeln ein. Im Doppelzimmer können Kleinmöbel mitgebracht werden.

Monatliches Heimentgelt im Doppelzimmer:

	Stufe 0	Stufe I	Stufe II	Stufe III
Heimentgelt:	1.732,42	2.275,42	2.841,23	3.411,30
Pflegekasse:	0,00	–1.023,00	–1.279,00	–1.510,00
Zu zahlen:	**1.732,42**	**1.252,42**	**1.562,23**	**1.901,30**

Je nach Art und Größe des Apartments steigt das Heimentgelt zwischen € 13,69 und € 51,72.

Genossenschaftsanteile: Zum Erwerb der Mitgliedschaft sind 25 Genossenschaftsanteile in Höhe von € 1.300,– notwendig, zuzüglich eines einmaligen Eintrittsgeldes von € 55,–. Beim Einzug sind die Anteile auf bis zu € 2.340,– zu erhöhen. Die Höhe ist abhängig von der Zimmergröße und Lage.
Nahverkehr: S-Bahnhof Neuwiedenthal, Linie: S3
Lage: Harburger Berge, Altes Land. Einkaufszentrum

Die im Jahr 2009 vollständig modernisierte Seniorenwohnanlage Neuwiedenthal liegt im Süden Hamburgs, vor den Toren des Alten Landes. Ein gut und bequem zu erreichendes Wald- und Heidegebiet lädt zum Spazierengehen ein. Einkaufsmöglichkeiten und Kirchen finden Sie in der näheren Umgebung. Selbstverständlich bieten wir Ihnen fachkundige Pflege. Ein umfassendes Service- und Betreuungsangebot, Veranstaltungen, Hobbygruppen, das Bewegungsbad und Ausfahrten werden Ihnen das Einleben erleichtern sowie einen abwechslungsreichen und zugleich selbstständigen Alltag ermöglichen. Sicher haben Sie vor einer Entscheidung noch viele Fragen, die wir gern in einem persönlichen Gespräch vertraulich mit Ihnen erörtern.

Sabine Schirmer, Leiterin

PFLEGEN & WOHNEN HEIMFELD

Anschrift: An der Rennkoppel 1, 21075 Hamburg-Heimfeld
Direktion: Maike Völkel, www.pflegenundwohnen.de
Kundenservice: Doris Paulußen, Tel.: 040/20 22-40 40
Pflegeeinrichtung mit 267 Plätzen und 1 Kurzzeitpflegeplatz

Wohnen: Pflegeeinrichtung
- Unterkunft in Einzel- und Doppelzimmern
- Verpflegung mit 3 Mahlzeiten, nachmittags Kaffee
- Speise- und Aufenthaltsräume in den Wohnbereichen, Festsaal, Café, Garten
- Ausflüge, jahreszeitliche Feste, Musikveranstaltungen, Filmabende, Singen, Vorlesen am Bett, Bingo, Skat, Schach, Spiele
- Demenz: Betreuung im Rahmen einer Tagesstruktur

Pflegenoten:

Pflege	Demenz	Betreuung	Wohnen	**Gesamt**	Bewohner
1,6	1,4	1,0	1,4	**1,4**	1,1

Ausstattung: Die Zimmer haben Pflegebett, Nachttisch, Sitzmöbel, Schrank, WC und barrierefreie Dusche, Notruf, Telefon- und Kabelanschluss. Auf der Etage: Dusche und Pflegebad. Kleinmöbel können mitgebracht werden.

Monatliches Heimentgelt:

	Stufe 0	Stufe I	Stufe II	Stufe III
Heimentgelt:	1.921,02	2.499,61	3.095,54	3.686,90
Pflegekasse:	0,00	–1.023,00	–1.279,00	–1.510,00
Zu zahlen:	**1.921,02**	**1.476,61**	**1.816,54**	**2.176,90**

Zuschlag: Dementenbetreuung monatlich bis zu € 505,88
Nahverkehr: S-Bahnhof Heimfeld, Linie: S3; Thörlstraße, Bus: 142
Lage: Wohngebiet. Kiosk im Haus, Geschäfte in der Nähe

Senioren- & Pflegeheim Margarethenhof

Anschrift: Wohldorfer Damm 156, 22395 Hamburg-Bergstedt
Leitung: Birgitta Palm, Tel.: 040/604 87 42
www.margarethenhof-hamburg.de
Pflegeheim mit 68 Plätzen
Wohnen: Pflegeheim
- Unterkunft in Ein- und Zweibettzimmern
- Verpflegung mit 4 Mahlzeiten, nachmittags Kaffee
- Tages- und Speiseraum, Wintergarten mit Terrasse, Teeküchen, Garten mit Fischteich
- Ausflüge, Jahreszeitenfeste, Basteln, Spiele, Vorlesungen, Handarbeiten, Musikveranstaltungen, Heimzeitung
- Demenz: Betreuung im Rahmen einer Tagestruktur

Ausstattung: Die Zimmer haben Pflegebett, Nachttisch, Schrank, Tisch, Stuhl, Bad mit WC und barrierefreie Dusche, Notruf, Telefon- und Antennen-TV-Anschluss. Auf der Etage: Pflegebad und zusätzlich ein medizinisches Bad. Die Bewohner richten sich mit eigenen Möbeln ein.

Monatliches Heimentgelt:

	Stufe 0	Stufe I	Stufe II	Stufe III
Heimentgelt:	1.757,36	2.298,84	2.863,74	3.432,59
Pflegekasse:	0,00	–1.023,00	–1.279,00	–1.510,00
Zu zahlen:	**1.757,36**	**1.275,84**	**1.584,74**	**1.922,59**

Zuschlag: für ein Einzelzimmer € 219,33
Nahverkehr: U-Bahnhof Hoisbüttel, Linie: U1, Fußweg ca. 20 Minuten
Lage: Wohngebiet, Wald- und Naturschutzgebiet. Kleiner Laden in der Nähe, Fahrdienst zum Bergstedter Markt und Einkaufsfahrten mit Begleitung

Ihre gute alte Zeit können wir Ihnen nicht zurückgeben. Gemeinsam können wir aber Ihren Alltag so gestalten, dass er Ihren Bedürfnissen und Ihrer Persönlichkeit entspricht. Wir verstehen unsere Aufgabe darin, Sie in Ihrer Einzigartigkeit zu akzeptieren. Wir verstehen Sie als selbstständigen Menschen, der verantwortlich für sein Handeln ist. Wir verstehen Sie als kompetenten Partner. Unsere Pflege ist daher auf die Förderung Ihrer Autonomie angelegt.

Birgitta Palm, Leiterin

Alten- und Pflegepension Else Günther

Anschrift: Braamheide 36–38, 22175 Hamburg-Bramfeld
Heimleitung: Elke Rathmann, Tel.: 040/643 12 61, www.else-guenther.de
Alten- und Pflegeheim mit 31 Plätzen

Wohnen: Alten- und Pflegeheim

- Unterkunft in Einzel- und Doppelzimmern
- Verpflegung mit 3 Mahlzeiten und Nachmittagskaffee
- Garten, Terrasse, Gemeinschaftsraum mit Wintergarten
- Ausflüge, Veranstaltungen, Therapieangebote

Ausstattung: Die Zimmer sind teilmöbliert, haben WC und teilweise Dusche, Notruf, Telefon- und Kabelanschluss. Pflegebad auf der Etage. Kleinmöbel können nach Absprache mitgebracht werden.

Monatliches Heimentgelt:

	Stufe I	Stufe II	Stufe III
Heimentgelt:	2.097,16	2.645,32	3.197,45
Pflegekasse:	–1.023,00	–1.279,00	–1.510,00
Zu zahlen:	**1.074,16**	**1.366,32**	**1.687,45**

Nahverkehr: Kienholt, Bus: 277; Neusurenland, Bus: 27, 168

Lage: Ruhige Wohnlage. Geschäfte in der Nähe

Unser Haus liegt in einer ruhigen Wohngegend Hamburgs, im Stadtteil Bramfeld. Die Anlage ist überwiegend ebenerdig. Individuelle Betreuung unserer Gäste in einer familiären Atmosphäre ist für uns selbstverständlich. Ein großer Aufenthaltsraum und ein Wintergarten laden zum gemütlichen Klönen oder auch zum Fernsehen ein. Den Sommer genießen unsere Gäste im Garten, inmitten blühender Rosen.

Elke Rathmann, Inhaberin

Max Brauer Haus

Anschrift: Hohnerredder 23, 22175 Hamburg-Bramfeld
Einrichtungsleitung: Regina Jäck, Tel.: 040/642 15 60, www.alida.de
195 Wohnungen, Pflegeheim mit 57 Plätzen und 1 Kurzzeitpflegeplatz
Wohnen: Pflegeheim

- Unterkunft in Doppelzimmern
- Verpflegung mit 4 Mahlzeiten aus eigener Küche, nachmittags Kaffee
- Gemeinschaftsraum, Cafeteria, Bibliothek, Terrasse und Garten
- Ausflüge, Feste, Konzerte, Diavorträge, Theater, Lesungen, Freizeitprogramm, Vorlesen und Gespräche
- Mitglied der Qualitätsgemeinschaft Pflege im Paritätischen

Ausstattung: Die Zimmer haben Pflegebett, WC und barrierefreie Dusche, Notruf, Telefon- und Kabelanschluss. Auf der Etage: Pflegebad. Kleinmöbel können mitgebracht werden.

Monatliches Heimentgelt:

	Stufe 0	Stufe I	Stufe II	Stufe III
Heimentgelt:	1.779,56	2.348,42	2.941,91	3.539,06
Pflegekasse:	0,00	–1.023,00	–1.279,00	–1.510,00
Zu zahlen:	**1.779,56**	**1.325,42**	**1.662,91**	**2.029,06**

Nahverkehr: Fahrenkrön, Bus: 277; Hohnerkamp (Mitte), Bus: 173

Lage: Ruhiges Wohngebiet, kleiner Wald. Kiosk im Haus, Geschäfte in der Nähe

»Für meine Mutter ist es schwierig, alt und hilflos zu werden und Unterstützung anzunehmen. Viel lieber würde sie selbstständig oder bei mir, der Tochter, leben. Das geht leider nicht mehr. Manchmal macht das traurig.«
Im Max Brauer Haus werden diese und andere Lebensgeschichten ernst genommen. Menschen sind uns wichtig. Wir

stellen uns auf unsere Bewohnerinnen und Bewohner ein. Sie dürfen so sein, wie sie sind. Bei uns ist es auch möglich, dass ein pflegebedürftiger Senior in den Pflegewohnbereich zieht und der Angehörige eine Wohnung (siehe Seite 221) mietet. So können Paare weiterhin unter einem Dach leben.

Regina Jäck, Einrichtungsleiterin

Senioren-Pflegepension Mützendorpsteed Dieter Wurm

Anschrift: Mützendorpsteed 9, 22179 Hamburg-Bramfeld
Leitung: Ursula Sawallisch, Tel.: 040/64 60 52 09
www.pflegeheim-wurm.de
Alten- und Pflegeheim mit 22 Plätzen
Wohnen: Alten- und Pflegeheim

- Unterkunft in Einzel- und Doppelzimmern

- Verpflegung mit 6 Mahlzeiten, Menüwahl
- Saal, Speisesaal, Bibliothek, Cafeteria, Therapieraum, Garten, Terrasse
- Ausflüge, jahreszeitliche Feste, Andachten, Spaziergänge, Liedernachmittage, Musikveranstaltungen, Bewegungs- und Beschäftigungstherapie

Pflegenoten:

Pflege	Demenz	Betreuung	Wohnen	**Gesamt**	Bewohner
1,8	1,0	1,9	1,4	**1,5**	1,0

Ausstattung: Die Zimmer haben Pflegebett, Nachttisch, Schrank, Tisch und Stuhl, WC und barrierefreie Dusche, große Terrasse, Notruf, Telefon- und Kabelanschluss. Auf der Etage: Pflegebad. Kleinmöbel können mitgebracht werden.

Monatliches Heimentgelt:

	Stufe 0	Stufe I	Stufe II	Stufe III
Heimentgelt:	1.936,04	2.408,97	2.902,99	3.397,01
Pflegekasse:	0,00	–1.023,00	–1.279,00	–1.510,00
Zu zahlen:	**1.936,04**	**1.385,97**	**1.623,99**	**1.887,01**

Nahverkehr: Bramfeld Dorfplatz, Bus: 8, 37, 118, 173, 277

Lage: Wohngebiet, Bramfelder See. Einkaufsdienst, Kiosk, Einkaufsmöglichkeiten am Bramfelder Dorfplatz, Wochenmarkt

Zwei Häuser, eine Philosophie
Unsere Bewohnerinnen und Bewohner sollen sich, unter Berücksichtigung ihrer eigenen Gewohnheiten, bei uns geborgen und zu Hause fühlen. Dazu gehören individuelle Essens- und Ruhezeiten. Unsere aktivierende Pflege bietet Hilfestellung in allen Bereichen des tägliches Lebens an mit

dem Ziel, Eigenständigkeit zu erhalten, zu fördern oder wiederzuerlangen. Sollte sich der Pflegeaufwand bis zur Schwerstpflegebedürftigkeit erhöhen, so wird kein Wechsel auf eine Pflegestation notwendig. Die umfassende pflegerische und medizinische Versorgung leisten unsere Haus- und Fachärzte gemeinsam mit unseren qualifizierten Mitarbeitern.

Pflegeteam Wurm

Theodor Fliedner Haus

Anschrift: Berner Chaussee 37–41, 22175 Hamburg-Bramfeld
Heimleitung: Michael Scheer, Tel.: 040/646 04 50,
www.tfh-hamburg.de
Alten- und Pflegeheim mit 122 Plätzen
Wohnen: Alten- und Pflegeheim
- Unterkunft in Einzel- und Doppelzimmern

- Verpflegung mit 4 Mahlzeiten, mittags 2 Menüs zur Auswahl, Salatbuffet, morgens und abends Buffet, nachmittags Kaffee
- Speisesaal, Hobby- und Therapieräume, Wohngruppenräume, Terrasse im Innenhof
- Ausflüge, jahreszeitliche Feste, Konzerte, Vorträge, Seidenmalerei, Basteln und Tonarbeiten, Vorlesen aus der Zeitung, Gymnastik, regelmäßige Angehörigentreffen, Gottesdienste, Spaziergänge mit Begleitung
- Demenz: Betreuung im Rahmen einer Tagesstruktur

Pflegenoten:

Pflege	Demenz	Betreuung	Wohnen	**Gesamt**	Bewohner
1,3	2,5	1,9	1,0	**1,4**	1,1

Ausstattung: Die Zimmer haben Pflegebett, Nachttisch, Schrank, WC und barrierefreie Dusche, Balkon oder Terrasse, Notruf, Telefon- und Satellitenanschluss. Auf der Etage: Pflegebad. Kleinmöbel können mitgebracht werden.

Monatliches Heimentgelt:

	Stufe 0	Stufe I	Stufe II	Stufe III
Heimentgelt:	2.174,73	2.748,15	3.345,90	3.947,92
Pflegekasse:	0,00	–1.023,00	–1.279,00	–1.510,00
Zu zahlen:	**2.174,73**	**1.725,15**	**2.066,90**	**2.437,92**

Nahverkehr: Hohnerkamp, Bus: 277

Lage: Wohngebiet, Bramfelder See. Kiosk im Haus, Geschäfte in der Nähe

Das im Jahr 1998 neu erbaute Theodor Flieder Haus bietet großzügige Einzel- und Doppelzimmer mit Balkonen und ist in allen Bereichen auf individuelle Pflege ausgerichtet. »Geborgenes Wohnen, liebevolles Pflegen« ist das Leit-

motto, unter das wir unsere Arbeit stellen. Damit Sie sich bei uns wohlfühlen, halten wir ein reichhaltiges Veranstaltungsangebot bereit und ergänzen dies durch Ausfahrten zu ausgewählten, attraktiven Zielen in Hamburg.
Ein besonderes Highlight ist unser liebevoll gestalteter, geschützter Innenhof mit seinen vielen blühenden Pflanzen, der zum Ausspannen, Begegnen und Feiern einlädt.
Für Menschen mit eingeschränkter Orientierung halten wir schon seit 1988 besondere tagesstrukturierende Angebote bereit, die ihnen Geborgenheit bieten.

Michael Scheer, Heimleiter

PFLEGEN & WOHNEN FARMSEN

Anschrift: August-Krogmann-Straße 100, 22159 Hamburg-Farmsen/Berne
Direktion: Yvonne Dobke, www.pflegenundwohnen.de

Kundenservice: Judith Hüsken, Tel.: 040/20 22-22 14
Pflegeeinrichtung mit 220 Plätzen und 9 Kurzzeitpflegeplätzen

Wohnen: Pflegeeinrichtung

- Unterkunft in Einzel- und Doppelzimmern
- Verpflegung mit 3 Mahlzeiten, nachmittags Kaffee
- Speise- und Festsaal, Hobby- und Freizeiträume, Tagesräume, Café, Terrasse und Park, Teeküche auf der Etage
- Ausflüge, Kurzurlaube, jahreszeitliche Feste, gemeinsame Theaterbesuche, Singen, Fahrdienst
- Demenz: Betreuung im Rahmen einer Tagesstruktur

Pflegenoten:

Pflege	Demenz	Betreuung	Wohnen	**Gesamt**	Bewohner
1,3	1,3	1,0	1,0	**1,2**	1,1

Ausstattung: Die Zimmer haben Pflegebett, Nachttisch, Sitzmöbel, Schrank, teilweise WC und Dusche, teilweise Balkon oder Terrasse, Notruf, Telefon- und Satellitenanschluss. Auf der Etage: WC, Dusche und Pflegebad. Kleinmöbel können mitgebracht werden.

Monatliches Heimentgelt:

	Stufe 0	Stufe I	Stufe II	Stufe III
Heimentgelt:	2.040,58	2.602,43	3.190,76	3.774,21
Pflegekasse:	0,00	–1.023,00	–1.279,00	–1.510,00
Zu zahlen:	**2.040,58**	**1.579,43**	**1.911,76**	**2.264,21**

Zuschlag: Dementenbetreuung monatlich bis zu € 498,89

Nahverkehr: Pflegeheim Farmsen, Bus: 27, 168

Lage: Wohngebiet mit Ein- und Zweifamilienhäusern, Parkanlage. Kiosk auf dem Gelände, Einkaufszentrum am U-Bahnhof Farmsen

PFLEGEN & WOHNEN FARMSEN
Alt und Jung gemeinsam
Unsere Einrichtung hat eine lange Geschichte – und seit Ende 2010 ein ganz neues Gesicht. Viele Mitarbeiter arbeiten schon seit Jahrzehnten bei PFLEGEN & WOHNEN FARMSEN und kümmern sich liebevoll um die Bewohner. Und genau wie die Biografien der Bewohner ihre individuellen Betreuungskonzepte bestimmen, haben die denkmalgeschützten Bauten den Stil des Neubaus vorgegeben. Unsere Traditionseinrichtung mitten in der großen Parkanlage im grünen Osten von Hamburg ist ein beliebter Farmsener Treffpunkt. Wir veranstalten rund ums Jahr Feste, Flohmärkte, Freiluftkonzerte – häufig unterstützt von unserem Freundeskreis, der 2008 sein 25-jähriges Bestehen feierte. Unser aktiver Heimbeirat steht neuen Bewohnern zur Seite und erleichtert das Einleben, auch bei vorübergehendem Aufenthalt in der Kurzzeitpflege. Jeder soll sich bei uns wohlfühlen.

Yvonne Dobke, Direktorin

Seniorenwohnanlage Walddörfer

Anschrift: Berner Allee 3, 22159 Hamburg-Farmsen/Berne
Leitung: Helge Röschmann, Tel.: 040/644 18 20 00, Vereinigte Hamburger Wohnungsbaugenossenschaft eG (vhw), www.vhw-hamburg.de
56 Wohnungen, Pflegeeinrichtung mit 184 Plätzen
Wohnen: Pflegeheim

- Unterkunft in Einzel- und Doppelzimmern/Apartments
- Verpflegung mit 4 Mahlzeiten

- Bewegungsbad, Sauna, Speisesaal, Gemeinschaftsküche
- Ausflüge, Wandertage, Veranstaltungen des Freundeskreises, Therapieangebote

Pflegenoten:

Pflege	Demenz	Betreuung	Wohnen	**Gesamt**	Bewohner
1,1	1,0	1,0	1,0	**1,1**	1,2

Ausstattung: Die Zimmer haben Pflegebett, Nachttisch, Einbauschrank, WC und teilweise Dusche, Balkon oder Terrasse, Notruf, Telefon- und Kabelanschluss. Auf der Etage: Pflegebad. Die Bewohner richten sich mit eigenen Möbeln ein. Im Doppelzimmer können Kleinmöbel mitgebracht werden.

Monatliches Heimentgelt im Doppelzimmer:

	Stufe 0	Stufe I	Stufe II	Stufe III
Heimentgelt:	1.738,80	2.268,11	2.820,23	3.376,01
Pflegekasse:	0,00	–1.023,00	–1.279,00	–1.510,00
Zu zahlen:	**1.738,80**	**1.245,11**	**1.541,23**	**1.866,01**

Je nach Art und Größe des Apartments steigt das Heimentgelt zwischen € 15,21 und € 62,66.

Genossenschaftsanteile: Zum Erwerb der Mitgliedschaft sind 25 Genossenschaftsanteile in Höhe von €1.300,– notwendig, zuzüglich eines einmaligen Eintrittsgeldes von €55,–. Beim Einzug sind die Anteile auf €2.132,– bis €3.328,– zu erhöhen. Die Höhe ist abhängig von der Zimmergröße.
Nahverkehr: U-Bahnhof Berne, Linie: U1
Lage: Berner Gutspark. Einkaufen und Wochenmarkt am U-Bahnhof

Über seine Zeit selbst verfügen, ohne an die täglichen Dinge des Haushalts denken zu müssen – so sollte es im Alter sein. Vielleicht stehen Sie vor der Entscheidung, in eine Seniorenwohneinrichtung einzuziehen. In einem persönlichen Gespräch würden wir Ihnen gern unser Haus vorstellen. Spüren Sie bei einem Besuch die Atmosphäre bei uns, reden Sie mit Bewohnerinnen und Bewohnern, die schon länger bei uns leben. Sehen Sie, wie Sie Ihre Zeit sinnvoll und frei in unserer Gemeinschaft gestalten können. Auch wenn der Fall eintritt, dass Sie auf die pflegerische Hilfe unseres Personals angewiesen sind, sind Sie bei uns richtig aufgehoben. Wir pflegen Sie fachkundig und persönlich.

Helge Röschmann, Leiterin

Christophorus Haus

Anschrift: Hummelsbütteler Weg 84, 22339 Hamburg-Hummelsbüttel
Leitung: Jan Hell, Tel.: 040/53 90 50,
Diakoniestiftung Alt-Hamburg, www.diakoniestiftung.de
Alten- und Pflegeheim mit 124 Plätzen

Wohnen: Alten- und Pflegeheim

- Unterkunft in Einzel- und Doppelzimmern
- Verpflegung mit 3 Mahlzeiten, Menüwahl, nachmittags Kaffee
- Kleiner und großer Saal, Wohnzimmer mit Teeküche, Bibliothek/Clubraum, Raum der Stille, Gesellschafts- und Werkräume, Lichthof, Cafeteria, Garten, Balkone und Terrassen
- Ausflüge, Kurzurlaube, jahreszeitliche Feste, Andachten, Bibelstunden und Gottesdienste, gemeinsame Kirchenbesuche, Spaziergänge, Liedernachmittage, Theater- und Musikveranstaltungen, Einzel- und Gruppenbetreuung durch ehrenamtliche Helferinnen, Freundeskreis
- Diakonie-Siegel-Pflege
- Demenz: Betreuung im Rahmen einer Tagesstruktur

Ausstattung: Die Zimmer haben Pflegebett, Nachttisch, WC und barrierefreie Dusche, Notruf, Telefon- und Kabelanschluss. Auf der Etage: Pflegebad. Im Einzelzimmer richten sich die Bewohner mit eigenen Möbeln ein, im Doppelzimmer können Kleinmöbel mitgebracht werden.

Monatliches Heimentgelt:

	Stufe 0	Stufe I	Stufe II	Stufe III
Heimentgelt:	1.892,12	2.479,53	3.092,50	3.709,41
Pflegekasse:	0,00	–1.023,00	–1.279,00	–1.510,00
Zu zahlen:	**1.892,12**	**1.456,53**	**1.813,50**	**2.199,41**

Nahverkehr: Poppenbütteler Stieg, Bus: 174
Lage: Wohngebiet. Kiosk im Haus, gemeinsames Einkaufen am Hummelsbütteler Markt

Auch bis in Euer Alter bin ich derselbe und will Euch tragen, bis Ihr grau werdet. Jesaja 46,4

Auf der Grundlage des diakonischen Leitbildes orientiert sich unser Handeln an den Bedürfnissen des Bewohners. Mit Ihnen zusammen erstellen wir ein individuelles Begleitkonzept, das sich an Ihrer Biografie orientiert. Wir leisten konsequente aktivierende Pflege, bei uns finden Sie so viel Hilfe wie nötig und so viel Selbstständigkeit wie möglich. Aber unser Haus kann, und sei es noch so schön und komfortabel, nur den äußeren Rahmen bilden. Es ist die schwere Aufgabe unserer erfahrenen und qualifizierten Mitarbeiter, durch liebevolle Zuwendung eine Atmosphäre der Geborgenheit und des Sichwohlfühlens im Zusammenwirken mit den Bewohnern und deren Angehörigen zu schaffen.

Jan Hell, Leiter

PFLEGEN & WOHNEN HOLSTENHOF

Anschrift: Elfsaal 20, 22043 Hamburg-Jenfeld
Direktion: Sabine Kamin,
www.pflegenundwohnen.de
Kundenservice: Beate Stiebitz, Tel.: 040/20 22-48 06
Pflegeeinrichtung mit 175 Plätzen und 5 Kurzzeitpflegeplätzen
Wohnen: Pflegeeinrichtung
- Unterkunft in Einzel- und Doppelzimmern
- Verpflegung mit 3 Mahlzeiten, Menüwahl, nachmittags Kaffee

- Restaurant, Hobby- und Freizeiträume, Bücherei, Café, Tagesräume mit Teeküche, parkähnliches Gelände
- Ausflüge, Kurzurlaube, jahreszeitliche Feste, gemeinsame Theaterbesuche, Singen, Fahrdienst, Gottesdienste, Vorlesen, Tanztee, Seidenmalerei, Snoezelen, Freundeskreis Holstenhof
- Demenz: Betreuung im Rahmen einer Tagesstruktur

Pflegenoten:

Pflege	Demenz	Betreuung	Wohnen	**Gesamt**	Bewohner
2,3	2,3	1,3	1,0	**1,9**	1,1

Ausstattung: Die Zimmer haben Pflegebett, Nachttisch, Sitzmöbel, Einbauschrank, WC und Dusche, Balkon oder Terrasse, Notruf, Telefon- und Kabelanschluss.
Auf der Etage: Pflegebad. Kleinmöbel können mitgebracht werden.

Monatliches Heimentgelt:

	Stufe 0	Stufe I	Stufe II	Stufe III
Heimentgelt:	1.603,74	2.157,39	2.737,19	3.312,44
Pflegekasse:	0,00	–1.023,00	–1.279,00	–1.510,00
Zu zahlen:	**1.603,74**	**1.134,39**	**1.458,19**	**1.802,44**

Zuschlag: Dementenbetreuung monatlich bis zu € 550,29
Nahverkehr: Pflegezentrum Holstenhof, Bus: 27
Lage: Wohngebiet. Kiosk im Haus, kleine Geschäfte in der Nähe, Einkaufsfahrten zum Einkaufszentrum Jenfeld

PFLEGEN & WOHNEN HOLSTENHOF
Aus Tradition erwachsen
Unsere Einrichtung wurde vor über hundert Jahren eröffnet. Heute freuen wir uns auf ein neues Kapitel in unserer

langen Geschichte: Den Neubau, der dem historischen Standort neuen Glanz verleiht – Baubeginn ist 2011. Um das Wohlergehen von Körper, Geist und Seele unserer Bewohner sorgen sich zusammen mit unseren Pflegekräften die Spezialisten vom Therapiezentrum Wandsbek, die bei Bedarf stets zur Stelle sind. Neben der normalstationären Pflege und einem Wohnbereich zur Betreuung von Menschen mit Demenz ist im Holstenhof ein Wohnbereich der Pflege von alkoholgeschädigten Menschen gewidmet.

Sabine Kamin, Direktorin

Haus Marienthal Seniorenpflegepension

Anschrift: Ziesenißstraße 30–32, 22043 Hamburg-Marienthal

Heimleitung: Jürgen Heinisch, Tel.: 040/68 57 13, www.haus-marienthal-hamburg.de
Alten- und Pflegeheim mit 40 Plätzen und 2 Tagespflegeplätzen
Geschäftsführung: Ernst Schäfer, Tel.: 040/677 13 23
Wohnen: Alten- und Pflegeheim

- Unterkunft in Einzel- und Doppel-Apartments
- Verpflegung mit 5 Mahlzeiten, nachmittags Kaffee und Kuchen, Trinkmahlzeiten, eigene Küche
- Speisesaal, Wintergarten, Gesellschaftsraum, Garten
- Jahreszeitliche Feste, Grillen im Garten, Diavorträge, Musik- und Bewegungstherapie, Angehörigenabende, Basteln, Feuerzangenbowle, Presseclub, Andachten
- Demenz: Betreuung im Rahmen einer Tagesstruktur

Pflegenoten:

Pflege	Demenz	Betreuung	Wohnen	**Gesamt**	Bewohner
1,1	1,0	1,0	1,0	**1,0**	1,2

Ausstattung: Die Apartments haben Pflegebett, Nachttisch, WC und Dusche, Balkon oder Terrasse, Notruf, Telefon- und TV-Anschluss. Pflegebad im Haus. Die Bewohner können Kleinmöbel mitbringen.

Monatliches Heimentgelt:

	Stufe I	Stufe II	Stufe III
Heimentgelt:	2.541,28	3.112,57	3.687,51
Pflegekasse:	–1.023,00	–1.279,00	–1.510,00
Zu zahlen:	**1.518,28**	**1.833,57**	**2.177,51**

Nahverkehr: U-Bahnhof Wandsbek Markt, Linie: U1; DB-Bahnhof Wandsbek, Linie: R10; Ziesenißstraße, Bus: 23
Lage: Wohngebiet mit Villen, Ein- und Zweifamilienhäusern, Wandsbeker Gehölz. Einkaufen am U-Bahnhof Wandsbek Markt, Einkaufsservice

»Kleines Haus mit großem Anspruch« Unser Ziel ist es, allen Bewohnern ein gemütliches Zuhause zu bieten. Ihre Zufriedenheit und Ihr Wohlbefinden stehen im Mittelpunkt aller unserer Bemühungen. Das umfangreiche Unterhaltungsangebot bietet für jeden Geschmack etwas. Unsere qualifizierten Mitarbeiter sind rund um die Uhr für Sie da und sorgen mit ihrem fröhlichen Engagement für eine gute Atmosphäre im Haus. Angehörige und Freunde unserer Bewohner sind gern gesehene Gäste.
Menschen mit Demenz fühlen sich in unserem kleinen Haus schnell heimisch. Ihnen gehört unsere besondere Aufmerksamkeit und Fürsorge. Unser gut strukturierter Tagesablauf gibt ihnen Sicherheit und Geborgenheit. Sind Sie neugierig geworden? Dann rufen Sie uns an, wir freuen uns auf Ihren Besuch.

Jürgen Heinisch, Heimleiter

PFLEGEN & WOHNEN HUSARENDENKMAL

Anschrift: Am Husarendenkmal 16, 22043 Hamburg-Marienthal
Direktion: Anthony Hodgson, www.pflegenundwohnen.de
Kundenservice: Margit Krull, Sabine Koch, Tel.: 040/20 22 47 25
Pflegeeinrichtung mit 297 Plätzen und 4 Kurzzeitpflegeplätzen
Wohnen: Pflegeeinrichtung
- Unterkunft in Einzel- und Doppelzimmern

- Verpflegung mit 3 Mahlzeiten, Nachmittagskaffee
- Speise- und Aufenthaltsräume in den Wohnbereichen, Hobbyräume, Bibliothek, Café, Sitzecken, überdachte Terrasse im Gartengelände
- Ausflüge, Theaterbesuche, Singgruppen, Gruppenaktivitäten, Tanzveranstaltungen, Gottesdienste, Freundeskreis
- Demenz: Betreuung im Rahmen einer Tagesstruktur

Pflegenoten:

Pflege	Demenz	Betreuung	Wohnen	**Gesamt**	Bewohner
1,3	1,0	1,0	1,0	**1,2**	1,2

Ausstattung: Die Zimmer haben Pflegebett, Nachttisch, Tisch, Sitzmöbel, Einbauschrank, WC und barrierefreie Dusche, Balkon oder Terrasse, Notruf, Telefon- und Kabelanschluss. Auf der Etage: Pflegebad. Kleinmöbel können mitgebracht werden.

Monatliches Heimentgelt:

	Stufe 0	Stufe I	Stufe II	Stufe III
Heimentgelt:	1.789,13	2.313,57	2.862,65	3.407,47
Pflegekasse:	0,00	–1.023,00	–1.279,00	–1.510,00
Zu zahlen:	**1.789,13**	**1.290,57**	**1.583,65**	**1.897,47**

Zuschlag: Dementenbetreuung monatlich bis zu € 465,73
Nahverkehr: Am Husarendenkmal, Bus: 23, 160, 260
Lage: Wohngebiet. Kiosk im Haus, Lebensmittelladen in der Nähe, gemeinsame Fahrten zum Einkaufen und Marktbesuche

PFLEGEN & WOHNEN HUSARENDENKMAL
In guter Nachbarschaft
Unsere Einrichtung ist ein Haus mit langer Tradition. Frisch renoviert und mit umgestaltetem Garten hat die Einrichtung ein neues, modernes Gesicht bekommen. Sie bietet viel Platz und dennoch einen Alltag mit kurzen Wegen. Zum gemütlichen Café sind es nur ein paar Schritte. Dort treffen sich Freunde und Familie bei Kaffee und Kuchen. Auch zum Friseur ist es ein Katzensprung. Ärzte und Therapeuten gehen bei uns ein und aus. Sie sind ein eingespieltes Team, das gemeinsam mit unserem Pflegepersonal individuelle Programme von Ergo- und Musiktherapie, Logopädie und Krankengymnastik auf die jeweiligen Bedürfnisse abstimmt. Auch ehrenamtliche Mitarbeiter sowie der Freundeskreis kommen regelmäßig ins Haus oder gehen mit unseren Bewohnern im schönen Marienthal spazieren.

Anthony Hodgson, Direktor

Senioren-Pflegepension Bärenallee Dieter Wurm

Anschrift: Bärenallee 19, 22041 Hamburg-Marienthal
Leitung: Ursula Sawallisch, Tel.: 040/658 00 40,
www.pflegeheim-wurm.de
Alten- und Pflegeheim mit 44 Plätzen
Wohnen: Alten- und Pflegeheim

- Unterkunft in Einzel- und Doppelzimmern
- Verpflegung mit 6 Mahlzeiten, Menüwahl
- Saal, Speisesaal, Aufenthalts- und Therapieraum, Garten, Terrasse, Balkone
- Ausflüge, jahreszeitliche Feste, Andachten, Spaziergänge,

Liedernachmittage, Musikveranstaltungen, Hobbygruppen, Bewegungs- und Beschäftigungstherapie

Pflegenoten:

Pflege	Demenz	Betreuung	Wohnen	**Gesamt**	Bewohner
2,7	1,3	3,4	1,4	**2,4**	1,1

Ausstattung: Die Zimmer haben Pflegebett, Nachttisch, Schrank, Tisch und Stuhl, WC und barrierefreie Dusche, Balkon, Notruf, Telefon- und Kabelanschluss. Pflegebad im Haus. Gern können kleine persönliche Gegenstände mitgebracht werden.

Monatliches Heimentgelt:

	Stufe 0	Stufe I	Stufe II	Stufe III
Heimentgelt:	1.773,49	2.235,57	2.729,59	3.223,61
Pflegekasse:	0,00	–1.023,00	–1.279,00	–1.510,00
Zu zahlen:	**1.773,49**	**1.212,57**	**1.450,59**	**1.713,61**

Nahverkehr: U-/S-Bahnhof Wandsbeker Chaussee, Linien: U1, S1; U-Bahnhof Wandsbek Markt, Linie: U1

Lage: Wohngebiet, Altbauvillen. Einkaufsdienst, Kiosk, Einkaufsmöglichkeiten rund um den Wandsbeker Markt

Zwei Häuser, eine Philosophie

Unsere Bewohnerinnen und Bewohner sollen sich, unter Berücksichtigung ihrer eigenen Gewohnheiten, bei uns geborgen und zu Hause fühlen. Dazu gehören individuelle Essens- und Ruhezeiten. Unsere aktivierende Pflege bietet Hilfestellung in allen Bereichen des tägliches Lebens an mit dem Ziel, Eigenständigkeit zu erhalten, zu fördern oder wiederzuerlangen. Sollte sich der Pflegeaufwand bis zur Schwerstpflegebedürftigkeit erhöhen, so wird kein Wechsel auf eine

Pflegestation notwendig. Die umfassende pflegerische und medizinische Versorgung leisten unsere Haus- und Fachärzte gemeinsam mit unseren qualifizierten Mitarbeitern.

Pflegeteam Wurm

Hospital zum Heiligen Geist

Anschrift: Hinsbleek 11, 22391 Hamburg-Poppenbüttel
Beratung: Sylvia Benke, Tel.: 040/60 60 11 11, www.hzhg.de
231 Wohnungen, Alten- und Pflegeheim mit 837 Plätzen und 38 Kurzzeitpflegeplätzen, fachärztliche Versorgung einschließlich Dialyse
Wohnen: Alten- und Pflegeheim

- Unterkunft in Einzel- und Paar-Apartments
- Verpflegung mit 4 Mahlzeiten, Menüwahl
- Physikalische Therapie, Schwimmbad, Parkrestaurant, Krämerladen, Friseur, Kegelbahn, Festsaal, Gemeinschaftsräume, Bibliothek mit Internetcafé, Kurpark, Erlebniswegen
- Ausflüge, Gottesdienste und Seelsorge, Hobbytreff »Kultur im Alstertal«, Hospizgruppe, Freundeskreis
- Demenz: Betreuung im Rahmen einer Tagesstruktur

Ausstattung: Die Apartments haben Einbauschrank, Kühlschrank, barrierefreie Dusche und WC, Balkon, Schwesternrufanlage, Telefon- und Kabelanschluss. Die Bewohner richten sich mit eigenen Möbeln ein.
Pflegebereiche: Unterkunft in Einzel- und Doppelzimmern. Die Pflegezimmer haben Pflegebett, Einbauschrank, WC und barrierefreie Dusche, teilweise Terrasse oder Balkon,

Notruf, Telefon- und Kabelanschluss. Auf der Etage: Pflegebad. Kleinmöbel können mitgebracht werden.

Monatliches Heimentgelt:

	Stufe 0	Stufe I	Stufe II	Stufe III
Heimentgelt:	1.917,38	2.505,70	3.118,97	3.736,49
Pflegekasse:	0,00	–1.023,00	–1.279,00	–1.510,00
Zu zahlen:	**1.917,38**	**1.482,70**	**1.839,97**	**2.226,49**

Zuschlag: Je nach Größe und Ausstattung des Apartments im Altenheim wird monatlich ein Zuschlag zwischen € 105,– und € 250,– erhoben.

Nahverkehr: Hinsbleek, Bus: 179; Alte Landstraße, Bus: 24, 174, 176

Lage: Wohngebiet, Alsterwanderweg. Krämerladen im Haus, zweimal wöchentlich Buspendeldienst ins Einkaufszentrum

Leben in unserer »Kleinen Stadt für Senioren«, das bedeutet für Sie Nähe und Nachbarschaft, Hilfe im Alltag und liebevolle Pflege. In unserem Parkgelände mit seinen zahlreichen Bänken erleben Sie die Natur. Kulturelle Veranstaltungen und Gottesdienste in unserem Festsaal sind ebenso leicht zu erreichen wie Apotheke, Sparkasse und Krämerladen. Kontakte knüpfen Sie in zahlreichen Hobbykursen oder beim Gespräch in den gemütlichen Aufenthaltsräumen. Unser erfahrenes Pflegeteam mit Fachkompetenzen in den Bereichen Demenz, Spezial- und Palliativpflege sowie ehrenamtliche Helfer und die Pastorin stehen Ihnen hilfreich zur Seite, damit Sie bei uns umsorgt und geborgen sind.

Thorsten Schulze, Dorothea Ruhe, Vorstand

Stiftung Veteranenheim Deutscher Soldaten

Anschrift: Poppenbütteler Weg 186–190, 22399 Hamburg-Poppenbüttel
Heimleitung: Bettina Porath, Tel.: 040/60 68 40, www.veteranenheim.de
Alten- und Pflegeheim mit 146 Plätzen
Wohnen: Alten- und Pflegeheim

- Unterkunft in Einzel- und Doppelzimmern
- Verpflegung mit 4 Mahlzeiten aus hauseigener Küche
- Speisesaal, Gymnastikraum, Veranstaltungsraum mit Bühne, Café, Wintergarten, Gruppenräume, Handarbeitsräume
- Ausflüge, Veranstaltungen, Therapieangebote, Theaterbesuche, Feiern, Gedächtnistraining, Gymnastik, Filmabende

- Demenz: Betreuung im Rahmen einer Tagesstruktur

Pflegenoten:

Pflege	Demenz	Betreuung	Wohnen	**Gesamt**	Bewohner
1,5	1,1	1,9	1,4	**1,4**	1,0

Ausstattung: Die Zimmer haben WC und barrierefreie Dusche, Notruf, Telefon- und Kabelanschluss. Auf der Etage: Pflegebad. Im Einzelzimmer richten sich die Bewohner mit eigenen Möbeln ein, im Doppelzimmer können Kleinmöbel mitgebracht werden.

Monatliches Heimentgelt:

	Stufe 0	Stufe I	Stufe II	Stufe III
Heimentgelt:	1.827,03	2.403,18	3.004,28	3.609,03
Pflegekasse:	0,00	–1.023,00	–1.279,00	–1.510,00
Zu zahlen:	**1.827,03**	**1.380,18**	**1.725,28**	**2.099,03**

Nahverkehr: Hinsbleek, Bus: 179; Alte Landstraße, Bus: 24, 174

Lage: Wohngebiet, Alsterwanderweg. Kiosk im Haus, Einkaufszentrum mit dem Bus erreichbar

Mit unserer Arbeit wollen wir den Bewohnerinnen und Bewohnern in ihrem dritten Lebensabschnitt ein Zuhause geben, in dem sie sich Tag und Nacht wohl fühlen und ihr Leben altersgerecht gestalten können. Rund um die Uhr sorgen examinierte Pflegekräfte zusammen mit Helferinnen und Helfern sowie Praktikantinnen und Praktikanten für eine umfangreiche pflegerische und soziale Betreuung. Die Einrichtung steht der Allgemeinheit sowie Damen und Herren auch aus dem nicht-militärischen Bereich offen.

Bettina Porath, Heimleiterin

Alten- und Pflegeheim Erica von Elm

Anschrift: Warnemünder Weg 8, 22143 Hamburg-Rahlstedt
Heimleitung: Ernst Schäfer, Tel.: 040/677 13 23, www.erica-von-elm.de
Pflegeheim mit 24 Plätzen
Wohnen: Pflegeheim

- Unterkunft in Einzel- und Doppelzimmern
- Verpflegung mit 6 Mahlzeiten
- Speise- und Gemeinschaftsraum, Garten
- Ausflüge, Beschäftigungstherapie, Film- und Musiknachmittage

Ausstattung: Die Pflegezimmer haben Pflegebett, WC und teilweise barrierefreie Dusche, Notruf, Telefon- und Kabelanschluss. Auf der Etage: WC, barrierefreie Dusche und Pflegebad. Im Einzelzimmer richten sich die Bewohner mit eigenen Möbeln ein, im Doppelzimmer können Kleinmöbel mitgebracht werden.

Monatliches Heimentgelt:

	Stufe 0	Stufe I	Stufe II	Stufe III
Heimentgelt:	1.786,87	2.294,28	2.821,46	3.352,59
Pflegekasse:	0,00	–1.023,00	–1.279,00	–1.510,00
Zu zahlen:	**1.786,87**	**1.271,28**	**1.542,46**	**1.842,59**

Nahverkehr: Warnemünder Weg, Bus: 562

Lage: Wohngebiet mit Ein- und Zweifamilienhäusern. Geschäfte in der Nähe

Neben fachlich qualifizierter Pflege bei freier Arztwahl bieten wir Ihnen: Gruppengymnastik, Beschäftigungstherapie, Film- und Musiknachmittage, Gottesdienste, Feste, Urlaubsfahrten. Gönnen Sie sich Pflege in familiärer Atmosphäre.

Ernst Schäfer, Heimleiter

Alten- und Pflegeheim Kinne

Anschrift: Paalende 11 und 30, 22149 Hamburg-Rahlstedt
Heimleitung: Sven und Oliver Kinne, Tel.: 040/677 49 20, www.altenheim-kinne.de
Alten- und Pflegeheim mit 27 Plätzen für Sucht- und psychisch Kranke

Wohnen: Alten- und Pflegeheim

- Unterkunft in Einzel- und Doppelzimmern
- Verpflegung mit 4 Mahlzeiten

- Speiseraum, Tagesraum, Teeküche, Terrasse und Garten
- Ausflüge, Veranstaltungen, Therapieangebote

Ausstattung: Die Zimmer haben Holz- oder Parkettfußboden, Waschbecken, Keller, Notruf, Telefon- und Kabelanschluss. Auf der Etage: WC, Dusche und Pflegebad. Im Einzelzimmer richten sich die Bewohner mit eigenen Möbeln ein, im Doppelzimmer können Kleinmöbel mitgebracht werden.

Monatliches Heimentgelt:

	Stufe 0	Stufe I	Stufe II	Stufe III
Heimentgelt:	1.504,88	1.805,73	2.206,97	2.908,76
Pflegekasse:	0,00	–1.023,00	–1.279,00	–1.510,00
Zu zahlen:	**1.504,88**	**782,73**	**927,97**	**1.398,76**

Nahverkehr: Amtsstraße, Bus: 162, 164

Lage: ruhiges Wohngebiet. Einkaufszentrum Rahlstedt

Kleines privates Alten- und Pflegeheim mit familiärer Betreuung durch geschultes Personal. Liebevoll restaurierte alte Jugendstilvilla.

Sven und Oliver Kinne, Heimleiter

Haus Birkengrund
Alten- und Krankenpflege

Anschrift: Greifenberger Straße 23–25, 22147 Hamburg-Rahlstedt

Geschäftsführung: Martina Bergmann-Körber, Tel.: 040/88 88 17 30

Vermietung: Angela Gutknecht, Tel.: 040/970 70 970, www.haus-birkengrund.de

Seniorenpflegeeinrichtung mit 78 Plätzen

Wohnen: Seniorenpflegeeinrichtung

- Unterkunft in Einzel- und Doppelapartments
- Verpflegung mit 4 Mahlzeiten, Menüwahl
- Restaurant, Therapieräume, Wohnzimmer, Garten
- Ausflüge, jahreszeitliche Feste, Andachten, Live-Musik, Filmvorführungen, Singen, Spielen
- Demenz: Betreuung im Rahmen einer Tagesstruktur

Pflegenoten:

Pflege	Demenz	Betreuung	Wohnen	**Gesamt**	Bewohner
2,0	1,6	1,0	1,0	**1,4**	1,1

Ausstattung: Die Apartments haben Pflegebett, Nachttisch, Tisch und Stühle, Schrank, WC und Dusche, Balkon oder Terrasse, Notruf, Telefon-, Internet- und Kabelanschluss. Kleinmöbel können mitgebracht werden.

Monatliches Heimentgelt:

	Stufe I	Stufe II	Stufe III
Heimentgelt:	2.483,49	3.075,46	3.671,39
Pflegekasse:	–1.023,00	–1.279,00	–1.510,00
Zu zahlen:	**1.460,49**	**1.796,46**	**2.161,39**

Nahverkehr: Greifenberger Straße (Ost), Bus: 275
Lage: Wohngebiet mit Mehrfamilienhäusern. Einkaufsdienst, Einkaufszentrum in der Nähe

Das Haus Birkengrund ist eine Oase der Ruhe und Entspannung und stellt einen deutlichen Gegensatz zum tobenden Leben im Zentrum Hamburgs da. Mit Einkaufsmöglichkeiten in unmittelbarer Nähe und optimalen Verkehrsanbindungen sind trotzdem alle Annehmlichkeiten direkt vor Ort. Die Bewohner nutzen gern die beschauliche Atmosphäre des angrenzenden Greifenberg Parks für Spaziergänge oder lassen sich auf einer der vielen Terrassen des Hauses von der Sonne verwöhnen. Insgesamt 78 Bewohner erhalten im Haus Birkengrund die Möglichkeit ein Höchstmaß an kompetenter Pflege und Fürsorge zu genießen. Im Vordergrund steht der persönliche Bezug zu jedem einzelnen Bewohner. Wesentliche Bausteine der Pflege stellen die Ergo-, Physio- und beschäftigungstherapeutischen Angebote dar. Mit verschiedenen Maßnahmen wird das soziale und familiäre Umfeld gefördert. Gerne beraten wir Sie in einem persönlichen Gespräch – wir freuen uns auf Sie.

Martina Bergmann-Körber, Geschäftsführerin

Seniorensitz am Hegen

Anschrift: Am Hegen 29, 22149 Hamburg-Rahlstedt
Einrichtungsleitung: Hermann Ehlers
Kundenbüro: Anne Scheffler und Thomas Fischer
Tel.: 040/673 70 40, www.seniorensitz-am-hegen.de
Alten- und Pflegeheim mit 162 Plätzen
Wohnen: Alten- und Pflegeheim

- Unterkunft in Einzel-Apartments sowie Einzel- und Doppelzimmern
- Verpflegung mit 3 Mahlzeiten aus eigener Küche, 4 Menüs zur Auswahl, Nachmittagskaffee
- Gartenrestaurant, Aufenthalts- und Mehrzweckräume
- Ausflüge, jahreszeitliche Feste, Andachten, Spaziergänge, Sinnesgarten, Hobbygruppen, Vorlesen, Musikveranstaltungen, Filmvorführung, Bingo

Pflegenoten:

Pflege	Demenz	Betreuung	Wohnen	**Gesamt**	Bewohner
1,4	1,3	1,0	1,0	**1,3**	1,1

Ausstattung: Die Apartments/Zimmer haben Pflegebett, Nachttisch, Kleiderschrank, Tisch und Stuhl, WC und barrierefreie Dusche, überwiegend Loggia, Notruf, Telefon- und Kabelanschluss. Auf der Etage: Pflegebad. Im Apartment und im Einzelzimmer richten sich die Bewohner mit eigenen Möbeln ein, im Doppelzimmer können Kleinmöbel mitgebracht werden.

Monatliches Heimentgelt:

	Stufe 0	Stufe I	Stufe II	Stufe III
Heimentgelt:	1.892,73	2.398,31	2.927,92	3.453,58
Pflegekasse:	0,00	–1.023,00	–1.279,00	–1.510,00
Zu zahlen:	**1.892,73**	**1.375,31**	**1.648,92**	**1.943,58**

Zuschlag: Für besondere Komfortleistungen (z.B. zusätzliche Wohnfläche) wird ein Zuschlag zwischen € 102,26 und € 572,20 erhoben.

Nahverkehr: Seniorensitz am Hegen, Bus: 164

Lage: Wohngebiet, Waldgebiet. Einkaufen in der Nähe

Im idyllischen Stadtteil Rahlstedt wurde vor 30 Jahren der »Seniorensitz am Hegen« erbaut. Der schöne Garten und die Lage zum angrenzenden »Hegenwäldchen« laden zum Verweilen und zu Spaziergängen ein. Die Anbindung an den Rahlstedter Ortskern ist durch eine eigene Bushaltestelle gesichert. Ihre ca. 28 m² bis 45 m² großen Räumlichkeiten können sich unsere Bewohner mit ihren eigenen Möbeln einrichten. Kleine Haustiere dürfen mitgebracht werden. Dadurch entsteht ein »Zu-Hause-Gefühl«, das durch die freundliche, aufgeschlossene Art unserer Mitarbeiter und auch aufgrund der guten hauseigenen Küche zu einer engen Bindung an den »Hegen« führt. Für unsere langjährigen Bewohner ist er wirklich ein »Zuhause« geworden.

Hermann Ehlers, Einrichtungsleiter

Villa Eilersweg

Anschrift: Eilersweg 10–12, 22143 Hamburg-Rahlstedt
Heimleitung: Oliver Kinne, Tel.: 040/675 65 30, www.altenheim-kinne.de
Alten- und Pflegeheim mit 27 Plätzen für Sucht- und psychisch Kranke

Wohnen: Alten- und Pflegeheim

- Unterkunft in Einzel- und Doppelzimmern
- Verpflegung mit 4 Mahlzeiten
- Speise- und Therapieraum, Garten
- Ausflüge, Reisen, Veranstaltungen

Ausstattung: Die Zimmer haben WC und Dusche, Notruf, Telefon- und Kabelanschluss. Auf der Etage: Pflegebad. Alle Zimmer sind möbliert, eigene Möbel können mitgebracht werden.

Monatliches Heimentgelt:

	Stufe 0	Stufe I	Stufe II	Stufe III
Heimentgelt:	1.519,18	1.934,71	2.369,11	2.803,21
Pflegekasse:	0,00	–1.023,00	–1.279,00	–1.510,00
Zu zahlen:	**1.519,18**	**911,71**	**1.090,11**	**1.293,21**

Nahverkehr: Amtsstraße, Bus: 162, 164

Lage: Wohngebiet mit Ein- und Zweifamilienhäusern. Geschäfte in der Nähe

In einem schönen Villenviertel, nur wenige Minuten vom Rahlstedter Einkaufszentrum entfernt, liegt die Villa Eilersweg.
Die Villa Eilersweg ist als christliches Heim bekannt, in dem die Heimbewohner mit Respekt behandelt werden.
Wir möchten, dass Sie sich bei uns auch oder gerade als pflegebedürftiger Mensch geborgen und liebevoll betreut fühlen.
Unser ausgebildetes Personal steht Ihnen rund um die Uhr zur Verfügung. Wir organisieren für Sie auch Ausflüge.
Rufen Sie an oder besuchen Sie uns doch einfach!

Oliver Kinne, Heimleiter

Hamburger Blindenstiftung
Senator-Ernst-Weiß-Haus

Anschrift: Bullenkoppel 17, 22047 Hamburg-Wandsbek
Leitungskollegium: Rita Sturm, Petra Koalick,
Tel.: 040/69 46-0, www.sewh.de
Alten- und Pflegeheim mit 132 Plätzen
Wohnen: Alten- und Pflegeheim

- Sondereinrichtung für sehbehinderte und blinde Menschen
- Unterkunft in Einzel-Apartments
- Verpflegung mit 4 Mahlzeiten in den Wohngruppenräumen
- Cafeteria, Bibliothek, Garten, Terrasse
- Ausflüge, Konzerte und Lesungen im Haus, gemeinsame Besuche in kleinen Gruppen zu Veranstaltungen in Hamburg, jahreszeitliche Feste, Therapieangebote
- Demenz: Betreuung im Rahmen einer Tagesstruktur
- Mitglied der Qualitätsgemeinschaft Pflege im Paritätischen

Pflegenoten:

Pflege	Demenz	Betreuung	Wohnen	**Gesamt**	Bewohner
1,4	1,1	1,0	1,0	**1,2**	1,1

Ausstattung: Die Apartments haben WC und barrierefreie Dusche, Einbauschrank, Abstellraum, Notruf, Telefon- und Kabelanschluss. Die Erdgeschoss-Apartments haben Terrasse. Auf der Etage: Pflegebad. Die Bewohner richten sich mit eigenen Möbeln ein.

Facheinrichtung: Das Haus ist mit einer Vielzahl zum Teil individueller Orientierungshilfen und Leitsystemen ausgestattet, damit sich sehbehinderte und blinde Bewohner besser zurechtfinden: Rot als Leitfarbe, viel Helligkeit, Kontrastreichtum, beleuchtete Handläufe sowie taktile Leitsysteme. Klare Gliederung des Hauses und des Gartens zur besseren Orientierung, Duft- und Tastbeete, Notruf auch im Garten.

Monatliches Heimentgelt:

	Stufe 0	Stufe I	Stufe II	Stufe III
Heimentgelt:	2.196,94	2.835,76	3.501,66	4.172,42
Pflegekasse:	0,00	–1.023,00	–1.279,00	–1.510,00
Zu zahlen:	**2.196,94**	**1.812,76**	**2.222,66**	**2.662,42**

Zuschlag: Dementenbetreuung monatlich € 546,04
Nahverkehr: U-Bahnhof Trabrennbahn, Linie: U1; Bullenkoppel, Bus: 118
Lage: Wohngebiet, Kleingartenverein. Kiosk im Haus, kleines Einkaufszentrum in der Nähe

Bei uns können blinde und sehbehinderte Senioren selbstständig und geborgen wohnen. Diese Grundpfeiler von Lebensqualität im dritten Lebensabschnitt stellen wegen der Sehbeeinträchtigung besondere Anforderungen, auf die wir im Senator-Ernst-Weiß-Haus bestens eingestellt sind. Das Haus gewährleistet sowohl Sicherheit als auch Privatheit in der persönlichen Atmosphäre des eigenen Apartments. Erfahrenes und besonders geschultes Personal umsorgt, pflegt und berät Sie. Alten-, Ergo-, Musiktherapeuten sowie eine Psychologin stehen Ihnen zur Seite. Zum therapeutischen Angebot zählt bei uns auch das Orientierungstraining. Zu unserer Konzeption gehört es, Gemeinschaft und Kontakte zu fördern, aber auch den Wunsch nach Alleinsein zu akzeptieren.

Rita Sturm, Leiterin

Matthias-Claudius-Heim

Anschrift: Walther-Mahlau-Stieg 8, 22041 Hamburg-Wandsbek
Heimleitung: Veronika Lattrich, Tel.: 040/696 95 30, Diakoniestiftung Alt-Hamburg, www.diakoniestiftung.de
Alten- und Pflegeheim mit 155 Plätzen
Wohnen: Alten- und Pflegeheim
- Unterkunft in Einzel- und Doppelzimmern

- Verpflegung mit 3 Mahlzeiten
- Aufenthalts- und Veranstaltungsräume, Speisesaal, Treffpunkte
- Ausflüge, jahreszeitliche Feste, Wunschkonzerte, Dämmerschoppen, Gymnastik und Krafttraining, Bibel im Gespräch, Morgenandacht, Gottesdienste, Kaffee- und Klönstunden, Männerstammtisch

Ausstattung: Die Einzelzimmer haben Pflegebett, Nachttisch, WC und barrierefreie Dusche, Balkon oder Terrasse, Notruf, Kabel- und Telefonanschluss. Die Bewohner richten sich mit eigenen Möbeln ein. Die Doppelzimmer sind inklusive Einbauschrank bereits vollständig eingerichtet.

Monatliches Heimentgelt:

	Stufe 0	Stufe I	Stufe II	Stufe III
Heimentgelt:	1.868,40	2.455,20	3.067,25	3.683,56
Pflegekasse:	0,00	–1.023,00	–1.279,00	–1.510,00
Zu zahlen:	**1.868,40**	**1.432,20**	**1.788,25**	**2.173,56**

Nahverkehr: Eichtalstraße, Bus: 9, 262; Walddörferstraße, Bus: 8
Lage: Wohngebiet, Eichtalpark. Zwei Supermärkte und kleine Geschäfte in der Nähe, gemeinsame Einkaufsfahrten

»Wandsbeker Bote« nannte der Dichter Matthias Claudius sich selbst. Bote einer guten, menschenfreundlichen Einstellung wollte er sein. Vielen hat er die Augen geöffnet für das Wunderbare in unserer Welt. Seine Gedanken und Worte sind kostbares literarisches Erbe. Unser Haus trägt seinen Namen. Seinem guten Geist fühlen wir uns verpflichtet. Er ermutigt uns zum Dienst am Menschen besonders im Alter, bei Krankheit und in Todesnähe. Die Gastfreundschaft im Hause Claudius war hoch geschätzt. Die Freude an der Gemeinschaft, am Teilen und Mitteilen, öffnete die Tür. So ist auch bei uns die Tür offen für jeden, der hier eintreten möchte. Er ist willkommen als Gast, der hier eine Heimstatt findet, bis sie ihm ein Zuhause wird.

Veronika Lattrich, Heimleiterin

Alsterdomizil Seniorenpflege Gut Wellingsbüttel

Anschrift: Wellingsbüttler Weg 71, 22391 Hamburg-Wellingsbüttel
Direktion: Kirsten Dürlich, Tel.: 040/970 70-0
Vermietung: Angela Gutknecht, Tel.: 040/970 70 970, www.alsterdomizil.de
14 Appartements und Seniorenpflegeeinrichtung mit

163 Plätzen und 16 Kurzzeitpflegeplätzen

Wohnen: Betreuung in Hausgemeinschaften

- Unterkunft in Einzel- und Doppelappartements
- Verpflegung mit 4 Mahlzeiten in Buffetform, mittags Salatbuffet
- Lobby, Restaurant, Sonnen- und Dachterrasse, Klönecken, Parkanlage, Wassertretbecken, Therapie- und Aufenthaltsräume, Snoezelen-Raum, Kiosk
- Café und Restaurant gegen Bezahlung im Herrenhaus
- Ausflüge, jahreszeitliche Feste, Live-Musik, Kino, Gärtnern, Fortbildung für Angehörige
- Demenz: Betreuung im Rahmen einer Tagesstruktur, eigener Garten

Pflegenoten:

Pflege	Demenz	Betreuung	Wohnen	**Gesamt**	Bewohner
1,3	1,0	1,0	1,0	**1,1**	1,0

Ausstattung: Die Appartements haben Pflegebett, Nachttisch, Tisch und Stühle, Schrank, barrierefreies Badezimmer mit WC, teilweise Balkon oder Terrasse, Notruf, Telefon-, Internet- und Kabelanschluss. Kleinmöbel können mitgebracht werden.

Monatliches Heimentgelt:

	Stufe I	Stufe II	Stufe III
Heimentgelt:	2.901,16	3.513,51	4.130,12
Pflegekasse:	–1.023,00	–1.279,00	–1.510,00
Zu zahlen:	**1.878,16**	**2.234,51**	**2.620,12**

Für besondere Komfortleistungen (z.B. zusätzliche Wohnfläche) wird ein Zuschlag von € 50,– bis € 550,– erhoben.

Nahverkehr: S-Bahnhof Wellingsbüttel, Linie: S1

Lage: Wohngebiet, Parkanlage, Alsterwanderweg. Kiosk im Haus, kleine Geschäfte und Wochenmarkt in der Nähe

Mit dem Alsterdomizil haben wir uns den Traum einer ganz besonderen Wohnform für pflegebedürftige Senioren erfüllt: Für den Bewohner entsteht der Eindruck, dass die Pflege zur Nebensache wird. Die Aktivitäten des täglichen Lebens orientieren sich an Hausgemeinschaften mit Gruppen und einem Höchstmaß an Normalität. Die Anlage besteht aus vier Pflegevillen, überwiegend mit Einzelzimmern. In allen Häusern befinden sich im Erdgeschoss die Wohnzimmer mit Sonnenterrasse, Küche und Gäste-WC. In den beiden Etagen darüber liegen die Wohn- und Schlafräume, die das Konzept des Hauses begründen: »Oben wird geschlafen, unten wird gelebt«. Jedes einzelne Haus ist spezialisiert: stationäre Altenpflege, professionelle Dementenbetreuung oder hochklassiges Service-Wohnen im Herrenhaus. Erleben Sie unser Verständnis von professioneller und liebevoller Pflege. Wir freuen uns auf Ihren Besuch.

Kirsten Dürlich, Direktorin

Altersheim am Rabenhorst Wellingsbüttel

Anschrift: Rabenhorst 39, 22391 Hamburg-Wellingsbüttel
Heimleitung: Rita Beschoner, Tel.: 040/53 69 74-0, www.diakonie-alten-eichen.de
Alten- und Pflegeheim mit 107 Plätzen, 2 Kurzzeitpflegeplätzen und 16 Tagespflegeplätzen
Wohnen: Alten- und Pflegeheim

- Unterkunft in 1- und 1,5-Zimmer-Apartments
- Verpflegung mit 3 Mahlzeiten aus eigener Küche, nachmittags Kaffee, Zwischenmahlzeiten
- Gemeinschaftsräume, Café, Bibliothek, Festsaal, Terrasse,

Wintergärten, Raum der Stille, Garten

- Ausflüge, Einkaufsfahrten, jahreszeitliche Feste, Malen, Singen, Musizieren, Basteln, Vorlesungen, Dianachmittage, Gottesdienste
- Demenz: Betreuung im Rahmen einer Tagesstruktur

Pflegenoten:

Pflege	Demenz	Betreuung	Wohnen	**Gesamt**	Bewohner
1,2	1,6	1,3	1,0	**1,2**	1,1

Ausstattung: Die Bewohner richten sich mit eigenen Möbeln ein. Ein Pflegebett kann bei Bedarf gestellt werden. WC, Duschbad, teilweise barrierefreie Dusche, Notruf, Telefon- und Kabelanschluss, Balkon bzw. Terrasse, teilweise Küchenzeile. Auf der Etage: Pflegebad.

Monatliches Heimentgelt:

	Stufe 0	Stufe I	Stufe II	Stufe III
Heimentgelt:	1.828,08	2.391,76	2.979,47	3.571,45
Pflegekasse:	0,00	–1.023,00	–1.279,00	–1.510,00
Zu zahlen	**1.828,08**	**1.368,76**	**1.700,47**	**2.061,45**

Nahverkehr: Rolfinckstraße, Bus: 8, 27, 168, 368; S-Bahnhof Wellingsbüttel, Linie: S1

Lage: Wohngebiet, Wald, Biotop. Kiosk, Geschäfte in der Nähe

Wir nehmen unsere Bewohnerinnen und Bewohner als ganze Person wahr. Ihr Wohlbefinden steht im Mittelpunkt unserer Arbeit. Wir arbeiten nach einem erprobten Pflegekonzept (Juchli). Wir respektieren das Recht auf Selbstbestimmung unserer Bewohner und setzen uns für körperliche und seelische Integrität ein. Wir achten die Persönlichkeit eines Jeden unabhängig von Alter, Geschlecht, Nationalität, Religion, politischer Gesinnung und sozialer Stellung. Wir berücksichtigen die Privatsphäre unserer Bewohner und haben ein »offenes Ohr« für ihre Ängste und Hoffnungen. Als diakonische Einrichtung begleiten wir Menschen seelsorgerlich und gehen auf Fragen des persönlichen Glaubens ein. Wir ermöglichen Sterbenden einen würdevollen Tod und ihren Angehörigen einen angemessenen Abschied.

Rita Beschoner, Heimleiterin

Seniorenresidenz Wellingsbüttel

Anschrift: Waldingstraße 1, 22391 Hamburg-Wellingsbüttel
Heimleitung: Stefan Krämer, Tel.: 040/640 90 90, www.seniorenresidenz-wellingsbuettel.de
Pflegeheim mit 28 Plätzen

Wohnen: Pflegeheim

- Unterkunft in Einzel- und Doppel-Appartements
- Verpflegung mit 4 Mahlzeiten
- Restaurant Friesenstube, Wintergarten, Gymnastikraum, Kamin- und Fernsehzimmer, Garten, Sonnenterrasse
- Ausflüge, Veranstaltungen, Singen, Basteln, Spiele

Ausstattung: Die Appartements haben Pflegebett, WC und barrierefreie Dusche, Balkon, Notruf, Telefon- und Kabelanschluss. Im Einzel-Appartement können sich die Bewohner mit eigenen Möbeln einrichten, im Doppel-Appartement Kleinmöbel mitbringen.

Monatliches Heimentgelt im Doppel-Appartement:

	Stufe I	Stufe II	Stufe III
Heimentgelt:	2.571,10	3.125,36	3.679,61
Pflegekasse:	–1.023,00	–1.279,00	–1.510,00
Zu zahlen:	**1.548,10**	**1.846,36**	**2.169,61**

Komfortzuschlag für ein extra großes Einzel-Appartement: € 256,– bis € 461,–

Nahverkehr: Am Damm, Bus: 8; Rolfinckstr., Bus: 27, 168
Lage: Wohngebiet. Kleine Geschäfte in der Nähe

Versorgt sein, betreut sein, frei sein – dieses Motto haben wir uns auf die Fahne geschrieben. Komfortable Einzel-Appartements mit über 30 m², Balkon, eigenem Duschbad und eine menschenwürdige Pflege dokumentieren dies. Das Haus ist im Friesenstil eingerichtet und vermittelt nicht den Eindruck eines Heims. Dieses Jahr erhielten wir den grünen Haken für besondere Kundenfreundlichkeit.

Stefan Krämer, Heimleiter

Stadtresidenz Ahrensburg

Anschrift: Hagener Allee 20–24, 22926 Ahrensburg
Einrichtungsleitung: Doris Simon
Vermietung: Brigitte Reinecke, Marei von Appen,
Tel.: 04102/77 70, www.stadtresidenz-ahrensburg.de
Seniorenpflegeeinrichtung mit 105 Plätzen und 3 Kurzzeitpflegeplätzen
Wohnen: Seniorenpflegeeinrichtung

- Unterkunft in Einzel-Appartements oder 2–3 Zimmer-Pflege-Wohnungen
- Verpflegung mit 3 Mahlzeiten aus eigener Küche, Menüwahl, Salatbuffet, Nachmittagskaffee
- Restaurant/Café mit Wintergarten, Bibliothek, Kamin- und Nostalgiezimmer, Therapie- und Freizeiträume, Pflegewohlfühlbad, Terrasse, Garten, Gästeappartements
- Konzerte, Ausflüge mit hauseigenem Bus, Urlaubsfahrt, Lesungen, Bingo, Chor, Vorträge, Marktbesuche, Entspannungstraining, Hobbygruppen, Zeichnen, Plattdeutsch, Internet, jahreszeitliche Feste, Hauszeitung

- Demenz: Betreung im Rahmen einer Tagesstruktur

Pflegenoten:

Pflege	Demenz	Betreuung	Wohnen	**Gesamt**	Bewohner
1,4	1,0	1,0	1,0	**1,2**	1,1

Ausstattung: Die Appartements haben Pflegebett, Nachttisch, Kleiderschrank, WC und barrierefreie Dusche, Notruf, Telefon- und Sat-Anlage, Terrasse oder Balkon. Kleinmöbel können mitgebracht werden.
Die Wohnungen haben Einbauküche, Parkettfußboden, WC und barrierefreie Dusche, Keller, Notruf, Balkon oder Wintergarten. Die Bewohner richten sich mit eigenen Möbeln ein.

Monatliches Heimentgelt:

	Stufe 0	Stufe I	Stufe II	Stufe III
Heimentgelt:	2.044,53	2.570,49	2.946,18	3.322,17
Pflegekasse:	0,00	–1.023,00	–1.279,00	–1.510,00
Zu zahlen:	**2.044,53**	**1.547,49**	**1.667,18**	**1.812,17**

Zuschläge: für zusätzliche Quadratmeter im Einzelappartement: € 20,– bis € 185,–. Zuschlag in der 2–3-Zimmer-Pflege-Wohnung € 90,– bis € 600,–. Die Höhe ist abhängig von der Ausstattung und Größe.

Nahverkehr: Bahnhof Ahrensburg, Linie: R10; U-Bahnhof Ahrensburg-Ost, Linie: U1

Lage: Stadtzentrum

Unsere Stadtresidenz bietet – mitten im Stadtkern von Ahrensburg – individuelle Wohnformen. Helle, freundliche Pflegeeinzelzimmer und größere Pflegeappartements mit sonnengelben Wänden, Parkettböden und geschmackvollen Bädern, laden zum Wohlfühlen mitten im Leben ein. Alle

Geschäfte des täglichen Lebens, wie Post, Café, Supermarkt, Bäckerei, Bekleidung, befinden sich direkt vor der Haustür und sind mit wenigen Schritten für jeden erreichbar. Liebevolle, aktivierende Pflege und Betreuung durch unsere Mitarbeiter und das engagierte eigene Therapeutenteam fördern Sie in Ihrer Selbstständigkeit und beleben Geist und Wohlbefinden. Nehmen Sie Platz in unserem Café im Wintergarten und lassen sich bei einem Rundgang durch unser Haus beraten.

Doris Simon, Einrichtungsleiterin

Seniorensitz an der Elbe

Anschrift: Hafenstraße 16–18, 22880 Wedel
Heimleitung: Florian Wenkstern, Tel.: 04103/9 33 50, www.seniorensitz-wedel.de
Alten- und Pflegeheim mit 79 Plätzen und 6 Kurzzeitpflegeplätzen
Wohnen: Alten- und Pflegeheim

- Unterkunft in Einzel- und Doppel-Apartments
- Verpflegung mit 3 Mahlzeiten, Menüwahl aus eigener Küche, nachmittags Kaffee
- Restaurant, Therapieraum, Freizeitraum, Festsaal, Bibliothek, Kaminzimmer, Garten
- Ausflüge, jahreszeitliche Feste, regelmäßige Kunstausstellungen und Kunstauktionen, verschiedene therapeutische Gruppen, musikalische Veranstaltungen, vielfältiges Beschäftigungsangebot
- Demenz: Betreuung im Rahmen einer Tagesstruktur

Ausstattung: Die Apartments haben Pflegebett, Nachttisch, Einbauschrank, Bad mit WC und barrierefreier Dusche,

Balkon oder Terrasse, Notruf, Telefon- und Satellitenanschluss. Auf der Etage: Pflegebad. Die Bewohner richten sich mit eigenen Möbeln ein.

Monatliches Heimentgelt:

	Stufe 0	Stufe I	Stufe II	Stufe III
Heimentgelt:	1.799,95	2.291,54	2.642,89	2.993,94
Pflegekasse:	0,00	–1.023,00	–1.279,00	–1.510,00
Zu zahlen:	**1.799,95**	**1.268,54**	**1.363,89**	**1.483,94**

Zuschläge: Für besondere Komfortleistungen (z. B. zusätzliche Wohnfläche) wird ein Zuschlag von € 133,– bis € 570,– erhoben.

Nahverkehr: Bei der Doppeleiche, Bus: 189

Lage: Wohngebiet, Elbe, Yachthafen, Willkommhöft. Kiosk im Haus, Einkaufen in der nahegelegenen Bahnhofstraße

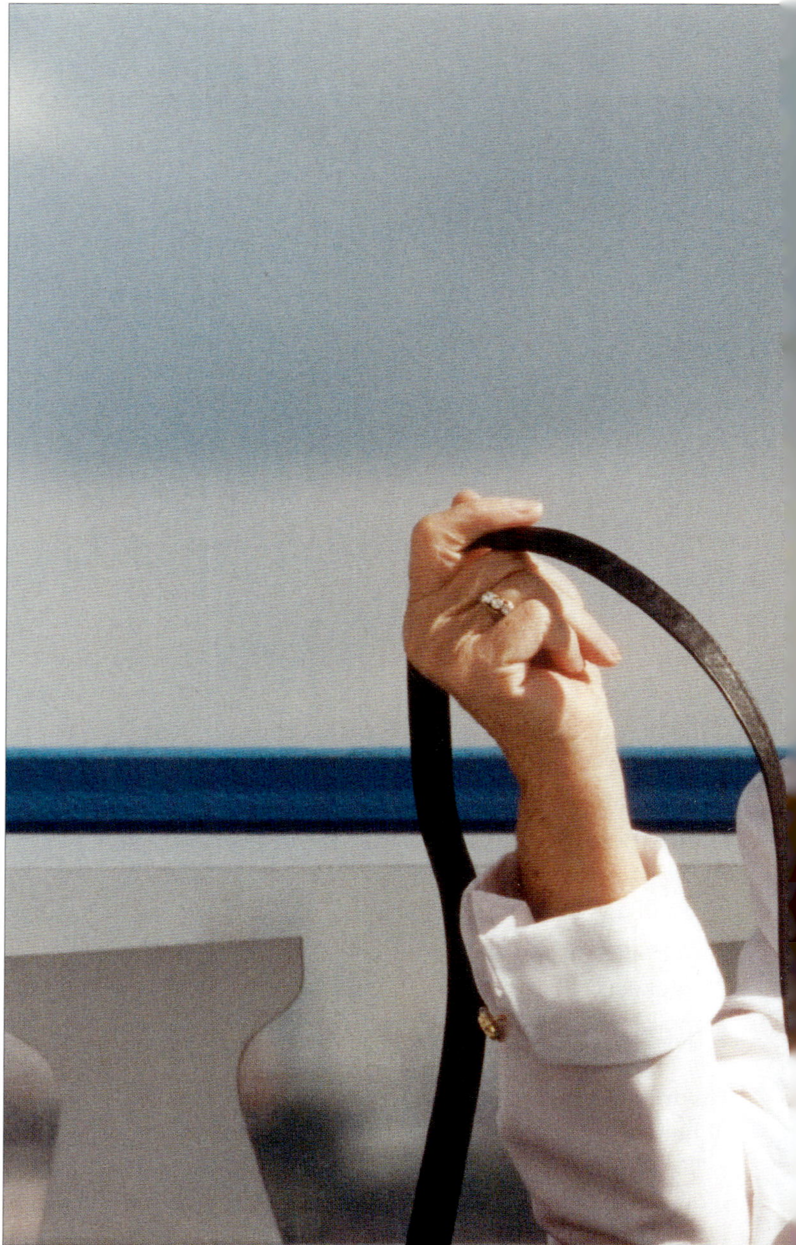

Residenzen

Residenzen

Das Alter bietet Zeit und Raum für eigene Interessen und Aktivitäten – von der Leidenschaft zu lesen bis zum Besuch der Opernhäuser in aller Welt. Komfortable Residenzen mit ihrem hotelähnlichen Charakter ermöglichen Unabhängigkeit und Komfort.
Die Bewohner wissen es zum Beispiel zu schätzen, das Restaurant und die Serviceleistungen der Häuser in Anspruch nehmen und sich von der alltäglichen Haushaltsführung befreien zu können. Nach einer Reise zu den Kindern ist das Appartement sauber und geheizt, die Blumen sind gegossen. Der Einkaufsservice hat bereits den Kühlschrank für die nächste kleine Mahlzeit aufgefüllt.

Ausstattung der Appartements

Die komfortablen Ein- bis Vier-Zimmer-Appartements haben Bad, Küche oder Pantry, TV-, Internet- und Telefonanschluss, Aufzug, Keller sowie größtenteils Balkon oder Terrasse. Auf Wunsch können auch Grundrisse verändert und Küchen umgebaut werden. Stell- und Garagenplätze sind vorhanden. Jedes Appartement hat einen Notruf rund um die Uhr. Zum Appartement gehört insbesondere der altengerechte Ausbau des Bads. So gibt es barrierefreie Duschen ohne Einstieg oder niedrige Badewannen. Haltegriffe und Sitze geben Sicherheit beim Duschen und Baden.

Die Annehmlichkeiten innerhalb des Hauses

Das Wohnen findet im ganzen Haus statt: Schwimmbad und Sauna, Bibliothek und Clubräume, Kunstausstellungen und klassische Konzerte bieten Abwechslung.

Mit dem Fahrstuhl zum Einkaufen: Der kleine Lebensmittelladen ist im Haus ein beliebter Ort, um ein Schwätzchen zu halten.

Die zentralen Treffpunkte sind Restaurant und Café. Zum Mittagessen ist ein Salatbuffet aufgebaut, der Kellner serviert eines der Mittagsmenüs oder à la carte. Am Nachmittag bietet das Café eine große Auswahl an Kuchen und Torten. Ein kleiner Laden, der Bankschalter und der Friseur ergänzen das Leistungsangebot.

Preise

Die Preise enthalten die monatliche Miete, Betreuung, krankenpflegerische Versorgung und diverse Inklusivleistungen – Einzelheiten sind bei den jeweiligen Häusern angegeben. Die Pflege durch einen ambulanten Pflegedienst ist ausdrücklich nicht im monatlichen Entgelt enthalten!

Bei gutem Wetter gibt es Würstchen und Kartoffelsalat zum Abendbrot.

Pflege auf Bestellung

Ob in einer preisgünstigen Mietwohnung oder einer Seniorenresidenz – die Pflege durch einen ambulanten Dienst funktioniert nach dem Prinzip: Der Kunde sagt, wie oft die Mitarbeiter eines Pflegedienstes kommen und was sie leisten sollen. Die Leistungen sind in sogenannten Leistungskomplexen genau festgelegt, die Vergütung ebenfalls. Die Kosten pro Monat lassen sich also im Vorwege errechnen, siehe Seite 60.

»Abenteuerurlaub« Seniorenresidenz

Gertrud Clasen hat nur einen Koffer für sich und ihren Mann Uwe gepackt. »Das reicht für einen Urlaub von sieben Tagen«, sagt die 73-Jährige. Der geht allerdings nur in die Seniorenresidenz ins benachbarte Großhansdorf. Dort will das Ehepaar zur Probe wohnen, um herauszufinden, ob es sich dort für immer wohlfühlen könnte.

Auslöser für den Gedanken an einen möglichen Umzug in eine Seniorenresidenz war ein Schlaganfall, von dem sich Uwe Clasen (77) erholen musste: Krankenhaus, Rehabilitation, Pflegewohnbereich. Seine Frau hatte ihn täglich besucht. »Auch mir kann ja etwas zustoßen. Dann wären wir in unserem Alter in einer Residenz gut aufgehoben«, sagt Gertrud Clasen. Das Ehepaar hat das Probewohnen nicht bereut: Die Mitbewohner sind durchweg aufgeschlossen, und beim Lesen in der Bibliothek, beim Handarbeiten oder Gedächtnistraining haben sich sofort Kontakte ergeben. »Das Essen ist wirklich gut, ich kann das beurteilen, denn ich bin krüsch«, fügt Uwe Clasen hinzu. Seine sehr praktisch veranlagte Frau Gertrud hatte einen

Die Internetkurse sind sehr beliebt.

Zollstock dabei. Sie wollte genau wissen, wie viel Stellfläche für die Schränke, Couchgarnitur, Ess- und Schlafzimmermöbel bleibt. Manche Gegenstände rufen Erinnerungen wach. »Von den Töpfen kann ich mich trennen, aber vom Hochzeitsgeschirr? Das wird mir schwer fallen«, sagt sie. Doch ihr Pragmatismus gewinnt Oberhand: »Ein kleineres Sofa muss her, das große nimmt zu viel Platz ein.« Fast alle Seniorenresidenzen haben möblierte Appartements, in denen Ältere einige Tage lang ausprobieren können, ob sie hier gern leben würden. Die Kosten für einen solchen Kurzurlaub liegen zwischen 300 und 450 Euro. »Wir wissen jetzt, wohin wir kommen, und wir freuen uns darauf«, sagt Gertrud Clasen. »Aber der eigene Garten, der gewohnte Blick auf die Bäume und die Terrasse, auf der wir so gern sitzen – das alles wird uns doch fehlen.«

Zu zweit ist die Wohnungssuche leichter.

Betreuung bei Krankheit

Im Krankheitsfall steht qualifiziertes Personal zur Versorgung im Appartement oder in der Krankenstation bereit.

Pflege

Der wesentliche Unterschied im Vergleich zum Alten- und Pflegeheim ist die Versorgung im Appartement, zum Beispiel durch den hauseigenen ambulanten Pflegedienst. Folglich werden von der Pflegekasse die Zuschüsse für häusliche Pflege gezahlt. Sollte die häusliche Pflege im eigenen Appartement nicht mehr durchführbar sein, ist ein Umzug in den Pflegebereich jederzeit möglich. In diesem Fall werden dann die Zuschüsse der Pflegekasse für stationäre Pflege gezahlt. Ausführliche Informationen zur Pflegeversicherung siehe Seite 54.
Zum Tagesablauf, zur Unterkunft sowie zur Betreuung und Therapie in den Pflegebereichen siehe Alten- und Pflegeheime ab Seite 248.

Selbstverständlichkeiten in Residenzen

Neben den für jedes Haus aufgeführten Angaben gibt es eine Reihe von Dingen, die zum Standard gehören und deshalb nicht einzeln aufgeführt sind:

- Friseur und Fußpflege, Krankengymnastik, Aufzug
- Freie Arztwahl: Jeder hat das Recht auf freie Arztwahl. Die Bewohner können sich selbstverständlich von ihrem Hausarzt behandeln lassen. Die Praxis zeigt aber vielfach: Niedergelassene Ärzte, die regelmäßig ins Haus kommen, werden gern in Anspruch genommen.

Residenzen im Überblick

Rosenhof Hamburg

Anschrift: Isfeldstraße 30, 22589 Hamburg-Iserbrook
Vermietung: Alexandra Hansen, Tel.: 040/87 08 73 37
www.rosenhof.de
282 Komfort-Appartements und 50 Pflegeplätze
Wohnen: Appartement mit Service und ambulanter Pflege
Wesentliche Leistungen sind:

- Mittagessen im Restaurant: 2 mehrgängige Menüs aus eigener Küche zur Auswahl, Salatbuffet. Sie können Diätmenüs, Frühstück und Abendessen abonnieren.
- Wellness-Schwimmbad, Restaurant/Café, Bibliothek, Musikzimmer, weitere Veranstaltungsräume, parkähnliche Gartenanlage mit Teich
- Kulinarische und kulturelle Angebote sowie Hobbygruppen, Veranstaltungen
- Wöchentliche Reinigung des Appartements

- Bei Krankheit 21 Tage im Jahr hauswirtschaftliche Betreuung im Appartement
- Ambulante Pflege im Appartement bei Bedarf. Auf Wunsch ist ein Umzug in den stationären Pflegewohnbereich möglich.

Ausstattung: Die Appartements haben Einbauküche und -schrank, WC und Dusche oder Bad, Balkon oder Terrasse, Abstellraum, Notruf, Telefon- und Kabelanschluss. Die Bewohner richten sich mit eigenen Möbeln ein.

Miete:

1-Zimmer-Appartement	30,7 bis 51,5 m^2	€ 1.285,– bis € 2.109,–
1,5-Zimmer-Appartement	44,2 bis 63,5 m^2	€ 2.108,– bis € 2.990,–
2-Zimmer-Appartement	52,7 bis 75,2 m^2	€ 2.546,– bis € 3.448,–
3-Zimmer-Appartement	76,3 bis 93,7 m^2	€ 3.469,– bis € 3.990,–

Zweite Person im Appartement: € 629,– pro Monat
Frühstücks-/Abendessenabonnement: je € 120,– pro Monat
Frühstücks- und Abendessenabonnement: € 210,– pro Monat

Kaution: Doppeltes monatliches Entgelt. Die Kaution wird mit dem für Spareinlagen mit dreimonatiger Kündigungsfrist üblichen Zinssatz der Commerzbank verzinst.

Pflegekosten: Die ambulanten Pflegekosten können direkt mit der Pflegekasse abgerechnet werden. Pflegekosten, die darüber hinaus entstehen, müssen vom Bewohner selbst übernommen werden.

Nahverkehr: Grotefendweg, Bus: 1; Hof Bockhorst, Bus: 22

Lage: Kleines Waldstück in der Nähe. Kiosk im Haus, Shuttle-Service zu Läden in Blankenese oder Elbe-Einkaufszentrum.

Der Rosenhof Hamburg wurde 1989 fertiggestellt. In nur fünf Minuten erreicht man mit dem Bus die Elbchaussee, den bekannten Hirschpark und die Ortsmitte sowie den lebhaften Marktplatz von Blankenese. In der Senioren-Wohnanlage gestaltet jeder Bewohner sein Appartement selbst, und es ist uns wichtig, dass er neben den Vorteilen dieser komfortablen Anlage auch das Lebensgefühl von persönlicher Freiheit und Unabhängigkeit genießt. Im Bedarfsfall kann er jedoch jederzeit auf eine leistungsfähige Service-Struktur zurückgreifen.

Thomas Läufer, Direktor

Rosenhof Hamburg

Wohnen: Pflegewohnbereich

- Unterkunft in Einzel- und Doppelzimmern
- Verpflegung mit 4 Mahlzeiten im Pflege-Restaurant oder auf Wunsch im Restaurant
- Schwimmbad, Restaurant/Café, Bibliothek, Musikzimmer, weitere Veranstaltungsräume
- Kulinarische und kulturelle Angebote sowie Hobbygruppen, Veranstaltungen

Pflegenoten:

Pflege	Demenz	Betreuung	Wohnen	**Gesamt**	Bewohner
1,1	1,0	1,9	1,0	**1,2**	1,5

Ausstattung: Die Pflegezimmer haben Pflegebett, Nachttisch, Kleiderschrank, Sideboard, Tisch und Stühle, WC und Dusche, Balkon oder Terrasse, Notruf, Telefon- und Kabelanschluss. Auf der Etage: Pflegebad. Kleinmöbel können mitgebracht werden.

Monatliches Entgelt im Doppelzimmer:

	Stufe I	Stufe II	Stufe III
Heimentgelt:	2.493,25	3.038,32	3.581,56
Pflegekasse:	–1.023,00	–1.279,00	–1.510,00
Zu zahlen:	**1.470,25**	**1.759,32**	**2.071,56**

Zuschlag: € 760,42 monatlich für ein Einzelzimmer

Auch in unserem stationären Pflegebereich lebt der Pflegebewohner in einer stilvollen Umgebung. Der Standard in Pflege und Ausstattung ermöglicht es jedem Pflegebewohner, seine persönliche Lebensqualität optimal zu erhalten. Die verschiedenen Förderkurse unserer Beschäftigungstherapeutinnen, zum Beispiel Sprach- und Bewegungsübungen, Gedächtnistraining, Bastel- und Singkreis, tragen hierzu bei und sind in den Leistungen unserer Pflegeabteilung enthalten. Darüber hinaus werden bei uns regelmäßig Feste gefeiert.

Thomas Läufer, Direktor

Augustinum Hamburg

Anschrift: Neumühlen 37, 22763 Hamburg-Ottensen
Stiftsdirektion: Dr. Christian Bendrath, Tel.: 040/39 194-0
Beratung: Karen Möhn, Tel.: 040/39 194-400,
www.augustinum-hamburg.de
140 Appartements
Wohnen: Appartement mit Service und ambulanter Pflege
Wesentliche Leistungen sind:

- Mittagessen im Panorama-Kuppelrestaurant mit drei Menüs zur Auswahl und Salatbüfett. Frühstücksbüfett und Abendessen auf Bestellung.
- Restaurant, Wintergarten, Café, Terrasse, Foyer, Theatersaal, Bibliothek, Schwimmbad, Sauna, Gymnastik- und Fitnessraum, Gesellschaftsräume, Physiotherapie
- Kapelle, Atelier, Hobbyräume, Gästeappartements
- Feste, Ausflüge, Konzerte, Vorträge, Lesungen, Gesprächskreise, Andachten, Gottesdienste, Wellnessangebote
- Wöchentliche Reinigung des Appartements, Fensterreinigung vierteljährlich
- Krankenpflege für 14 Tage mehrmals im Jahr möglich
- Die ambulante Pflege ist im Appartement sichergestellt.

Ausstattung: Die Appartements haben Pantry, Dusche, WC, einen abschließbaren Abstellraum, Notruf, Telefon-, Internet- und Kabelanschluss. Die Bewohner richten sich mit eigenen Möbeln ein.

Miete:

1-Zimmer-Appartement	31 bis 45 m²	€ 1.931,– bis € 2.079,–
1,5-Zimmer-Appartement	38 bis 46 m²	€ 2.212,– bis € 2.535,–
2-Zimmer-Appartement	50 bis 59 m²	€ 2.696,– bis € 3.059,–
3-Zimmer-Appartement	63 bis 79 m²	€ 3.219,– bis € 3.863,–

Zweite Person im Appartement: € 673,– pro Monat
Frühstücksabonnement: € 100,– pro Monat
Abendbrotabonnement: € 118,– pro Monat

Pflegekosten: Die ambulanten Pflegekosten können mit der Pflegekasse abgerechnet werden. Die Höhe des Eigenanteils kann mit der internen Pflegekostenergänzungsregelung (PER) nach einer Karenzzeit von 24 Monaten auf monatlich 500,– Euro begrenzt werden.

Wohndarlehen: Bei Abschluss des Vertrages ist ein Darlehen von € 20.000,– bis € 50.000,– einzuzahlen. Die Höhe ist abhängig von der Appartementgröße. Die 4%ige Verzinsung wird jährlich ausbezahlt, nach Einzug wird sie monatlich verrechnet.

Nahverkehr: Neumühlen, Bus: 112; Fähre 62

Lage: Elbe, Museumshafen. Lebensmittelladen und Bankservice im Haus

Das Augustinum Hamburg liegt am Rande des Hamburger Hafengebietes in einem umgebauten historischen Kühlhaus und in exklusiver Lage direkt am Elbufer. Dieses architektonische Meisterwerk mit dem Restaurant in der Glaskuppel bietet alle Voraussetzungen für ein stilvolles und komfortables Leben im Alter und ist gleichzeitig ein sicherer Hafen, wenn Sie später einmal auf Hilfe angewiesen sein sollten. Im Kuppelrestaurant bedient Sie unser erstklassiger Service an festlich gedeckten Tischen. Dort können Sie beim

Mittagessen zusehen, wie die Ozeanriesen am Wohnstift vorbeifahren. Am nahe gelegenen Anleger Neumühlen machen die Boote des Hamburger Verkehrsverbundes fest. Der Bus fährt nur zehn Minuten zum Bahnhof Altona und weiter über den Stephansplatz zum Hauptbahnhof.

Dr. Christian Bendrath, Stiftsdirektor

Appartement-Residenz NewLivingHome

Anschrift: Julius-Vosseler-Straße 40, 22527 Hamburg-Lokstedt

Vermietung: Andreas Twachtmann, Tel.: 040/40 13 31 00

www.new-living-home.de

190 Appartements

Wohnen: Appartements mit umfangreichem Service und ambulanter Betreuung

- Die Idee hinter diesem bislang einzigartigen Konzept besteht in der Zusammenführung von kulturell, geistig und sozial engagierten Menschen aller Altersstufen.
- Mahlzeiten im Restaurant à la carte oder Menüs zur Auswahl
- Restaurant Mendelssohn's, Bar, Café Wintergarten mit Sonnenterrasse, Club- und Veranstaltungsräume, Kamin- und Musikzimmer, Bibliothek, Theater ATRIUM, Schwimmbad, Sauna, Fitnessraum, Physiotherapie
- Theater, Konzerte, Lesungen und wissenschaftliche Symposien
- Conciergedienste und Sekretariatsservice
- Wöchentliche Reinigung des Appartements

Ausstattung: Die rollstuhlgerechten Appartements haben Küche, barrierefreie Dusche und WC, größtenteils Balkon oder Loggia, Keller, Notruf, Telefon- und Sat-TV-Anschluss. Die Bewohner richten sich mit eigenen Möbeln ein oder können ein stilvoll möbliertes Appartement nutzen.

Miete:

1-Zimmer-Appartement	30 bis 37 m²	ca. € 970,– bis € 1.300,–
2-Zimmer-Appartement	43 bis 68 m²	ca. € 1.300,– bis € 2.300,–
3-Zimmer-Appartement	70 bis 76 m²	ca. € 2.450,– bis € 2.750,–

Zweite Person im Appartement: € 130,– pro Monat
Frühstück vom Buffet als Abonnement: € 158,– pro Monat
Unterschiedliche Varianten für Mittagessenabonnement: € 225,– pro Monat
Abendessenabonnement: € 192,– pro Monat

Nahverkehr: U-Bahnhof Hagenbecks Tierpark, Linie: U2

Lage: Hagenbecks Tierpark, Niendorfer Gehege, Supermarkt und Einkaufscentrum in der Nähe.

Entdecken Sie neues Wohnen für einen neuen Lebensabschnitt! Nutzen Sie ein komfortables Appartement und kombinieren Sie privates, umsorgten Aufenthalt mit einer Vielfalt von gesellschaftlichen Veranstaltungen und Betätigungen auf höchstem Niveau. Erleben Sie ein neues, inspirierendes Miteinander und mehr Service in Geborgenheit und Sicherheit. Genießen Sie angenehme Geselligkeit und ein Plus an Gesundheit und Komfort. Das NewLivingHome steht für Wohnen wie zu Hause und Leben wie im Urlaub.

Lutz Pletka, Geschäftsführer

Kursana Residenz Hamburg-Niendorf

Anschrift: Ernst-Mittelbach-Ring 47, 22455 Hamburg-Niendorf

Vermietung: Christiane Weyde, Tel.: 040/55 20 20
www.kursana.de
316 Appartements und Pflegestation mit 51 Plätzen
Wohnen: Appartement mit Service und ambulanter Pflege
- Mittagessen im Restaurant: 3 Menüs zur Auswahl, Salatbar, Frühstück und Abendessen möglich
- Schwimmbad, Café, Theatersaal, Bibliothek, Turmzimmer, Gymnastiksaal, Sauna
- Wandergruppe, Handarbeit, Theatergruppe, Chor, Kartenspiele, Kulturschnack, Mundharmonikagruppe
- Sprachkurse: Englisch, Französisch; Konzerte, Theater
- Wöchentliche Reinigung des Appartements
- Bei Bedarf ist ein Umzug in den stationären Pflegewohnbereich möglich.
- Demenz: Betreuung in Kleingruppen

Ausstattung: Die Appartements haben Küche, Bad mit WC und barrierefreier Dusche, Balkon, Boden oder Keller, Notruf, Telefon- und Kabelanschluss. Die Bewohner richten sich mit eigenen Möbeln ein.

Pensionspreis:

1-Zimmer-Appartement	29 bis 59 m²	€ 1.450,– bis € 2.400,–
2-Zimmer-Appartement	40 bis 68 m²	€ 2.000,– bis € 3.200,–
3-Zimmer-Appartement	65 bis 72 m²	€ 2.800,– bis € 3.100,–

Zweite Person im Appartement: € 415,– pro Monat
Frühstücksabonnement: € 100,– pro Monat
Abendbrotabonnement: € 115,– pro Monat

Kaution: Doppelter Pensionspreis
Pflegekosten: Die ambulanten Pflegekosten für die häusliche Pflege werden direkt mit der Pflegekasse abgerechnet. Pflegekosten, die über den Obergrenzen für die häusliche Pflege liegen, müssen vom Bewohner bezahlt werden.
Nahverkehr: U-Bahnhof Niendorf Nord, Linie: U2

Lage: Wohngebiet Niendorfer Gehege. Einkaufszentrum Niendorf Nord

Das ist unsere Kursana-Philosophie:
Frei von Zukunftssorgen und belastenden Pflichten freudig und aktiv das Leben genießen. In der sicheren Gewissheit, dass man nie hilflos und einsam sein wird. Und mit dem guten Gefühl, zur rechten Zeit selbst dafür gesorgt zu haben, dass man seinen Lebensabend in Geborgenheit und Würde verbringen kann.

Bärbel Eickhoff, Direktorin

Kursana Residenz Hamburg-Niendorf

Wohnen: Pflegestation

- Unterkunft in Einzel- und Doppelzimmern
- Vollverpflegung mit 4 Mahlzeiten, 3 Mittagsmenüs zur Auswahl
- Schwimmbad, Café, Theatersaal, Bibliothek, Turmzimmer, Terrasse
- Veranstaltungen, Wandergruppe, Handarbeit, Theatergruppe, Chor, Beschäftigungs- und Bewegungsgruppe

Pflegenoten:

Pflege	Demenz	Betreuung	Wohnen	**Gesamt**	Bewohner
1,5	1,0	1,0	1,0	**1,2**	1,6

Ausstattung: Die Zimmer haben Pflegebett, Nachttisch, Pflegemöbel, WC und barrierefreie Dusche, teilweise Balkon, Notruf, Telefonanlage mit Durchwahl, Kabelfernsehen. Auf der Etage: Pflegebad. Einige persönliche Möbelstücke können mitgebracht werden.

Monatliches Heimentgelt:

	Stufe I	Stufe II	Stufe III
Heimentgelt:	2.483,49	3.028,31	3.575,87
Pflegekasse:	–1.023,00	–1.279,00	–1.510,00
Zu zahlen:	**1.460,49**	**1.749,31**	**2.065,87**

Zuschlag: Für besondere Komfortleistungen (z. B. zusätzliche Wohnfläche) wird ein Zuschlag von € 396,– bis € 670,– erhoben.

Seniorenresidenz Alsterpark

Anschrift: Rathenaustraße 4–10, 22297 Hamburg-Alsterdorf

Residenzleitung: Lutz Richter, Tel.: 040/511 27 20 00

Vereinigte Hamburger Wohnungsbaugenossenschaft eG, www.vhw-hamburg.de

153 Appartements und Pflegebereich mit 71 Plätzen

Wohnen: Servicewohnen premium im Appartement

- Die Mahlzeiten können sich die Bewohner selbst zubereiten oder gegen Bezahlung im Restaurant einnehmen. Es werden täglich 3 Mahlzeiten angeboten.
- Bewegungsbad, Sauna, Bibliothek, Café, Gesellschaftsraum, hauseigener Park am Skagerrakkanal
- Jahreszeitliche Feste, Veranstaltungen, Ausflüge, Hobbygruppen, Konzerte, Theaterbesuche, Therapiegruppen
- Die Reinigung des Appartements kann gegen Bezahlung abboniert werden.
- In gesundheitlichen Krisensituationen werden bis zu 30 Tage im Jahr allgemeine Unterstützungsleistungen geboten, zum Beispiel hauswirtschaftliche Hilfen im Krankheitsfall.
- Beratung und Vermittlung von Dienstleistungen
- Bei Bedarf ist ein Umzug in den stationären Pflegebereich möglich.

Ausstattung: Die Appartements haben Pantry, Einbauschrank, WC und Dusche, Balkon oder Terrasse, Keller oder Boden, Notruf, Telefon- und Kabelanschluss. Die Bewohner richten sich mit eigenen Möbeln ein.

Miete:

1-Zimmer-Appartement	44 bis 59 m²	€ 1.327,– bis € 2.408,–
1,5-Zimmer-Appartement	41 bis 45 m²	€ 1.615,– bis € 1.774,–
2-Zimmer-Appartement	46 bis 50 m²	€ 1.738,– bis € 2.549,–

Zweite Person im Appartement: € 260,– pro Monat
Reinigung des Appartements: € 48,– bis € 59,– pro Monat
Frühstücksabonnement: € 75,– pro Monat
Mittagessenabonnement: € 160,– pro Monat
Abendbrotabonnement: € 90,– pro Monat

Pflegekosten: Die ambulanten Pflegekosten können direkt mit der Pflegekasse abgerechnet werden. Pflegekosten, die über den Obergrenzen für die häusliche Pflege liegen, müssen vom Bewohner bezahlt werden.

Genossenschaftsanteile: Zum Erwerb der Mitgliedschaft sind 25 Genossenschaftsanteile in Höhe von € 1.300,– notwendig, zuzüglich eines einmaligen Eintrittsgeldes von € 55,–. Beim Einzug sind die Anteile auf € 5.980,– bis € 14.976,– erhöhen. Die Höhe ist abhängig von der Appartementgröße.

Nahverkehr: Wilhelm-Metzger-Straße, Bus: 109; Bebelallee, Bus: 39

Lage: Alsterwanderweg. Kiosk auf dem Gelände, Geschäfte in der Nähe

Die Seniorenresidenz Alsterpark fügt sich mit ihren stilvollen Gebäuden architektonisch und harmonisch in den Villenstadtteil Alsterdorf ein. Verweilen können Sie in der eigenen, liebevoll gestalteten Parkanlage. Der Blick auf den Skagerakkanal und die gelegentlich vorbeifahrenden Alsterschiffe lassen vergessen, dass man sich in zentraler Lage inmitten der Hansestadt Hamburg befindet. Alles Handeln in unserem Hause dient dem Wohle der Damen und Herren, die in unserer Seniorenresidenz Alsterpark leben. Unaufdringlich, aber stets aufmerksam, steht Ihnen unser Team zur Seite. Überzeugen Sie sich bei einem Besuch – wir beraten Sie gern.

Lutz Richter, Residenzleiter

Appartement frei?

Telefon: 040/600 898 40

Seniorenresidenz Alsterpark

Pflegedienstleitung: Janina Volland, Tel.: 040/511 27-20 02
Wohnen: Pflegebereich

- Unterkunft in Einzel- und Doppelzimmern
- Verpflegung mit 4 Mahlzeiten
- Bewegungsbad, Solarium, Sauna
- Freizeitangebote, kulturelle Veranstaltungen, Tanztee, Lesungen, Ausfahrten und Spaziergänge

Pflegenoten:

Pflege	Demenz	Betreuung	Wohnen	**Gesamt**	Bewohner
2,1	2,4	2,7	2,1	**2,3**	1,1

Ausstattung: Die Zimmer haben Pflegebett, Nachttisch, Einbauschrank, WC und teilweise Dusche, Balkon, Notruf, Telefon- und Kabelanschluss. Auf der Etage: Dusche und Pflegebad. Die Bewohner richten sich mit eigenen Möbeln ein.

Monatliches Heimentgelt:

	Stufe 0	Stufe I	Stufe II	Stufe III
Heimentgelt:	1.985,82	2.523,34	3.069,38	3.613,59
Pflegekasse:	0,00	–1.023,00	–1.279,00	–1.510,00
Zu zahlen:	**1.985,82**	**1.500,34**	**1.790,38**	**2.103,59**

Genossenschaftsanteile: Beim direkten Einzug in den Pflegebereich sind die Aufnahmegebühr von € 55,– zu zahlen sowie Genossenschaftsanteile zu erwerben: Einbettzimmer: € 7.020,–; Zweibettzimmer: € 3.016,–.

Seniorenresidenz Neugraben

Anschrift: Falkenbergsweg 1+3, 21149 Hamburg-Neugraben/Fischbek

Residenzleitung: Frank Esselmann, Tel.: 040/70 11 20 00
Vereinigte Hamburger Wohnungsbaugenossenschaft eG, www.vhw-hamburg.de
108 Appartements und Pflegewohnbereich mit 41 Plätzen
Wohnen: Servicewohnen premium im Appartement

- Die Mahlzeiten können sich die Bewohner selbst zubereiten oder gegen Bezahlung im Restaurant einnehmen. Es werden täglich 3 Mahlzeiten angeboten.
- Bewegungsbad, Sauna, Bibliothek, Café, Galerie
- Jahreszeitliche Feste, Veranstaltungen, Ausflüge, Hobbygruppen, Konzerte, Theaterbesuche, Therapiegruppen
- Die Reinigung des Appartements kann gegen Bezahlung abboniert werden.
- In gesundheitlichen Krisensituationen werden bis zu 30 Tage im Jahr allgemeine Unterstützungsleistungen geboten, zum Beispiel hauswirtschaftliche Hilfen im Krankheitsfall.
- Beratung und Vermittlung von Dienstleistungen
- Bei Bedarf ist ein Umzug in den stationären Pflegewohnbereich möglich.

Ausstattung: Die Appartements haben Küche, WC und Dusche, Balkon, Notruf, Telefon- und Kabelanschluss. Die Bewohner richten sich mit eigenen Möbeln ein.

Miete:

1-Zimmer-Appartement	21 bis 35 m^2	€ 845,– bis € 1.339,–
1,5-Zimmer-Appartement	50 m^2	€ 1.571,–
2-Zimmer-Appartement	56 m^2	€ 1.647,– bis € 1.968,–

Zweite Person im Appartement: € 260,– pro Monat
Reinigung des Appartements: € 48,– bis € 59,– pro Monat
Frühstücksabonnement: € 75,– pro Monat
Mittagessenabonnement: € 160,– pro Monat
Abendbrotabonnement: € 90,– pro Monat

Pflegekosten: Die ambulanten Pflegekosten können direkt mit der Pflegekasse abgerechnet werden. Pflegekosten, die über den Obergrenzen für die häusliche Pflege liegen, müssen vom Bewohner bezahlt werden.

Genossenschaftsanteile: Zum Erwerb der Mitgliedschaft sind 25 Genossenschaftsanteile in Höhe von € 1.300,– notwendig, zuzüglich eines einmaligen Eintrittsgeldes von € 55,–. Beim Einzug sind die Anteile auf € 6.708,– bis € 8.996,– erhöhen. Die Höhe ist abhängig von der Appartementgröße.

Nahverkehr: Francoper Straße, Bus: 141, 250

Lage: Harburger Berge, Fischbeker Heide, Altes Land. Einkaufszentrum am S-Bahnhof Neugraben

Vor allem gut versorgt: Gerade in der heutigen Zeit prägt der Genossenschaftsgedanke die vertrauensvolle Partnerschaft, insbesondere aber das ebenso engagierte wie freundliche Für- und Miteinander von Betreuten und Betreuenden. Unsere gehobenen Angebote in den Bereichen Musik, Literatur und Kunst, im anspruchsvollen Ambiente, prägen den speziellen Stil unseres Hauses. So gehören klassische Kon-

zerte gleichermaßen zum ständigen Programm wie auch unser tägliches Angebot an Betreuung und Unterhaltung. Die Nähe zum Erholungsgebiet Fischbeker Heide und ein attraktives Einkaufszentrum tragen zum Wohlbefinden unserer Bewohner bei. Machen Sie sich selbst ein Bild von der Seniorenresidenz Neugraben und vereinbaren Sie ein unverbindliches Beratungs- und Informationsgespräch. Wir freuen uns, Sie als Gast bei uns begrüßen zu dürfen.

Frank Esselmann, Residenzleiter

Seniorenresidenz Neugraben

Pflegedienstleitung: Andrea Röder-Khabiri, Tel.: 040/70 11 20 00

Wohnen: Pflegewohnbereich

- Unterkunft in Einzelzimmern
- Verpflegung mit 4 Mahlzeiten
- Bewegungsbad, Musiktherapie, Sauna, Bibliothek
- Veranstaltungen, Ausstellungen, Hobbygruppen

Ausstattung: Die Zimmer haben Pflegebett, Nachttisch, WC, Balkon oder Terrasse, Notruf, Telefon- und Kabelanschluss. Auf der Etage: Dusche und Pflegebad. Die Bewohner richten sich mit eigenen Möbeln ein. Im Doppelzimmer können Kleinmöbel mitgebracht werden.

Monatliches Heimentgelt:

	Stufe 0	Stufe I	Stufe II	Stufe III
Heimentgelt:	1.924,97	2.458,54	3.015,22	3.575,56
Pflegekasse:	0,00	–1.023,00	–1.279,00	–1.510,00
Zu zahlen:	**1.924,97**	**1.453,54**	**1.736,22**	**2.065,56**

Genossenschaftsanteile: Beim direkten Einzug in den Pflegebereich sind ein einmaliges Eintrittsgeld in Höhe von € 55,– zu zahlen. Die Genossenschaftsanteile betragen € 3.744,– für ein Einzelpflegezimmer.

Unseren Bewohnerinnen und Bewohnern garantieren wir eine individuelle und fachlich versierte Pflege und Betreuung im Appartement. Selbstverständlich ist bei uns zusätzlich ein Pflegewohnbereich im Hause integriert. Hier finden Sie ausschließlich Einzelzimmer, die gerne auch persönlich eingerichtet werden können. In angenehmer Atmosphäre werden Sie von freundlichen Pflegekräften rund um die Uhr versorgt. Sie haben die Möglichkeit, an kulturellen Veranstaltungen teilzunehmen und die therapeutischen Angebote zu nutzen. Bei allen Fragen des täglichen Lebens stehen wir Ihnen und Ihren Angehörigen gern beratend zur Seite.

Andrea Röder-Khabiri, Pflegedienstleiterin

Seniorenresidenz Bramfeld

Anschrift: Mützendorpsteed 9, Höhnkoppel 1–5, 22179 Hamburg-Bramfeld
Vermietung: Marlies und Niels Meyn, Tel.: 040/602 16 73
26 Komfort-Appartements und Pflegestation mit 22 Plätzen
Wohnen: Komfort-Appartement mit Service und ambulanter Pflege

- Mittagessen im Essbereich: Menüs zur Auswahl, Frühstück und Abendbrot können zusätzlich abonniert werden oder Selbstversorgung im Appartement.

- Cafeteria, Gesellschaftsräume, Therapieraum, Grillplatz, Fahrradhaus
- Ausflüge, Hausmusik, Vorträge, Spielkreise, Malgruppe
- Wöchentliche Reinigung des Appartements
- Betreuung bei leichten Erkrankungen bis zu 21 Tage im Jahr
- Auf Wunsch ist ein Umzug in das angeschlossene Pflegeheim möglich, siehe Seite 365.

Ausstattung: Die rollstuhlgerechten Appartements haben eine höhenverstellbare Einbauküche, Einbauschrank oder Abstellraum, barrierefreie Dusche, WC, Balkon oder Loggia, Keller, Notruf in allen Räumen, Telefon- und Kabelanschluss. Die großen Wohnungen haben Badewanne und barrierefreie Dusche. Die Bewohner richten sich mit eigenen Möbeln ein.

Pensionskosten:

1-Zimmer-Appartement	44 m²	€ 1.794,–
1,5-Zimmer-Appartement	47 bis 69 m²	€ 1.973,– bis € 2.203,–
2-Zimmer-Appartement	46 bis 79 m²	€ 1.960,– bis € 2.790,–
2,5-Zimmer-Appartement	77 m²	€ 2.706,–
3-Zimmer-Appartement	82 m²	€ 2.809,–

Zweite Person im Appartement: € 333,– pro Monat
Frühstücksabonnement: € 82,– pro Monat
Abendbrotabonnement: € 82,– pro Monat

Kaution: Zweifache monatliche Appartement-Miete

Pflegekosten: Die ambulanten Pflegekosten können direkt mit der Pflegekasse abgerechnet werden. Pflegekosten, die über den Obergrenzen für die häusliche Pflege liegen, müssen vom Bewohner bezahlt werden.

Nahverkehr: Bramfeld Dorfplatz, Bus: 8, 37, 118, 173, 277

Lage: Bramfelder Dorfplatz mit Wochenmarkt, Einkaufszentrum, Bramfelder See

»Ihre Traumwohnung im Herzen von Bramfeld«
Unser Haus in geschützter Südlage wurde 1999 fertiggestellt. Wochenmarkt, Post, Geschäfte und Restaurants sind in direkter Nähe am Bramfelder Dorfplatz. In den komfortablen Appartements kann jeder Bewohner seine persönliche Freiheit und Unabhängigkeit genießen. Auf Wunsch können wir mit Ihren Möbeln einen Möblierungsplan erstellen. Wir helfen Ihnen bei den Vorbereitungen und beim Umzug. Durch unser interessantes Unterhaltungs-, Fitness- und Ausflugsprogramm soll in persönlicher Atmosphäre die Eigenständigkeit und Lebensfreude erhalten und gefördert werden.

Niels Meyn, Vermieter

Parkresidenz Alstertal

Anschrift: Karl-Lippert-Stieg 1, 22391 Hamburg-Poppenbüttel

Vermietung: Beate Füllgrabe, Tel.: 040/60 60 86 61

www.parkresidenz-alstertal.de

175 Appartements und Pflegestation mit 71 Plätzen

Wohnen: Appartement mit Service und ambulanter Pflege

- Mittagessen im Restaurant: 2 Menüs zur Auswahl, Salatbar. Frühstück und Abendbrot bereiten sich die Bewohner selbst zu oder kann als separate Leistung dazu gebucht werden.
- Schwimmbad, Café, Bar, Theatersaal, Bibliothek mit Internetanschluss, Clubraum

- Konzerte, Vorträge, Hausmusik, Literaturkreis, Veranstaltungen
- Reinigung des Appartements
- Pflege im geringen Umfang bei vorübergehender Krankheit im Appartement für 14 Tage kostenlos
- Bei Bedarf ist ein Umzug in die stationäre Pflegestation möglich.

Ausstattung: Die Appartements haben Küche, WC und Dusche, Keller, Notruf, Telefon- und Kabelanschluss. Die Bewohner richten sich mit eigenen Möbeln ein.

Miete:

1,5-Zimmer-Appartement	35 bis 42 m²	€ 1.859,13 bis 2.201,73
2-Zimmer-Appartement	44 bis 66 m²	€ 2.273,96 bis 2.983,45
3-Zimmer-Appartement	70 bis 144 m²	€ 3.106,96 bis 4.881,63

Zweite Person im Appartement: € 469,60 pro Monat
Frühstücksabonnement: € 132,– pro Monat
Abendbrotabonnement: € 132,– pro Monat

Pflegekosten: Die ambulanten Pflegekosten werden direkt mit der Pflegekasse oder der Krankenkasse abgerechnet. Pflegekosten, die über den Obergrenzen für die häusliche Pflege liegen, müssen vom Bewohner bezahlt werden.

Anwartschaft: Für die Aufnahme auf die Warteliste ist eine einmalige Gebühr von € 256,– zu zahlen.

Nahverkehr: S-Bahnhof Poppenbüttel, Linie: S1

Lage: Alsterwanderweg. Alstertal-Einkaufszentrum vis-à-vis der Parkresidenz

Genießen Sie Ihren wohlverdienten Lebensabend in einem hotelähnlichen Ambiente, das keine Wünsche offen lässt. Zwischen Kritenbarg und Grotenbleken, in begehrter Wohnlage Hamburgs und in direkter Nachbarschaft zum exklusi-

ven Alstertal Einkaufszentrum, entstand 1990, mitten im Grünen, der elegante Häuserkomplex. In der Parkresidenz können Sie selbstbestimmt leben und individuell wohnen. Bei uns finden Sie alles, was das Dasein interessant und lebenswert macht: hohen Wohnkomfort, besten Service und die beruhigende Sicherheit, in jeder Lebensphase optimal versorgt zu sein.

Dr. Marion Goldschmidt, Direktorin

Parkresidenz Alstertal

Wohnen: Pflegebereich

Pflegedienstleitung: Petra Hilberg, Tel.: 040/60608675

- Unterkunft in Einzelzimmern
- Verpflegung mit 5 Mahlzeiten
- Schwimmbad, Café, Bar, Theatersaal, Bibliothek mit Internetanschluss, Clubraum
- Wohnküchen in den Wohngruppen
- Konzerte, Vorträge, Hausmusik, Literaturkreis, Veranstaltungen, Musiktherapie, Snoezeln, Unterhaltungs- und Beschäftigungsangebote
- Demenz: Betreuung im Rahmen einer Tagesstruktur

Pflegenoten:

Pflege	Demenz	Betreuung	Wohnen	**Gesamt**	Bewohner
1,2	1,1	1,3	1,0	**1,2**	1,1

Ausstattung: Die Pflegezimmer haben Pflegebett, Nachtschrank und Schrank, WC und Dusche, Notruf, Telefon- und Kabelanschluss. Auf der Etage: Pflegebad. Die Bewohner richten sich mit eigenen Möbeln ein.

Monatliches Heimentgelt im Einzelzimmer, ca. 30 m²:

	Stufe I	Stufe II	Stufe III
Heimentgelt:	3.865,66	3.865,66	3.865,66
Pflegekasse*:	–818,40	–1.023,20	–1.208,00
Zu zahlen:	**3.047,26**	**2.842,46**	**2.657,66**

*Die Parkresidenz hat auf eine Vergütungsvereinbarung gemäß § 91 SGB XI verzichtet. Daher haben die Versicherten nur einen Anspruch auf 80 % der Pauschalleistungen für vollstationäre Pflege der jeweiligen Pflegestufe.

Abschlag für ein kleineres Einzelzimmer, 23 bis 25 m²: € 145,88

Zuschlag: Dementenbetreuung monatlich € 204,52

Mit einem überdurchschnittlichen Personalschlüssel ist es uns möglich, eine würdevolle und individuell bedarfsgerechte Pflege auf hohem fachlichem Niveau lückenlos und rund um die Uhr zu verwirklichen.
Mit Ihren eigenen Möbeln können Sie Ihrem neuen Zuhause auch hier eine ganz persönliche und individuelle Note geben und Ihren gewohnten Lebensstil pflegen.

Dr. Marion Goldschmidt, Direktorin

Parkresidenz Rahlstedt

Anschrift: Rahlstedter Straße 29, 22149 Hamburg-Rahlstedt
Vermietung: Ursula Zoch, Tel.: 040/67 37 30
www.parkresidenz-greve.de
185 Appartements und Pflegestation mit 32 Plätzen

Wohnen: Appartement mit Service und ambulanter Pflege

- Mittagessen im Restaurant: 2 Menüs zur Auswahl, Salatbar. Frühstück und Abendbrot bereiten sich die Bewohner selbst zu.
- Schwimmbad, Fitnessraum, Sauna, Café, Bar, Amphitheater, Bibliothek, Hobbyraum, Kaminzimmer, Wintergarten, Internetcafé
- Konzerte, Hausmusik, Seminare, Vorträge, Theater, Spielkreise, Veranstaltungen, Minigolf, Tischtennis
- Wöchentliche Reinigung des Appartements
- Krankenpflege bis zu 14 Tage im Jahr kostenlos
- Bei Bedarf ist ein Umzug in ein stationäres Pflege-Appartement möglich.

Ausstattung: Die Appartements haben Küche, WC und barrierefreie Dusche, Loggia, Balkon, Terrasse, Dachterrasse oder Wintergarten, Keller, Notruf, Telefon- und Kabelanschluss. Die Bewohner richten sich mit eigenen Möbeln ein.

Miete:

1-Zimmer-Appartement	33 bis 52 m²	€ 1.597,- bis € 2.141,–
1,5-Zimmer-Appartement	36 bis 50 m²	€ 1.908,- bis € 2.420,–
2-Zimmer-Appartement	50 bis 70 m²	€ 2.112,- bis € 2.957,–
1 2/2-Zimmer-Appartement	60 bis 65 m²	€ 2.356,- bis € 2.570,–
3-Zimmer-Appartement	72 m²	€ 3.114,–

Zweite Person im Appartement: € 485,– pro Monat
Frühstücksabonnement: € 87,50 pro Monat
Abendbrotabonnement: € 94,– pro Monat

Pflegekosten: Die ambulanten Pflegekosten werden direkt mit der Pflegekasse oder der Krankenkasse abgerechnet. Pflegekosten, die über den Obergrenzen für die häusliche Pflege liegen, müssen vom Bewohner bezahlt werden.

Nahverkehr: Loher Straße, Bus: 9

Lage: Wandsetal. Läden im Haus, Einkaufszentrum Rahlstedt-Center, Wochenmarkt

Freuen Sie sich auf eine sichere und sorglose Zukunft in der Parkresidenz Rahlstedt.
Der ausgeprägte Hotelcharakter unserer Einrichtung verbindet individuelle Entfaltungsmöglichkeiten mit der Sicherheit einer umfassenden Betreuung im Bedarfsfall.
Die traditionelle Dienstleistungsorientierung aller Mitarbeiter schafft dafür die Voraussetzungen. Unsere Serviceleistungen, die nach modernsten Erkenntnissen ausgestatteten Wohnungen und eine herzliche Atmosphäre garantieren Ihnen in Ihrem neuen Zuhause Lebensqualität.

Markus Berns, Direktor

Parkresidenz Rahlstedt

Pflegedienstleitung: Diana Lesche
Wohnen: Pflegestation
- Unterkunft in Einzelzimmern
- Verpflegung mit 4 Mahlzeiten
- Schwimmbad, Café, Bar, Amphitheater, Bibliothek, Hobbyraum, Kaminzimmer, Wintergarten, Internetcafé
- Konzerte, Vorträge, Theater, Spielkreise, Veranstaltungen

Ausstattung: Die Pflege-Appartements haben Pflegebett, WC und barrierefreie Dusche, Notruf, Telefon- und Kabelanschluss. Auf der Etage: Pflegebad. Die Bewohner richten sich mit eigenen Möbeln ein.
Monatliches Heimentgelt:

	Stufe I	Stufe II	Stufe III
Heimentgelt:	3.281,12	3.281,12	3.281,12
Pflegekasse:*	–818,40	–1.023,20	–1.208,00
Zu zahlen:	**2.462,72**	**2.257,92**	**2.073,12**

*Die Parkresidenz hat auf eine Vergütungsvereinbarung gemäß § 91 SGB XI verzichtet. Daher haben die Versicherten nur einen Anspruch auf 80 % der Pauschalleistung für vollstationäre Pflege der jeweiligen Pflegestufe.

Zuschlag: für ein großes Einzelzimmer, 44 m²: € 425,–; für einen Platz im Pflegeappartement, ca. 60 m²: € 140,–

Durch eine überdurchschnittlich hohe Zahl an qualifizierten Fachkräften ermöglichen wir eine optimale Betreuung. Persönliche Zuwendung ist uns dabei besonders wichtig. Der gesamte Pflegebereich hat eine sehr hochwertige Aus-

stattung, die Sie in Ihrem Einzelzimmer durch eigene Möbel ergänzen können.

Markus Berns, Direktor

CURA Seniorenwohnanlage Haus Lerchenberg

Anschrift: Lerchenberg 4, 22359 Hamburg-Volksdorf
Leitung: Sabine Becker, Tel.: 040/60 30 80
www.cura-ag.com
64 Appartements und Pflegewohnbereich mit 27 Plätzen
Wohnen: Appartements mit Betreuung und ambulanter Pflege

- Mittagessen im Restaurant

- Kaminzimmer, Wintergarten, Bibliothek, Gemeinschaftsraum
- Kulturelle und gesellschaftliche Veranstaltungen, Konzerte, Literaturkreis
- Reinigung des Appartements
- Krankenbetreuung bis zu 4 Wochen im Jahr durch eigenes Personal
- Bei Bedarf ist ein Umzug in den stationären Pflegewohnbereich möglich.

Ausstattung: Die Wohnungen haben Küche, Einbauschrank, Dusche, WC, Balkon oder Terrasse, Abstellraum, Notruf, Telefon- und Kabelanschluss. Die Bewohner richten sich mit eigenen Möbeln ein.

Miete:

2-Zimmer-Appartement	42 bis 76 m^2	€ 1.730,– bis € 2.359,–

Zweite Person im Appartement: € 424,– pro Monat

Kaution: € 3.400,– bis € 4.700,–

Pflegekosten: Die ambulanten Pflegekosten werden direkt mit der Pflegekasse oder der Krankenkasse abgerechnet. Pflegekosten, die über den Obergrenzen für die häusliche Pflege liegen, müssen vom Bewohner bezahlt werden.

Nahverkehr: U-Bahnhof Volksdorf, Linie: U1

Lage: Waldreiche Umgebung, Schwimmbad. Einkaufszentrum »Weiße Rose«

Unser Haus Lerchenberg befindet sich im kulturellen und wirtschaftlichen Zentrum der Walddörfer, inmitten grüner Natur, zentral und doch sehr ruhig.
Das architektonisch sehr ansprechende Haus liegt auf einem

parkähnlichen Grundstück mit altem Baumbestand. Unser Haus bietet Ihnen ein selbstständiges Leben in der eigenen Wohnung mit der Sicherheit, dass bei Bedarf auch eine pflegerische Betreuung in der Wohnung oder in unserem kleinen Pflegewohnbereich möglich ist.
Das Haus Lerchenberg zeichnet sich durch eine persönliche und herzliche Atmosphäre besonders aus. Wir freuen uns auf Sie.

Sabine Becker, Leiterin

CURA Seniorenwohnanlage Haus Lerchenberg

Wohnen: Pflegewohnbereich

- Unterkunft in Einzelzimmern
- Verpflegung mit 4 Mahlzeiten aus eigener Küche, Menüwahl
- Restaurant, Wintergarten, parkähnliches Grundstück
- Singen, Basteln, Spielen, Gottesdienste, Veranstaltungen

Ausstattung: Die Zimmer haben Pflegebett, Nachttisch, Tisch und Stühle, Schrank, WC und Dusche, Terrasse, Notruf, Telefonanlage, Kabelanschluss.

Monatliches Heimentgelt:

	Stufe 0	Stufe I	Stufe II	Stufe III
Heimentgelt:	2.039,66	2.572,32	3.127,78	3.686,90
Pflegekasse:	0,00	–1.023,00	–1.279,00	–1.510,00
Zu zahlen:	**2.039,66**	**1.549,32**	**1.848,78**	**2.176,90**

Residenz am Wiesenkamp

Anschrift: Wiesenkamp 16, 22359 Hamburg-Volksdorf
Vermietung: Christine Hagge, Tel.: 040/64 41 69 04, www.residenz-wiesenkamp.de
191 Appartements und Pflegestation mit 90 Plätzen
Wohnen: Appartement mit Service und ambulanter Pflege

- Mittagessen im Restaurant: Menüs zur Auswahl. Frühstück und Abendbrot bereiten sich die Bewohner zu, im Restaurant muss dafür extra bezahlt werden.
- Bewegungsbad, Café, Studio, Bibliothek mit Internet, Gymnastiksaal, Gästeappartements
- Feste, Ausflüge, Handarbeit, Gymnastik, Singkreis, Konzerte, Lesungen, Englisch- und Internetkurse
- Reinigung des Appartements
- Krankenpflege bis zu 21 Tage im Jahr
- Bei Bedarf ist ein Umzug in ein stationäres Pflege-Appartement möglich.

Ausstattung: Die Appartements haben Pantry, barrierefreie Dusche und WC, Balkon, Keller, Notruf, Telefon- und

Satellitenanschluss. Die Bewohner richten sich mit eigenen Möbeln ein.

Miete:

1-Zimmer-Appartement	38 m²	2.053,–
1,5-Zimmer-Appartement	40 m²	€ 2.190,–
2-Zimmer-Appartement	43 bis 45 m²	€ 2.212,– bis € 2.275,–
3-Zimmer-Appartement	75 bis 80 m²	€ 3.499,– bis € 3.627,–

Zweite Person im Appartement: € 458,– pro Monat
Frühstücksabonnement: € 80,– pro Monat
Abendbrotabonnement: € 87,50 pro Monat

Pflegekosten: Die ambulanten Pflegekosten werden direkt mit der Pflegekasse oder der Krankenkasse abgerechnet. Pflegekosten, die über den Obergrenzen für die häusliche Pflege liegen, müssen vom Bewohner bezahlt werden.

Nahverkehr: U-Bahnhof Meiendorfer Weg, Linie: U1

Lage: Wohngebiet, Volksdorfer Wald. Kiosk im Haus, Einkaufen in Volksdorf, kostenlose Einkaufsfahrten

Residenz am Wiesenkamp

Pflegedienstleitung: Karina Arlt, Tel.: 040/64 41 60

Wohnen: Pflegebereich

- Unterkunft in Einzelzimmern und 1,5-Zimmer-Appartements
- Verpflegung mit 4 Mahlzeiten, 3 Menüs zur Auswahl
- Bewegungsbad, Ergotherapie, Café, Bibliothek
- Veranstaltungen, Feste, Ausflüge, Handarbeit, Singkreis, Gymnastik

Pflegenoten:

Pflege	Demenz	Betreuung	Wohnen	**Gesamt**	Bewohner
1,3	1,0	1,9	1,0	**1,3**	1,0

Ausstattung: Die Pflegezimmer haben Pflegebett, WC und Bad, teilweise Balkon, Notruf, Telefonanlage mit Durchwahl und Satellitenanschluss. Die Pflege-Appartements haben zusätzlich eine Küchenzeile. Auf der Etage: Pflegebad. Eigene Möbel können mitgebracht werden.

Monatliches Heimentgelt:

	Stufe 0	Stufe I	Stufe II	Stufe III
Heimentgelt:	2.051,83	2.608,82	3.190,15	3.775,12
Pflegekasse:	0,00	–1.023,00	–1.279,00	–1.510,00
Zu zahlen:	**2.051,83**	**1.585,82**	**1.911,15**	**2.265,12**

Alsterdomizil Herrenhaus Gut Wellingsbüttel

Anschrift: Wellingsbüttler Weg 71, 22391 Hamburg-Wellingsbüttel, www.alsterdomizil.de
Direktion: Kirsten Dürlich, Tel.: 040/970 70-0
Vermietung: Angela Gutknecht, Tel.: 040/970 70 970
14 Appartements und Seniorenpflegeeinrichtung mit 163 Plätzen
Wohnen: Appartement mit Service und Pflege

- Unterkunft in 1- und 2-Zimmer-Appartements, werktägliche Reinigung, Hausmeisterservice
- Mahlzeiten im Bewohnerrestaurant aus der hauseigenen Küche, nachmittags Kaffee und Kuchen
- Empfangshalle, öffentliches Café und Restaurant, Sonnenterrasse, Parkanlage, Clubzimmer für Familienfeste, kostenfreie Nutzung aller Bereiche des Seniorenpflegeheimes
- Ausflüge, jahreszeitliche Feste, Live-Musik, Kunstausstellungen, Snoezelen

- Die Pflege erfolgt im Appartement durch den hauseigenen Pflegedienst. Die Kosten für die Pflege in der Pflegestufe 1 sind in der Miete enthalten.
  Auf Wunsch ist ein Umzug in den Pflegewohnbereich möglich, siehe Seite 403.

Ausstattung: Die Appartements haben Küchenzeile, barrierefreies Duschbad und WC, teilweise Balkon oder Terrasse, Notruf, Telefon-, Internet- und Kabelanschluss. Die Bewohner können sich mit eigenen Möbeln einrichten.

Miete:

1-Zimmer-Appartement	25 bis 47 m^2	€ 3.295,– bis € 4.360,–
2-Zimmer-Appartement	46 bis 66 m^2	€ 4.365,– bis € 4.870,–

Zweite Person im Appartement: € 1.100,– pro Monat

Nahverkehr: S-Bahnhof Wellingsbüttel, Linie: S1

Lage: Wohngebiet, Parkanlage, Alsterwanderweg. Kiosk im Haus, kleine Geschäfte und Wochenmarkt in der Nähe

Wohnen wie im Schloss: Mit dem denkmalgeschützten Herrenhaus des ehemaligen Gut Wellingsbüttel erfüllen wir uns den Traum einer ganz besonderen Wohnform für Senioren: sechs Einzimmer-Appartements und acht Zweizimmer-Wohnungen, größtenteils mit Balkon oder Terrasse, und das »Clubzimmer« als Restaurant, welches ausschließlich den Bewohnern vorbehalten ist.
Ein öffentliches Café und Restaurant rundet das gastronomische Angebot ab; in unmittelbarer Nachbarschaft befindet sich das Torhaus-Museum mit regelmäßig stattfindenden kulturellen Veranstaltungen.
Sie werden ein Flair entdecken, das nur ein Herrenhaus bieten kann: Stuck an den Wänden, Flügeltüren und ein traumhafter Blick in die Parkanlage nahe dem Alsterlauf.
Kompetente und freundliche Mitarbeiter und Mitarbeiterinnen bieten Ihnen umfassende und individuelle Serviceleistungen und kümmern sich gern um Ihre persönlichen Wünsche.

Frank Wagner, Geschäftsführer

Rosenhof Ahrensburg

Anschrift: Lübecker Straße 3–11, 22926 Ahrensburg
Vermietung: Beate Wierhake, Tel.: 04102/49 04 90
www.rosenhof.de
347 Komfort-Appartements und 49 Pflegeplätze
Wohnen: Appartement mit Service und ambulanter Pflege
Wesentliche Leistungen sind:

- Mittagessen im Restaurant: 2 mehrgängige Menüs aus eigener Küche zur Auswahl, Salatbuffet. Sie können

Diätmenüs, Frühstück und Abendessen abonnieren.

- Wellness-Schwimmbad mit Spa-Bereich, Restaurant/ Café, Bibliothek, Weißer Salon, weitere Veranstaltungsräume, parkähnliche Gartenanlagen mit Teich
- Kulinarische und kulturelle Angebote sowie Hobbygruppen, Veranstaltungen
- Wöchentliche Reinigung des Appartements
- Bei Krankheit 21 Tage im Jahr hauswirtschaftliche Betreuung im Appartement
- Ambulante Pflege im Appartement bei Bedarf. Auf Wunsch ist ein Umzug in den stationären Pflegewohnbereich möglich.

Ausstattung: Die Appartements haben Einbauküche und -schrank, WC, Dusche oder Bad, Balkon oder Terrasse, abschließbaren Abstellraum, Waschmaschinenanschluss,

Notruf, Telefon- und Kabelanschluss. Die Bewohner richten sich mit eigenen Möbeln ein.

Miete:

1-Zimmer-Appartement	31,3 bis 40,5 m²	€ 1.208,– bis € 1.851,–
1,5-Zimmer-Appartement	51,1 bis 54 m²	€ 2.056,– bis € 2.249,–
2-Zimmer-Appartement	60,3 bis 73,7 m²	€ 2.446,– bis € 2.821,–
3-Zimmer-Appartement	78,4 bis 91 m²	€ 2.601,– bis € 3.406,–
4-Zimmer-Appartement	130,8 m²	€ 3.507,– bis € 3.771,–

Zweite Person im Appartement: € 615,– pro Monat
Frühstücksabonnement: € 120,– pro Monat
Abendessenabonnement: € 120,– pro Monat
Frühstück- und Abendessenabonnement: € 210,– pro Monat

Kaution: Doppeltes monatliches Entgelt. Die Kaution wird mit dem für Spareinlagen mit dreimonatiger Kündigungsfrist üblichen Zinssatz der Commerzbank verzinst.

Pflegekosten: Die ambulanten Pflegekosten können entsprechend den Pflegestufen direkt mit der Pflegekasse abgerechnet werden. Pflegekosten, die darüber hinaus entstehen, müssen vom Bewohner selbst übernommen werden.

Nahverkehr: Rosenhof, Bus: 569 und Autokraft-Buslinie 8110

Lage: Ahrensburger Schloss. Werktags Supermarkt auf Rädern

Ahrensburg ist einer der schönsten Orte vor den Toren Hamburgs.
Die Stadt lädt zum Bummeln und Verweilen ein und bietet zahlreiche Einkaufsmöglichkeiten. Das über 400 Jahre alte Ahrensburger Schloss und die dazugehörige Schlosskirche befinden sich in direkter Nachbarschaft zum 1981 fertig gestellten Rosenhof Ahrensburg.

Das moderne Haus ist durch den angrenzenden Schlosspark mit der Ahrensburger Innenstadt verbunden. Eine Bushaltestelle befindet sich in unmittelbarer Nähe des Rosenhofes.
Steigt man in die S-Bahn um, erreicht man in nur 23 Minuten die Hamburger Innenstadt.

Michael Solbisky, Direktor

Rosenhof Ahrensburg

Wohnen: Pflegewohnbereich

- Unterkunft in Einzel- und Doppelzimmern
- Verpflegung mit 4 Mahlzeiten im Pflege-Restaurant oder auf Wunsch im Restaurant
- Schwimmbad, Restaurant/Café, Bibliothek, Weißer Salon, weitere Veranstaltungsräume
- Kulinarische und kulturelle Angebote sowie Hobbygruppen, Veranstaltungen

Ausstattung: Die Zimmer haben Pflegebett, Nachttisch, Kleiderschrank, Sideboard, Tisch und Stühle, WC und Dusche, Balkon oder Terrasse, Notruf, Telefon- und Kabelanschluss. Auf der Etage: Pflegebad. Kleinmöbel können mitgebracht werden.

Monatliches Entgelt im Doppelzimmer:

	Stufe I	Stufe II	Stufe III
Heimentgelt:	2.509,68	2.882,89	3.255,80
Pflegekasse:	–1.023,00	–1.279,00	–1.510,00
Zu zahlen:	**1.486,68**	**1.603,89**	**1.745,80**

Zuschlag: € 163,03 monatlich für ein Einzelzimmer

Unser Ziel ist es, den Bewohnerinnen und Bewohnern des stationären Pflegewohnbereiches einen individuellen Privatbereich zu bewahren und in familiärer Atmosphäre ihre Eigenständigkeit so weit wie möglich zu erhalten und zu fördern.
Qualifizierte und engagierte Pflegekräfte sowie Beschäftigungstherapeutinnen fördern die Alltagsfähigkeiten unter Berücksichtigung der persönlichen Situation der Bewohner. So gehören Spiele, Hand- und Sprachübungen, kreative Arbeiten, Singen und Gedächtnistraining selbstverständlich zu den Leistungen des stationären Pflegebereichs.

Michael Solbisky, Direktor

Augustinum Aumühle

Anschrift: Mühlenweg 1, 21521 Aumühle
Stiftsdirektion: Stephan Mönning, Tel.: 04104 691-0
Beratung: Katrin Jülich, Tel.: 04104 691-803,
www.augustinum-aumuehle.de
178 Appartements
Wohnen: Appartement mit Service und ambulanter Pflege
Wesentliche Leistungen sind:

- Mittagessen im Restaurant mit drei Menüs zur Auswahl und Salatbüfett, Frühstücksbüfett, kalte Platte zum Abendessen auf Bestellung.
- Restaurant, Wintergarten mit Terrasse, Foyer, Theater, Bibliothek, Schwimmbad, Sauna, Gymnastik- und Fitnessraum, Gesellschaftsräume, Physiotherapie
- Kapelle, Atelier, Hobbyräume, Gästeappartements
- Feste, Ausflüge, Konzerte, Vorträge, Lesungen,

Gesprächskreise, Andachten, Gottesdienste, Wellnessangebote
- Wöchentliche Reinigung des Appartements, Fensterreinigung vierteljährlich
- Krankenpflege für 14 Tage mehrmals im Jahr möglich
- Die ambulante Pflege im Appartement ist durch den hauseigenen Pflegedienst sichergestellt.

Ausstattung: Die Appartements haben Balkon, Loggia oder Terrasse, Pantry, Dusche und WC, einen abschließbaren Abstellraum, Notruf, Telefon-, Internet- und Kabelanschluss. Die Bewohner richten sich mit eigenen Möbeln und ein.

Miete:

1-Zimmer-Appartement	27 bis 32 m²	€ 1.655,– bis € 1.891,–
1,5-Zimmer-Appartement	41 bis 46 m²	€ 2.256,– bis € 2.461,–
2-Zimmer-Appartement	48 bis 65 m²	€ 2.541,– bis € 3.236,–
3-Zimmer-Appartement	83 m²	€ 3.970,–

Zweite Person im Appartement: € 553,– pro Monat
Frühstücksabonnement: € 100,– pro Monat
Abendbrotabonnement: € 118,– pro Monat

Pflegekosten: Die ambulanten Pflegekosten können mit der Pflegekasse abgerechnet werden. Die Höhe des Eigenanteils lässt sich mit der internen Pflegekostenergänzungsregelung (PER) nach einer Karenzzeit von 24 Monaten auf monatlich 500,- Euro begrenzen.

Wohndarlehen: Bei Abschluss des Vertrages ist ein Darlehen von € 9.000,– bis € 35.000,– einzuzahlen. Die Höhe hängt ab von der Appartementgröße. Die 4%ige Verzinsung wird jährlich ausbezahlt und nach Einzug monatlich verrechnet.

Nahverkehr: S-Bahnhof Aumühle, Linie: S21

Lage: Sachsenwald, Parkanlage mit altem Baumbestand. Lebensmittelladen und Bank im Haus

In unserem offenen und stilvollen Haus in Aumühle leben Sie in privilegierter Lage: Denn der gründerzeitliche Villenvorort gehört zu den begehrtesten Adressen im Hamburger Umland. Nicht weit von der Hansestadt entfernt und trotzdem mitten im Grünen finden Sie hier alles, was das Leben im Alter angenehm macht. Und wenn Sie einmal auf Hilfe angewiesen sind, versorgt Sie unser ambulanter Pflegedienst in Ihren vier Wänden. Dabei legen wir großen Wert auf Freundlichkeit und Herzlichkeit. Unser aufmerksames Personal wurde auch extra hervorgehoben, als das Wohnstift 2006 Testsieger bei einer bundesweiten Beurteilung von Seniorenresidenzen durch die Stiftung Warentest wurde. Lieben Sie Großstadtflair? Mit der S-Bahn sind Sie innerhalb nur einer halben Stunde in Hamburg.

Stephan Mönning, Stiftsdirektor

Rosenhof Großhansdorf 1

Anschrift: Hoisdorfer Landstraße 61, 22927 Großhansdorf
Vermietung: Bettina Statz, Tel.: 04102/69 86 69
www.rosenhof.de
246 Komfort-Appartements und 48 Pflegeplätze
Wohnen: Appartement mit Service und ambulanter Pflege
Wesentliche Leistungen sind:

- Mittagessen im Restaurant: 2 mehrgängige Menüs aus eigener Küche zur Auswahl, Salatbuffet. Sie können Diätmenüs, Frühstück und Abendessen abonnieren.
- Wellness-Schwimmbad mit Spa-Bereich, Restaurant/Café, Bibliothek, Weißer Salon, weitere Veranstaltungsräume, parkähnliche Gartenanlage
- Kulinarische und kulturelle Angebote sowie Hobbygruppen, Veranstaltungen
- Wöchentliche Reinigung des Appartements
- Bei Krankheit 21 Tage im Jahr hauswirtschaftliche Betreuung im Appartement

- Ambulante Pflege im Appartement bei Bedarf. Auf Wunsch ist ein Umzug in den stationären Pflegewohnbereich möglich.

Ausstattung: Die Appartements haben Einbauküche und -schrank, Dusche, WC, Balkon oder Terrasse, einen abschließbaren Abstellraum, Notruf, Telefon- und Kabelanschluss. Die Bewohner richten sich mit eigenen Möbeln ein.

Miete:

1-Zimmer-Appartement	28,3 bis 49,4 m²	€ 1.185,– bis € 2.108,–
1,5-Zimmer-Appartement	46,8 bis 54,4 m²	€ 2.110,– bis € 2.285,–
2-Zimmer-Appartement	56,6 bis 72,7 m²	€ 2.388,– bis € 2.671,–
3-Zimmer-Appartement	78,4 bis 90,6 m²	€ 2.543,– bis € 3.282,–

Zweite Person im Appartement: € 615,– pro Monat
Frühstücksabonnement: € 120,– pro Monat
Abendessenabonnement: € 120,– pro Monat
Frühstücks- und Abendessenabonnement: € 210,– pro Monat

Kaution: Doppeltes monatliches Entgelt. Die Kaution wird mit dem für Spareinlagen mit dreimonatiger Kündigungsfrist üblichen Zinssatz der Commerzbank verzinst.

Pflegekosten: Die ambulanten Pflegekosten können mit der Pflegekasse abgerechnet werden. Pflegekosten, die darüber hinaus entstehen, müssen vom Bewohner selbst übernommen werden.

Nahverkehr: U-Bahnhof Großhansdorf, Linie: U1

Lage: Waldreiche Umgebung. Geschäfte in der Nähe, Supermarkt auf Rädern

Inmitten der idyllischen Walddörfer liegt der 1972 erbaute Rosenhof Großhansdorf 1. Das besonders Reizvolle an dieser 246 Appartements umfassenden Anlage ist die waldreiche Umgebung mit dem besonderen Charme eines Villenvorortes.

Darüber hinaus zeichnet sich dieses Haus durch die verkehrsgünstige Lage zur Hamburger City aus, die in einer Dreiviertelstunde mit der U-Bahn zu erreichen ist.

Michael Schröer, Direktor

Rosenhof Großhansdorf 1

Wohnen: Pflegewohnbereich

- Unterkunft in Einzel- und Doppelzimmern
- Verpflegung mit 4 Mahlzeiten im Pflege-Restaurant oder auf Wunsch im Restaurant
- Schwimmbad, Restaurant/Café, Bibliothek, Weißer Salon, weitere Veranstaltungsräume
- Kulinarische und kulturelle Angebote sowie Hobbygruppen, Veranstaltungen

Pflegenoten:

Pflege	Demenz	Betreuung	Wohnen	**Gesamt**	Bewohner
2,5	1,2	1,0	1,4	**1,7**	1,0

Ausstattung: Die Pflegezimmer haben Pflegebett, Nachttisch, Kleiderschrank, Sideboard, Tisch und Stühle, WC und Dusche, Balkon, Notruf, Telefon- und Kabelanschluss. Auf der Etage: Pflegebad. Im Einzel- oder Doppelzimmer können sich die Bewohner mit eigenen Kleinmöbeln einrichten.

Monatliches Entgelt im Doppelzimmer:

	Stufe I	Stufe II	Stufe III
Heimentgelt:	2.532,19	2.913,00	3.293,82
Pflegekasse:	–1.023,00	–1.279,00	–1.510,00
Zu zahlen:	**1.509,19**	**1.634,00**	**1.783,82**

Zuschlag: € 132,03 monatlich für ein Einzelzimmer

Mit einer personenbezogenen Pflege wird den Pflegebewohnerinnen und -bewohnern ein individueller Privatbereich bewahrt und in einer familiären Atmosphäre ihre Eigenständigkeit erhalten und gefördert. Durch kulinarische und kulturelle Angebote wird eine Integration in die Gemeinschaft erlangt. Mit Gedächtnistraining, Spielen und Gymnastik sorgen Beschäftigungstherapeuten für den Erhalt geistiger und körperlicher Fähigkeiten.

Michael Schröer, Direktor

Rosenhof Großhansdorf 2

Anschrift: Hoisdorfer Landstraße 72, 22927 Großhansdorf

Vermietung: Beatrix Scholz, Tel.: 04102/69 90 69

www.rosenhof.de

264 Komfort-Appartements und 48 Pflegeplätze

Wohnen: Appartement mit Service und ambulanter Pflege
Wesentliche Leistungen sind:

- Mittagessen im Restaurant: 2 mehrgängige Menüs aus eigener Küche zur Auswahl, Salatbuffet. Sie können Diätmenüs, Frühstück und Abendessen abonnieren.
- Wellness-Schwimmbad mit Spa-Bereich, Restaurant/ Café, Bibliothek, Weißer Salon, weitere Veranstaltungsräume, parkähnliche Gartenanlage mit Teich
- Kulinarische und kulturelle Angebote sowie Hobbygruppen, Veranstaltungen
- Wöchentliche Reinigung des Appartements
- Bei Krankheit 21 Tage im Jahr hauswirtschaftliche Betreuung im Appartement.
- Ambulante Pflege im Appartement bei Bedarf. Auf Wunsch ist ein Umzug in den stationären Pflegewohnbereich möglich.

Ausstattung: Die Appartements haben Einbauküche und -schrank, WC, Dusche, Balkon oder Terrasse, einen abschließbaren Abstellraum, Notruf, Telefon- und Kabelanschluss. Die Bewohner richten sich mit ihren eigenen Möbeln ein.

Miete:

1-Zimmer-Appartement	30,7 bis 45,2 m²	€ 1.188,– bis € 1.938,–
1,5-Zimmer-Appartement	49,1 bis 50,8 m²	€ 1.569,– bis € 2.213,–
2-Zimmer-Appartement	56,5 bis 73,6 m²	€ 2.149,– bis € 2.748,–
3-Zimmer-Appartement	76,2 bis 106,9 m²	€ 2.763,– bis € 3.555,–

Zweite Person im Appartement: € 615,– pro Monat
Frühstücksabonnement: € 120,– pro Monat
Abendessenabonnement: € 120,– pro Monat
Frühstücks- und Abendessenabonnement: 210,– pro Monat

Kaution: Doppelte monatliche Miete. Die Kaution wird mit dem für Spareinlagen mit dreimonatiger Kündigungsfrist üblichen Zinssatz der Commerzbank verzinst.

Pflegekosten: Die ambulanten Pflegekosten können entsprechend den Pflegestufen direkt mit der Pflegekasse abgerechnet werden. Pflegekosten, die darüber hinaus entstehen, müssen vom Bewohner selbst übernommen werden.
Nahverkehr: U-Bahnhof Großhansdorf, Linie: U1
Lage: Waldreiche Umgebung. Geschäfte in der Nähe, Supermarkt auf Rädern dreimal pro Woche

Der Rosenhof Großhansdorf 2 ist im Jahr 1975 entstanden. Unser Haus bietet 264 Komfort-Appartements. Die Umgebung mit dem besonderen Charme eines Villenvorortes lädt zum Spazierengehen und Erholen ein, zum Beispiel im nahe gelegenen Park Manhagen.
Zahlreiche Geschäfte in der Einkaufsstraße Eilbergweg offerieren auf kurzen Wegen viele attraktive Angebote des täglichen Bedarfs. Unser Haus zeichnet sich aber auch durch die verkehrsgünstige Lage zur Hamburger City aus, die in einer Dreiviertelstunde mit der U-Bahn zu erreichen ist.

Sebastian Nimmesgern, Direktor

Rosenhof Großhansdorf 2

Wohnen: Pflegewohnbereich
- Unterkunft in Einzel- und Doppelzimmern
- Verpflegung mit 4 Mahlzeiten im Pflege-Restaurant oder auf Wunsch im Restaurant
- Schwimmbad, Restaurant/Café, Bibliothek, Weißer

Salon, weitere Veranstaltungsräume
- Kulinarische und kulturelle Angebote sowie Hobbygruppen, Veranstaltungen

Pflegenoten:

Pflege	Demenz	Betreuung	Wohnen	**Gesamt**	Bewohner
1,0	1,3	1,0	1,0	**1,1**	**1,0**

Ausstattung: Die Pflegezimmer haben Pflegebett, Nachttisch, Kleiderschrank, Sideboard, Tisch und Stühle, WC und Dusche, Notruf, Telefon- und Kabelanschluss, Balkon oder Terrasse. Auf der Etage: Pflegebad. Kleinmöbel können mitgebracht werden.

Monatliches Entgelt im Doppelzimmer:

	Stufe I	Stufe II	Stufe III
Heimentgelt:	2.522,15	2.899,32	3.276,48
Pflegekasse:	–1.023,00	–1.279,00	–1.510,00
Zu zahlen:	**1.499,15**	**1.620,32**	**1.766,48**

Zuschlag: € 760,42 monatlich für ein Einzelzimmer

Unser Ziel und unsere Aufgabe sind es, den Bewohnerinnen und Bewohnern einen individuellen Privatbereich zu bewahren und in familiärer Atmosphäre ihre Eigenständigkeit so weit wie möglich zu erhalten und zu fördern. Unsere Beschäftigungstherapeuten kümmern sich um die Förderung von Alltagsfertigkeiten unter Berücksichtigung der persönlichen Lebenssituation des Bewohners. So gehören Sprachübungen, Gedächtnistraining und gemeinsame Spiele ebenfalls zu den Leistungen des stationären Pflegewohnbereiches, die dazu beitragen sollen, Ihre persönliche Lebensqualität zu erhalten.

Sebastian Nimmesgern, Direktor

Augustinum Mölln

Anschrift: Sterleyer Straße 44, 23879 Mölln
Stiftsdirektion: Dagmar Kremer, Tel.: 04542/810
Beratung: Carmen Schöning, Tel.: 04542/81-2105
www.augustinum-moelln.de
400 Appartements
Wohnen: Appartement mit Service und ambulanter Pflege
Wesentliche Leistungen sind:

- Mittagessen im Restaurant mit drei Menüs zur Auswahl und Salatbüfett. Frühstücksbüfett und abendliches kaltes Büfett sowie Abendessen à la carte.
- Restaurant, Wintergarten, Café, Terrasse, Foyer, Theater, Bibliothek, Schwimmbad, Sauna, Gymnastik- und Fitnessraum, Gesellschaftsräume
- Kapelle, Töpferwerkstatt, Computerraum, Hobbyräume, Gästeappartements
- Feste, Ausflüge, Konzerte, Vorträge, Lesungen, Gesprächskreise, Andachten, Gottesdienste, Wellnessangebote

- Wöchentliche Reinigung des Appartements, Fensterputzen vierteljährlich
- Krankenpflege für 14 Tage mehrmals im Jahr möglich
- Die ambulante Pflege im Appartement ist durch den hauseigenen Pflegedienst sichergestellt.

Ausstattung: Die Appartements haben Balkon, Pantry, Dusche, WC, einen abschließbaren Abstellraum, Notruf, Telefon-, Internet- und Kabelanschluss. Die Bewohner richten sich mit eigenen Möbeln ein.

Miete:

1-Zimmer-Appartement	27,5 m^2	€ 1.212,– bis € 1.461,–
1,5-Zimmer-Appartement	44 m^2	€ 1.617,– bis € 1.981,–
2-Zimmer-Appartement	56 m^2	€ 1.891,– bis € 2.368,–
3-Zimmer-Appartement	79,5 m^2	€ 2.390,– bis € 3.072,–

Zweite Person im Appartement: € 568,– pro Monat
Frühstücksabonnement: € 140,– pro Monat (Buffet)
Abendbrotabonnement: € 118,– pro Monat (Buffet)

Pflegekosten: Die ambulanten Pflegekosten können mit der Pflegekasse abgerechnet werden. Die Höhe des Eigenanteils lässt sich mit der internen Pflegekostenergänzungsregelung (PER) nach einer Karenzzeit von 24 Monaten auf monatlich 500,– Euro begrenzen.

Wohndarlehen: Bei Abschluss des Vertrages ist ein Darlehen von € 8.000,– bis € 25.000,– einzuzahlen. Die Höhe ist abhängig von der Appartementgröße. Die 4%ige Verzinsung wird jährlich ausbezahlt und nach Einzug monatlich verrechnet.

Nahverkehr: Mölln, Augustinum, Bus: 8515 ab Mölln, ZOB (RMVB im HVV)

Lage: Waldreiche Umgebung, Naturpark Lauenburgische Seen. Lebensmittelladen und Bank im Haus. Regelmäßige Einkaufsfahrten mit hauseigenem Bus.

Wer einen ruhigen Wohnsitz in unberührter Natur sucht, der wird im Augustinum Mölln fündig. Fern der großen Touristenströme liegt der Kneippkurort Mölln – vom Wasser umgeben – mitten in der Lauenburgischen Seenplatte. Die für die Gegend typischen roten Fachwerkhäuser machen den besonderen Charme des mittelalterlichen Till-Eulenspiegel-Städtchens aus, das von der Dachterrasse des Augustinum gut zu sehen ist. Der Kurpark, der Wildpark, die Möllner Seen und der Kanal laden zu ausgedehnten Spaziergängen ein. Mit unserem Schrägaufzug haben Sie vom Wohnstift aus einen direkten Zugang zum Ufer des Hegesees. Wer gerne wandert, radelt oder Boot fährt, findet im Augustinum Mölln den idealen Ausgangspunkt dafür. Unser Haus bietet darüber hinaus eine gute Verkehrsanbindung an die Städte Hamburg, Lübeck und Schwerin, hierzu bietet unser Hausbus regelmäßige Fahrten an.

Dagmar Kremer, Stiftsdirektorin

Rosenhof Travemünde

Anschrift: Mecklenburger Landstraße 2–12, 23570 Lübeck-Travemünde
Vermietung: Brigitte Zorn, Tel.: 04502/86 03 41
www.rosenhof.de
410 Komfort-Appartements und 76 Pflegeplätze
Wohnen: Appartement mit Service und ambulanter Pflege
Wesentliche Leistungen sind:

- Mittagessen im Restaurant: 2 mehrgängige Menüs aus eigener Küche zur Auswahl, Salatbuffet. Diätmenüs, Frühstück und Abendessen können abonniert werden.
- Schwimmbad, Restaurant/Café, Bibliothek, Weißer

Salon, Billard- und Gymnastikraum, Gästezimmer, Ferienwohnungen

- Kulinarische Streifzüge, Reisen, Konzerte, Ausflüge, Lesungen, Vorträge, EDV-Kurse, kreative Aktivitäten, Theatervorführungen, Shows, Hobbygruppen
- Wöchentliche Reinigung des Appartements
- Bei Krankheit 21 Tage im Jahr hauswirtschaftliche Betreuung im Appartement
- Ambulante Pflege im Appartement bei Bedarf. Auf Wunsch ist ein Umzug in den stationären Pflegewohnbereich möglich.

Ausstattung: Die Appartements haben Einbauküche, Einbauschrank, WC und Dusche/Bad, Balkon, Abstellraum, Notruf, Telefon- und Kabelanschluss. Die Bewohner richten sich mit eigenen Möbeln ein.

Miete:

1-Zimmer-Appartement	32,7 bis 46,3 m²	€ 1.386,– bis € 1.779,–
1,5-Zimmer-Appartement	42,6 bis 66,7 m²	€ 1.932,– bis € 2.742,–
2-Zimmer-Appartement	56,4 bis 81,5 m²	€ 2.374,– bis € 2.925,–
3-Zimmer-Appartement	76,1 bis 113,7 m²	€ 2.926,– bis € 3.702,–

Zweite Person im Appartement: € 615,– pro Monat
Frühstücksabonnement: € 130,– pro Monat
Abendessenabonnement: € 130,– pro Monat
Frühstücks- und Abendessenabonnement: € 220,– pro Monat
Kaution: Doppeltes monatliches Entgelt. Die Kaution wird mit dem für Spareinlagen mit dreimonatiger Kündigungsfrist üblichen Zinssatz der Commerzbank verzinst.
Pflegekosten: Die ambulanten Pflegekosten können entsprechend der Pflegestufen direkt mit der Pflegekasse abgerechnet werden. Pflegekosten, die darüber hinaus entstehen, müssen vom Bewohner selbst übernommen werden.
Nahverkehr: Priwallfähre; Bus: 30, 31, 33, 35, 36
Lage: Trave, Ostsee, Yachthafen, Naturschutzgebiet. Laden im Haus, Lieferservice, Geschäfte in Travemünde

Die einzigartige Lage unseres Hauses auf der Halbinsel Priwall mit Blick auf die Trave und die Flaniermeile des Ostseebades Travemünde bietet Ihnen zahlreiche Möglichkeiten, Ihr Leben nach Ihren Vorstellungen zu gestalten. Komfortabler Alltag und Urlaubsgefühl im maritimen Umfeld – das schätzen unsere Bewohner; das Ambiente und den Service eines exklusiven Hauses mit Hotelcharakter genießen, selbstständig wohnen und leben und dennoch die Sicherheit und Geborgenheit einer Seniorenwohnanlage zu spüren. Wenn das Ihr Wunsch ist, sind Sie im Rosenhof Travemünde richtig.

Jürgen Lehnhausen, Direktor

Rosenhof Travemünde

Wohnen: Pflegewohnbereich

- Unterkunft in Einzel- und Doppelzimmern
- Verpflegung aus der eigenen Küche mit 4 Mahlzeiten im Pflege-Restaurant oder auf Wunsch im Restaurant
- Schwimmbad, Restaurant/Café, Bibliothek, Weißer Salon, Billard- und Gymnastikraum, Gästezimmer, Ferienwohnungen
- Kulinarische Streifzüge, Reisen, Konzerte, Ausflüge, Lesungen, Vorträge, EDV-Kurse, kreative Aktivitäten, Theater, Shows, Hobbygruppen

Pflegenote:

Pflege	Demenz	Betreuung	Wohnen	**Gesamt**	Bewohner
1,7	1,0	1,0	1,0	**1,3**	1,1

Ausstattung: Die Zimmer sind mit Mahagonimöbeln eingerichtet und haben WC, Dusche/Bad, zum Teil Balkon oder Terrasse, Notruf, Telefon- und Kabelanschluss. Auf der Etage: Pflegebad. Kleinmöbel können mitgebracht werden.

Monatliches Entgelt im Doppelzimmer:

	Stufe I	Stufe II	Stufe III
Heimentgelt:	2.461,01	2.829,66	3.198,01
Pflegekasse:	–1.023,00	–1.279,00	–1.510,00
Zu zahlen:	**1.438,01**	**1.550,66**	**1.688,01**

Zuschlag: € 760,42 monatlich für ein Einzelzimmer

Die Sicherheit, rund um die Uhr professionell umsorgt und gepflegt zu werden, ohne auf einen individuellen Privatbereich verzichten zu müssen, genau darauf ist die Rosenhof-

Philosophie ausgerichtet. Dass sich beides harmonisch ineinander fügen kann, erfahre ich im täglichen Miteinander. Die rege Beteiligung an unseren Freizeitaktivitäten macht deutlich, dass auch in einem stationären Pflegewohnbereich Interesse an schönen Dingen und Unternehmungsgeist keine Fremdwörter sind. Sie gehören zur Lebensqualität – und das macht mich froh.

Claudia Borgert, Pflegedienstleitung

Kursana Residenz Wedel

Anschrift: Gorch-Fock-Straße 4, 22880 Wedel
Direktion: Claus Heydebreck
Tel.: 04103/12 00, www.kursana.de
144 Appartements und Pflegebereich mit 26 Plätzen

Wohnen: Appartement mit Service und ambulanter Pflege

- Mittagessen im Restaurant: 3 Menüs zur Auswahl, Salatbar, Frühstücks- und Abendessenabonnement möglich
- Schwimmbad, Café, Theatersaal, Bibliothek, Gartenanlage mit Strandkörben
- Konzerte, Lesungen, Handarbeiten, Kartenspiele, Wassergymnastik, Gedächtnistraining, Herrenstammtisch, Andachten
- Reinigung des Appartements
- Bei Bedarf ist ein Umzug in den Pflegebereich möglich.

Ausstattung: Die Appartements haben eine eingerichtete Kochnische, WC und barrierefreie Dusche, Teppichboden oder Laminat, Balkon, Keller/Boden, Notruf, Satellitenanschluss, Telefon mit Durchwahl. Die Bewohner richten sich mit eigenen Möbeln ein.

Miete:

1-Zimmer-Wohnung	31 bis 39,5 m²	€ 1.500,– bis € 2.100,–
2-Zimmer-Wohnung	40 bis 67 m²	€ 2.125,– bis € 3.175,–
3-Zimmer-Wohnung	62 bis 68,5 m²	€ 3.100,– bis € 3.350,-

Zweite Person im Appartement: € 544,– pro Monat
Frühstücksabonnement: € 115,– pro Monat
Abendessenabonnement: € 110,– pro Monat

Pflegekosten: Die ambulanten Pflegekosten werden direkt mit der Pflegekasse abgerechnet. Pflegekosten, die über den Obergrenzen für die häusliche Pflege liegen, müssen vom Bewohner bezahlt werden.

Kaution: 2 Monatsmieten

Nahverkehr: S-Bahnhof Wedel, Linie: S1

Lage: Citylage, Wohngebiet, Wedeler Marsch

Die Kursana Residenz Wedel wird nach unserer Kursana-Philosophie geführt, einem zeitgemäßen Wohn- und Betreuungskonzept für mehr Lebensqualität im Alter. Leben, wie es Ihnen gefällt: Jeder bleibt sein eigener Herr, wohnt in den eigenen vier Wänden und richtet sein Appartement so ein, wie er es wünscht. Damit Sie nach Lust und Laune aktiv sein können, bieten wir Ihnen ein abwechslungsreiches Unterhaltungsprogramm. Im Betreuungs- und Pflegefall können Sie sich rund um die Uhr von freundlichen und qualifizierten Fachkräften in Ihrem Appartement pflegen lassen. Wir sind Vertragspartner aller Pflege- und Krankenkassen. Wenn Sie uns »ausprobieren« möchten, stehen Ihnen unsere schönen Gästeappartements zur Verfügung. Herzlich Willkommen!

Claus Heydebreck, Direktor

Kursana Residenz Wedel

Wohnen: Pflegebereich

- Unterkunft in Einzel- und Doppelzimmern
- Verpflegung mit allen Mahlzeiten
- Schwimmbad, physikalische Therapieabteilung, Café, Theatersaal, Bibliothek, Gartenanlage
- Kulturelle Veranstaltungen, Handarbeit, Wassergymnastik, Andachten, Singkreis

Ausstattung: Die Pflegezimmer haben Pflegebett, Nachttisch, Notruf, Telefonanlage mit Durchwahl, Satellitenanschluss, WC und Dusche, teilweise Balkon. Pflegebad im Haus. Persönliche Möbelstücke können mitgebracht werden.

Monatliches Heimentgelt für ein Doppelzimmer:

	Stufe I	Stufe II	Stufe III
Heimentgelt:	2.606,08	2.969,60	3.333,12
Pflegekasse:	–1.023,00	–1.279,00	–1.510,00
Zu zahlen:	**1.583,08**	**1.690,60**	**1.823,12**

Seniorenresidenz Graf Luckner Haus

Anschrift: Hans-Böckler-Platz 15, 22880 Wedel
Residenzleitung: Edith Leonarczyk
Tel.: 04103/705 20 00
Vereinigte Hamburger Wohnungsbaugenossenschaft eG (vhw), www.vhw-hamburg.de
210 Appartements

Wohnen: Servicewohnen premium im Appartement

- Die Mahlzeiten können sich die Bewohner selbst zubereiten oder gegen Bezahlung im Restaurant einnehmen. Es werden täglich 3 Mahlzeiten angeboten.
- Bewegungsbad, Sauna, Bibliothek, Café mit Dachterrasse
- Jahreszeitliche Feste, Veranstaltungen, Ausflüge, Hobbygruppen, Konzerte, Theaterbesuche, Therapiegruppen
- Die Reinigung des Appartements kann gegen Bezahlung abboniert werden.
- In gesundheitlichen Krisensituationen werden bis zu 30 Tage im Jahr allgemeine Unterstützungsleistungen geboten, zum Beispiel hauswirtschaftliche Hilfen im Krankheitsfall.
- Beratung und Vermittlung von Dienstleistungen

Ausstattung: Die Appartements haben Pantry, WC und Dusche, Loggia oder Terrasse, Keller, Notruf, Telefon- und Kabelanschluss. Die Bewohner richten sich mit eigenen Möbeln ein.

Miete:

1-Zimmer-Appartement	28 bis 37 m^2	€ 908,– bis € 1.290,–
2-Zimmer-Appartement	39 bis 72 m^2	€ 1.509,– bis € 2.267,–

Zweite Person im Appartement: € 230,– pro Monat
Reinigung des Appartements: € 48,– bis € 59,– pro Monat
Frühstücksabonnement: € 75,– pro Monat
Mittagessenabonnement: € 160– pro Monat
Abendbrotabonnement: € 90,– pro Monat

Pflegekosten: Die ambulanten Pflegekosten werden direkt mit der Pflegekasse abgerechnet. Pflegekosten, die über den Obergrenzen für die häusliche Pflege liegen, müssen vom Bewohner bezahlt werden.

Genossenschaftsanteile: Zum Erwerb der Mitgliedschaft sind 25 Genossenschaftsanteile in Höhe von € 1.300,– notwendig, zuzüglich eines einmaligen Eintrittsgeldes von € 55,–.

Beim Einzug sind die Anteile auf € 3.588,– bis € 10.192,– zu erhöhen.

Nahverkehr: Hans-Böckler-Platz, Bus: 189

Lage: Direkt am Elbufer. Kiosk im Haus, Einkaufsmöglichkeiten in der Nähe

Das Graf Luckner Haus liegt besonders reizvoll direkt am Elbwanderweg vor den Toren Hamburgs in der Kleinstadt Wedel. Unbeschwert und in der Gewissheit, rundum versorgt zu sein, können Sie hier in kultivierter Atmosphäre und einem attraktiven neuen Zuhause Ihren Lebensabend genießen. Wir laden Sie herzlich ein, sich eingehend bei uns umzuschauen und sich persönlich beraten zu lassen.

Edith Leonarczyk, Residenzleiterin

Mit den neuen Nachbarn der Seniorenwohnanlage den Hamburger Dom besuchen.

»Ein Glück, dass ich gesund bin!«

Tobias Mitzlaff absolviert beim Verlag »Umsorgt wohnen« eine Ausbildung zum Bürokaufmann. Bereits in seiner ersten Arbeitswoche hat sich der 16-Jährige die Wachkoma-Abteilung von PFLEGEN & WOHNEN in WILHELMSBURG angesehen.

Am ersten Tag erfuhr ich schon, was wir in der Woche so ungefähr machen wollten. Was sich zuerst ganz gut anhörte. Als ich dann aber hörte, dass wir zu Wachkoma-Patienten fahren werden, war ich leicht entsetzt. Ich wusste nicht, wie sich solche Leute verhalten, und ich hatte noch nie etwas Genaueres von ihnen gehört.

Tobias Mitzlaff geht nach dem Besuch der Wachkoma-Abteilung vorsichtiger durchs Leben.

Der Empfang durch die Leiterinnen der Wachkoma-Abteilung, Kerstin Lupp und Katja Reichelt, ist herzlich, so dass mir der Rundgang leichter fällt. Auf dem Flur sieht es wie in einem Krankenhaus aus. Die Zimmer sind aber persönlich eingerichtet, weil an den alten Sachen der häusliche Geruch hängt und sich die Bewohner wohler fühlen: Bilder, Möbel, Fernseher. Außerdem wird in den Zimmern Musik gespielt, so dass diese Menschen, die es eh schon nicht leicht haben, sich noch ein Stück vertrauter fühlen. Angehörige oder Pfleger können mit den Leidtragenden auch mal draußen in der kleinen Parkanlage sitzen. Wachkoma-Patienten bekommen ja noch vieles mit, sie spüren beispielsweise die Sonnenstrahlen und den Wind.

»Snoezelnen« ist eine Art Tiefenentspannung, die sowohl auf Bewohner und deren Angehörige als auch auf unsere Mitarbeiter aktivierend und beruhigend wirkt, erklären Katja Reichelt (links) und Kerstin Lupp.

Bei Wachkoma-Patienten hat das Gehirn einen schweren Schaden erlitten, zum Beispiel bei einem Unfall, aufgrund einer Vergiftung oder weil es Komplikationen bei einer Operation gegeben hat – Sauerstoffmangel im Gehirn, Gehirnzellen sterben ab. Trotzdem haben diese Patienten noch Empfindungen und Gefühle, können aber oft nicht sprechen oder angemessen reagieren. Sie sind genauso wie wir tagsüber wach, und nachts schlafen sie. Es gibt natürlich auch Erfolge auf einer Wachkoma-Abteilung, wenn sich das Gehirn etwas erholt und die Arbeit von Ergotherapeuten, Logopäden und Krankengymnasten gut angeschlagen hat. Ein Patient aus dem Pflegezentrum Wilhelmsburg hat es sogar geschafft, wieder ein paar Schritte zu gehen. Er konnte nach Hause entlassen werden. Das ist für alle Beteiligten ein voller Erfolg, aber eine große Ausnahme, denn man darf nicht vergessen, dass diese Menschen trotzdem immer auf Hilfe angewiesen sind.

Dieser Besuch war für mich belastend, und ich war froh, als ich wieder draußen war. Trotzdem habe ich dabei etwas gelernt: Ich bin vorsichtiger im Straßenverkehr. Denn ein paar Sekunden können ein ganzes Leben verändern.

Facheinrichtungen

Man kann und mag es sich nicht vorstellen, einmal so krank und hilfsbedürftig zu werden, dass man in einer geschlossenen Abteilung leben muss. Doch die Angst davor ist weitgehend unbegründet: Erstens finden die Menschen hier genau die Unterstützung und die therapeutischen Angebote, die auf ihre Bedürfnisse zugeschnitten sind. Zweitens sind nur sehr wenige Menschen auf solche speziellen Einrichtungen angewiesen, so dass die Wahrscheinlichkeit, selbst einmal betroffen zu sein, eher gering ist. Doch wenn

eine Familie durch eine schwere Erkrankung eines Angehörigen überfordert ist und es zu Hause nicht mehr schafft, ist der Rat von Fachleuten gefragt. Im Gespräch lässt sich klären, wie eine Lösung aussehen kann und ob eine Facheinrichtung dabei die richtige Hilfe ist.
Es gibt geschlossene Abteilungen für stark verhaltensauffällige Männer und Frauen (übrigens nur mit richterlichem Beschluss!), Pflegestationen für Wachkoma-Patienten und Bewohner, die auf eine »Heimbeatmung« angewiesen sind, sowie Wohngruppen für alkoholkranke Menschen. Hier gilt aufgrund der intensiven Betreuung ein eigener Pflegesatz. Nähere Informationen gibt es in folgenden Häusern:

Geschlossene Abteilungen:
PFLEGEN & WOHNEN LUTHERPARK, Seite 269
PFLEGEN & WOHNEN FARMSEN, Seite 369
PFLEGEN & WOHNEN HEIMFELD, Seite 358
PFLEGEN & WOHNEN HOLSTENHOF, Seite 376

Abteilung für Wachkoma-Patienten:
PFLEGEN & WOHNEN ALSTERBERG, Seite 321
PFLEGEN & WOHNEN WILHELMSBURG, Seite 319
Pro Seniore Residenz Hamburg, Seite 298

Abteilung für »Heimbeatmung«:
PFLEGEN & WOHNEN ALSTERBERG, Seite 321
Pro Seniore Residenz Hamburg, Seite 298

Haus für Alkoholkrankheiten:
Im Haus Öjendorf werden Frauen und Männer, die aufgrund ihrer Alkoholkrankheit pflegebedürftig sind, in überschaubaren Wohngruppen betreut. Zielsetzung ist hierbei

eine weitgehende Einbeziehung der Bewohnerinnen und Bewohner in die Gestaltung des Tagesablaufs und die Förderung individueller lebenspraktischer Fähigkeiten.
Haus Öjendorf
Deelwischredder 37
22043 Hamburg
Tel: 040/20 22-48 34
Ansprechpartnerin: Sabine Kamin

Blindenstiftung: Auf die speziellen Bedürfnisse von blinden und sehbehinderten Menschen geht das Pflegeteam des Senator-Ernst-Weiß-Hauses ein, das zur Hamburger Blindenstiftung gehört, siehe Seite 399.

PFLEGEDIENSTE

Einrichtung	Bezirk/Ort	Stadtteil	Seite
Aktiv-Pflege Ambulanter Pflegedienst, Netzeband Behrmann	Hamburg-Nord	Langenhorn	141
Ambulante Intensivpflege	Hamburg-Nord	Winterhude	143
Ambulante Pflege medicur Billstedt	Hamburg-Mitte	Billstedt	139
Diakoniestation Alstertal	Wandsbek	Poppenbüttel	147
Lebensabend-Bewegung	Eimsbüttel	Lokstedt	137
PTH Pflegeteam »to huus«	Wandsbek	Bramfeld	145

TAGESPFLEGE

Einrichtung	Bezirk/Ort	Stadtteil	Seite
Tagespflege Poppenbüttel	Wandsbek	Poppenbüttel	110
Tagespflege Tabea Leben bei Freunden	Altona	Lurup	108

KURZZEITPFLEGE

Einrichtung	Bezirk/Ort	Stadtteil	Seite
Alsterdomizil Seniorenpflege Gut Wellingsbüttel	Wandsbek	Wellingsbüttel	118
Hospital zum Heiligen Geist	Wandsbek	Poppenbüttel	116
Stadtdomizil Altenpflege-Zentrum	Altona	Sternschanze	114

DIE HÄUSER VON A-Z

Titelfoto: © Veer
Alsterdomizil: 404, 456
Altenpension Familie Philipps: 288
Appartement-Residenz NewLivingHome: 428
Auguistinum Aumühle: 462
Augustinum Hamburg: 426
Augustinum Mölln: 471
Behörde für Soziales, Familie, Gesundheit und Verbraucherschutz: 9
CURA Seniorencentrum Bergedorf: 169, 290
CURA Seniorenwohnanlage Haus Lerchenberg: 450
Das Epiphanienhaus in Winterhude: 350
Diesterweg-Stiftung: 305
ELIM Seniorencentrum Bergedorf: 292, Klappe links innen (Mitte)
ELIM Seniorencentrum Eppendorf: 334
Else Voss Stiftung: 166
f & w fördern und wohnen: 160, 201
Haus Alstertal: 75, 76
Haus Birkengrund, Alten- und Krankenpflege: 393
Haus Süderelbe: 312
Hesse-Diederichsen-Heim: 324
Heuchert, Heike: 246
Hospital zum Heiligen Geist: 25, 116, 232, 258, 386
K+m Werbegesellschaft: 430
Kursana Wedel: 477
Laible, Andreas: 11
Liebenow, Elfriede: 447
Parkdomizil am Bahrenfelder See: 268
Parkresidenz Alstertal: 443
PFLEGEN UND WOHNEN: 265, 270, 294, 341, 320, 322, 348, 346, 358, 369, 376, 381
Pöppel, Florian: 2, 137, 144, 145, 147
Pro Seniore: 298
Residenz am Wiesenkamp: 453
Rosenhof: 417,422, 458, 464, 467, 474
SAGA/GWG: 165, 172, 175, 192, 203, 204, 210, 223, 225, 234, 235
Schanzenresidenz, Elisabeth Alten- und Pflegeheim: 284
Senioren- & Pflegeheim Margarethenhof: 360
Senioren-Pflegepension Dieter Wurm: 365, 383
Seniorenresidenz Bramfeld: 441
Seniorenresidenz Wellingsbüttel: 408
Seniorensitz am Hegen: 395
Seniorensitz an der Elbe: 413
Senioren-Wohnanlage Mümmelmannsberg: 307
SenVital: 328
Spielmann, Christian: 4, 16, 30, 35, 36, 49, 57, 59, 82, 150, 151, 226, 251, 254, 259, 414, 415, 418, Rückseite, hintere Klappe
Stadtresidenz Ahrensburg: 410
St. Gertrud Gemeindepflege, Alten- und Pflegeheim: 330
Stiftung Anscharhöhe: 199
Stiftung Hanna Reemtsma Haus: 167, 282
Stiftung Veteranenheim Deutscher Soldaten: 388
TABEA: 108, 274
Tagespflege Poppenbüttel: 110
Theodor Fliedner Haus: 367
Umsorgt wohnen: 22, 32, 38,40, 41, 43, 44, 46, 47, 52, 55, 62, 64, 67, 71, 72, 84, 90, 92/93, 95, 97, 99, 100, 102, 103, 104, 106, 112, 114, 119, 122, 123, 126, 130, 131, 132, 134, 135, 136, 137, 139, 141, 153, 155, 157, 162, 163, 171, 173, 176, 177, 181, 183, 186, 187, 189, 190, 193, 195, 197, 199, 205, 206, 209, 211, 212, 216, 217, 219, 220, 222, 228, 229, 230, 237, 238, 239, 241, 243, 247,0248/249, 253, 256, 261, 262, 263, 272, 276, 278, 280, 286, 296, 303, 310, 316, 318, 326, 332, 336, 338, 339, 341, 343, 352, 354, 362, 364, 372, 374, 378, 390, 391, 397, 399, 402, 406, 419, 420, 437, 483, 484, 487, Umschlag innen rechts, Klappe links innen (oben, unten)
Vereinigte Hamburger Wohnungsbaugenossenschaft eG.: 178, 182, 214, 244, 301, 356, 433, 480

Papenstraße 33, 22089 Hamburg
Telefon: 040/60 08 98 40, Telefax: 040/60 08 98 50
E-Mail: info@umsorgt-wohnen.de
www.umsorgt-wohnen.de

7., aktualisierte und erweiterte Auflage, März 2011

Lektorat: Andrea Sach
Umschlaggestaltung: Falko Schröer,
Design Concept
Titelfoto: © Veer
Herstellung: Umsorgt wohnen
Satz: Förster & Borries GmbH & Co. KG, Zwickau
Druck und Bindearbeiten: Westermann Druck, Zwickau
Printed in Germany

ISBN 978-3-941891-08-1